BIBLIOTHÈQUE
DE PHILOSOPHIE CONTEMPORAINE

THÉORIE GÉNÉTIQUE

DE

LA RÉALITÉ

LE PANCALISME

PAR

JAMES MARK BALDWIN

Ph. D., Hon. D. Sc. (Oxford, Genève), Hon. L. L. D. (Glasgow)
Correspondant étranger de l'Institut de France.

TRADUIT PAR E. PHILIPPI
Licencié ès sciences.

PARIS
LIBRAIRIE FÉLIX ALCAN
108, BOULEVARD SAINT-GERMAIN, VIᵉ

THÉORIE GÉNÉTIQUE DE LA RÉALITÉ

LE PANCALISME

THÉORIE GÉNÉTIQUE

DE

LA RÉALITÉ

LE PANCALISME

PAR

JAMES MARK BALDWIN

Ph. D., Hon. D. Sc. (Oxford, Genève), Hon. L. L. D. (Glasgow)
Correspondant étranger de l'Institut de France

Traduit par E. PHILIPPI

Licencié ès sciences

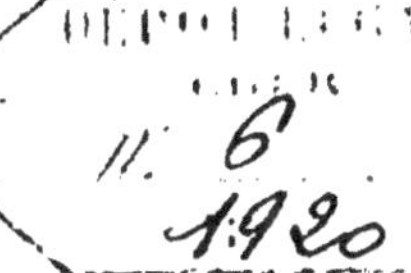

PARIS

LIBRAIRIE FÉLIX ALCAN

108, BOULEVARD SAINT-GERMAIN, 108

1918

A TOUS CEUX POUR QUI

L'ART

EST L'INSTRUMENT LE PLUS NOBLE DE LA

VIE SPIRITUELLE

AVANT-PROPOS DE L'ÉDITION FRANÇAISE

—

En autorisant cette traduction de ma *Genetic Theory of Reality*, je voudrais exprimer en quelques mots aux lecteurs français l'admiration mêlée de reconnaissance que j'éprouve à la vue du vigoureux et fécond esprit d'entreprise que manifestent, même en temps de guerre, les amis du livre en France. Malgré les lourds et continuels sacrifices imposés à la nation, il n'a pas cessé de paraître des ouvrages sérieux, tant scientifiques que philosophiques. Les questions d'ordre théorique intéressent toujours le public d'élite qu'est le public français.

J'aime à croire que le point de vue esthétique, qui domine les discussions du présent ouvrage, et auquel j'ai donné l'appellation de « Pancalisme », rencontrera de la sympathie en France, même si mes explications, prises dans leurs détails, n'y sont pas jugées convaincantes. La vie pratique ainsi que l'intuition théorique françaises sont imprégnées de beauté ; nulle part ailleurs le beau ne joue le rôle essentiel, fondamental qu'il remplit ici. Le goût dans les domaines de la pratique y est aussi ordinaire que la clarté, l'ordre et la finesse dans ceux des idées systématiques. C'est une entreprise des plus importantes, comme un privilège des plus précieux, de rendre compte systématiquement des raisons qui justifient la délicatesse du goût et la clarté des idées, et de construire une théorie philosophique dévoilant les principes esthétiques qui leur sont immanents. Une pareille théorie pourra démontrer, je crois, quitte à les simplifier et à les limiter, les vérités d'ordre esthétique, qui, si elles se manifestent tous les jours en France (1), n'y sont guère formulées. A la vérité, je trouve assez étonnant qu'une théorie de ce genre, c'est-à-dire une théorie cherchant à établir l'hégémonie de l'esthétique, n'ait jamais été développée en France (2). Car c'est plus particulièrement à un Français que la chose incomberait, à un Français qui saurait substituer aux dissertations rhapsodiques et peu raisonnées des esthètes de profession de tous pays une théorie systématique et mesurée où ils trouveraient des raisons solides pour leur enthousiasme et des idées directrices pour leurs travaux. Si cette entreprise était menée à bien, il en résulterait en outre, à mon avis, un avantage pour l'art véritable, pour l'art pur et noble : un départ se ferait entre ses vrais sectateurs et les personnes qui professent pour lui une admiration de commande et le font servir à des fins mercantiles et immorales.

Quand un pareil penseur entreprendra cette tâche, puissent ces pages lui fournir quelques indications utiles.

On trouvera dans cette édition des modifications et des corrections dues à certaines des critiques dont l'ouvrage original a été l'objet tant dans les pays de langue anglaise qu'en France. Parmi celles dont j'ai profité, je tiens à mentionner spécialement la critique amicale et approfondie de mon honoré collègue de la Sorbonne, le professeur A. Lalande, que je viens de citer.

J. M. B.

Paris, le 30 mai 1918.

---

(1) Comme je l'ai déjà dit dans l'édition anglaise (voir p. 235 de la présente traduction).

(2) Voir toutefois ce que dit à ce sujet le professeur A. Lalande dans l'article « Le Pancalisme », *Revue Philosophique*, déc. 1915.

PRÉFACE DE LA PREMIÈRE ÉDITION ANGLAISE

Ce livre contient la matière que j'avais destinée à un quatrième tome de *Thought and Things or Genetic Logic* (1). La modification de mon plan primitif m'a été dictée par deux raisons. La première, et d'ailleurs la moins importante, c'est que les éditeurs londoniens de *Thought and Things* ayant des difficultés financières, il était à craindre qu'ils ne pussent publier qu'après un long délai le quatrième tome projeté, et même qu'il leur fût impossible d'entreprendre ce travail. La seconde, plus essentielle, c'est que, en faisant du présent volume un ouvrage distinct, je puis y introduire des études anthropologiques et historiques que j'avais promises il y a quelque temps déjà aux éditeurs de ce volume. En tenant cette promesse, j'achève donc d'exposer la Logique génétique suivant le plan tracé dans l'introduction du tome Ier de *Thought and Things* (La pensée et les choses), et en même temps j'étudie d'une façon plus complète la morphologie gé-

(1) Londres, George Allen et Cie (aujourd'hui Allen et Unwin) ; New-York, Macmillan, tome I, « Functional Logic », 1906 (ce premier tome a paru en français sous le titre : *La pensée et les choses*, suivi du sous-titre : « La logique fonctionnelle ») ; tome II, « Experimental Logic », 1908 ; tome III, « Interest and Art, Genetic Epistemology », 1911.

nétique (la dernière division de la logique génétique), et je lui donne plus d'envergure. Je trouve du reste très intéressantes les confirmations (1) que reçoit de l'étude des problèmes ethniques et historiques (deuxième partie du présent livre) la théorie de l'interprétation, telle qu'elle résulte des analyses développées dans les livres précédents.

Les rapports étroits qui unissent ce volume aux autres volumes dont nous avons fait mention se voient aussi à ce qu'il contient de fréquents renvois à ceux-ci et quelques passages qui leur sont empruntés. Ces renvois et ces citations nous ont permis d'éviter bien des répétitions, et en même temps de résumer les analyses détaillées sur lesquelles reposent les conclusions de ce livre. Ce serait là leur excuse, s'il était besoin de leur en trouver une, si l'on n'était pas généralement obligé de relier entre elles par des références les diverses parties d'un tout littéraire.

La conclusion principale, c'est-à-dire la doctrine du pancalisme, est l'apport de l'auteur à la théorie de la réalité ; cette doctrine philosophique est l'aboutissement de ses études professionnelles, de son enseignement et de ses écrits. C'est la première fois qu'il l'expose d'une manière assez complète, en la situant dans l'histoire de la pensée philosophique. Mais il y a déjà quelque temps qu'il l'a élaborée, et il a publié plusieurs écrits où il en a plus ou moins approfondi le point principal. Outre l'exposé qu'il a fait de ce point dans le tome III de *Thought and Things*, chap. XV (voir aussi la préface du même volume, où le terme pancalisme est employé pour la première fois), il l'a traité brièvement dans des articles du *Psychological Bulletin* (tome IV, 15 avril 1907) et de la *Psychological Review* (mai 1903 et

---

(1) Ces confirmations, ou du moins une partie d'entre elles, ont été indiquées d'avance d'une manière succincte dans la préface du tome III ; le dernier chapitre de ce tome donne également d'avance, sous forme de programme, des indications sur la théorie générale du pancalisme, que l'on trouvera, complètement élaborée, dans le présent volume.

mai 1908) ; dans *Le darwinisme dans les sciences morales* (p. 122) et dans la préface de *La pensée et les choses* (p. xiv et xv), ouvrage en tête duquel il a mis la devise τὸ χαλὸν πᾶν pour indiquer le résultat auquel il avait été conduit par l'ensemble de ses recherches. Il convient de rappeler aussi que, sans parler des conférences qu'il a données à Princeton et à Baltimore (1) depuis 1900 ou environ, et où il a traité de cette doctrine, il en a exprimé l'idée maîtresse, il y a un certain temps déjà, à la page ix de la préface du recueil d'essais intitulé *Fragments in Philosophy and Science* (New-York, Scribner's Sons, mars 1902). Il prend la liberté de citer ici le passage en question, afin qu'on puisse en comparer le contenu avec la conclusion du présent volume.

« L'univers de la science constitue, en fin de compte, un cosmos qui n'est pas seulement vrai, mais encore beau, et, en un sens, bon. La science nous fait connaître la vérité, et, quel que soit son dernier mot sur la nature, ce mot exprime ce qui est vrai en cette matière. La philosophie pose ensuite ses questions : Comment telle chose, reconnue comme vraie, peut-elle aussi être bonne, belle, contribuer à l'agrément de la vie ?... Les uns disent ceci, les autres disent cela ; quant à moi, je dis — usant de la liberté que me donne cette préface — telle chose est bonne et vraie *parce qu'elle est belle*. Rien ne peut être [définitivement] vrai sans être beau, et rien ne peut être bon, si l'on prend ce mot dans un sens élevé, sans être beau. Comme le dit mon collègue et ami, le Professeur A. T. Ormond (2) (*Foundations of Knowledge*, p. 228),

---

(1) Le Docteur (aujourd'hui le Président) Furry, qui a suivi mon cours supérieur de philosophie à Baltimore, cite des passages de ces conférences inédites dans sa monographie, *The Æsthetic Experience, its Nature and Function in Epistemology* (Baltimore, 1908), ouvrage où il applique le point de vue pancaliste à l'interprétation de certaines époques de l'histoire de la philosophie.

(2) Nous nous bornons à donner ici, par une courte citation, une idée des vues du professeur Ormond ; nous les ferons mieux connaître plus loin, à la page 211 et à l'Appendice B.

« le principe esthétique est en même temps un besoin et une
« intuition... un besoin d'idéal et une intuition par quoi
« notre monde se complète... Il représente le point de nos
« conceptions où la valeur et la vérité fusionnent et de-
« viennent une ».

L'attribution de la beauté, une attribution raisonnée,
critiquée, élaborée de la qualité esthétique, est la forme finale
sous laquelle nous pensons à la nature, à l'homme, au monde,
au tout ».

Cette profession de foi, publiée il y a une douzaine
d'années, sera justifiée ici (1).

Il semble à l'auteur que le présent volume pourrait servir
d'introduction, en quelque sorte, à la philosophie, au moins
pour ceux qui conçoivent la philosophie non comme opposée
à la science, mais comme la comprenant. Car les développements qu'il renferme ont pour points de départ des conclusions tirées de la psychologie, de la théorie de l'évolution,
de la logique, de la sociologie, de l'anthropologie, de la
morale, de l'esthétique, et de l'histoire et de la science de la
religion ; et les résumés qui y sont donnés des divers points
de ces sciences sur lesquels reposent ces conclusions sont
rédigés de telle sorte que le lecteur peut les comprendre sans
recourir à des traités spéciaux. La conclusion finale, tout en
étant fondée sur les sciences, trouve place dans la série historique d'interprétations de la nature et de l'homme à laquelle on donne le nom de philosophie. C'est ce que montrent

______

(1) Le passage suivant, tiré de la *Psychological Review* (mai 1904,
p. 219) résume la doctrine pancaliste : « Il y a ici [dans l'esthétique]
une immédiateté psychique supérieure où tous les dualismes que comporte la vie mentale au stade où elle est parvenue peuvent à l'occasion
se fondre dans une valeur contemplative immédiate de présence réelle ;
les dualismes « du théorique et du pratique », « de l'esprit et du
corps », « de l'interne et de l'externe », « de la liberté et de la nécessité », se fondent tous dans l'esthétique et y disparaissent. » L'article
d'où est extrait ce passage contient un tableau indiquant les grandes
lignes du développement, les « progressions » de la vie mentale, qui
ont été étudiées plus tard en détail dans *La pensée et les choses*.

bien l'esquisse historique donnée dans la seconde partie et les conclusions auxquelles on parvient dans la troisième partie du présent volume. De son côté, la méthode, quoique nouvelle dans quelques-unes de ses applications, se relie aux autres méthodes de recherche et d'exposition philosophiques, comme on le verra à la manière dont elle est développée et défendue. On jugera peut-être que les considérations sur l'esthétique et sur les interprétations primitives et alogiques du monde apportent aux introductions philoso_ phiques quelque chose de vivifiant et qui repose des redites dont notre littérature est pleine, de tous ces exposés, sous forme logique, des problèmes de la philosophie.

Septembre 1914.

PREMIÈRE PARTIE

INTRODUCTION

L'INTERPRÉTATION GÉNÉTIQUE

CHAPITRE PREMIER

LE PROBLÈME : LA MORPHOLOGIE GÉNÉTIQUE

§ 1. — *La question de l'interprétation.*

1. Dans un précédent volume (1), où est esquissé le programme de toute la doctrine de la logique génétique, nous avons cité la phrase suivante de Lotze comme définissant ce que nous allons étudier maintenant sous le nom de problème de l'interprétation.

« C'est, dit Lotze (2), la question de savoir jusqu'à quel point la construction la plus complète de la pensée qu'il soit possible d'obtenir, par l'emploi de tous les moyens, peut prétendre à être un compte rendu adéquat de ce qu'il semble que nous soyons forcés d'admettre comme étant l'objet et

---

(1) *La pensée et les choses*, tome I, « La logique fonctionnelle », Introduction, sect. 16. La place de ce problème dans le plan d'ensemble de l'ouvrage est indiquée tant dans l'Introduction générale dont il vient d'être question que dans l'Introduction du tome III de cet ouvrage, où l'on fait connaître l'objet de la logique réelle. Dans ce tome, intitulé « L'intérêt et l'art », on traite le problème de l'épistémologie génétique, tandis qu'ici on s'occupe du problème corrélatif de la morphologie génétique. Voir Appendice A.

(2) Lotze, *Logic*, trad. angl., tome I, p. 12.

l'occasion de nos idées. » Cette proposition s'applique pleinement aux sujets dont nous allons nous occuper maintenant. Si nous supposons génétiquement établie la construction complète de la connaissance, « la construction complète de la pensée (1), qu'il est possible d'obtenir par l'emploi de tous les moyens », la question qui se pose ensuite est celle de savoir jusqu'à quel point cette construction complète de la pensée ou de l'appréhension — prélogique, logique et hyperlogique — peut avoir la prétention de rendre adéquatement la réalité « qu'il semble que nous soyons forcés d'admettre comme étant l'objet et l'occasion de nos idées ».

Cette question est suffisamment nette et n'a rien qui ne nous soit familier. Elle se divise naturellement en deux parties : elle comprend premièrement la question de la « prétention » (pour employer l'expression de Lotze) qu'a la pensée ou l'expérience de rendre la réalité, c'est-à-dire le problème de l'épistémologie (2) ; deuxièmement la question de la valeur des résultats — du succès ou de l'échec, dans cette tâche, des différents facteurs et des différents processus de l'expérience. Comment doit-on relier leurs résultats respectifs à l'interprétation de la réalité telle que la comportent les assomptions de la connaissance, comme celles de la vie ? C'est là le problème de la morphologie comparée, qui est consécutif à celui de l'épistémologie. Tous deux utilisent les résultats des recherches génétiques. Leur ensemble constitue la « logique réelle » (3).

(1) Ou plutôt, dans notre cas, la construction complète de « l'expérience », et non pas simplement celle de la pensée, comprise dans un sens étroit.

(2) Il s'agit ici de l'épistémologie prise dans son sens le plus large, c'est-à-dire de l'épistémologie comprenant tous les modes possibles d'appréhension, le mode affectif et le mode actif aussi bien que le mode cognitif.

(3) « Il reste à la logique réelle : 1° à interpréter chaque série entière de constructions objectives dans les termes de l'espèce de réalité que leur connaissance leur attribue ; et 2° à *les interpréter toutes ensemble* dans le mode de réalité où aboutit leur connaissance commune,

2. Ce dernier problème est celui de l'interprétation. La vie et l'expérience, ainsi que le remarque Lotze, nous fournissent les assomptions naturelles et ordinaires sur ce qu'on appelle superficiellement la « réalité ». Mais nous allons plus loin et nous parvenons, toujours et partout, à des manières de comprendre, d'interpréter cette réalité, d'y penser ; en certains cas, nous le faisons par simple curiosité ; en d'autres cas, dans un but d'utilité pratique. Le sauvage qui se prosterne, la face contre terre, en présence d'une éclipse, tout aussi bien que l'astronome qui l'observe avec sa lunette, « interprète » la réalité. L'action de chacun d'eux montre comment il comprend l'événement, quelle est sa signification pour lui.

§ 2. — *Le problème historique de l'interprétation.*

3. Toutefois notre méthode exige que le problème soit posé sous forme historique et sous forme génétique. Nous sommes conduits à voir qu'il n'y a pas seulement des espèces typiques d'interprétation, produits de stades et de modes typiques d'opérations mentales, mais qu'il y a aussi des raisons génétiques reconnaissables pour qu'elles apparaissent à tel moment et en tel lieu. Un homme primitif ne peut pas plus comprendre le monde en termes d'idées dues aux réflexions d'un esprit affiné qu'un enfant ne peut comprendre les explications données dans les manuels de physique et de psychologie. On peut donc supposer que ces différences elles-mêmes se produisent suivant un ordre génétique et comportent un développement génétique, qu'il y a *une histoire naturelle de l'interprétation elle-même* : un mouvement continu dans l'ajustement des motifs de l'appréhension des choses, se traduisant par des progrès dans l'évolution de la manière de concevoir le monde, progrès qui accompagnent l'évolution de la culture humaine. Si l'expérience typique de l'individu

s'il y a un mode aussi compréhensif. (La pensée et les choses, tome I, chap. 1, sect. II).

passe successivement par une série de modes d'appréhension
— par les modes projectif, religieux, dualiste, logique, esthétique — nous devons nous attendre à ce que l'histoire de la
culture révèle des progrès semblables. Des stades et des
points de vue semblables doivent s'observer dans le développement de l'interprétation et de la réflexion ethniques.

Nous posons ainsi de nouveau, d'un point de vue génétique
et évolutionniste, et en faisant entrevoir une manière de le
résoudre, le problème des « stades » de la pensée posé d'abord
par Auguste Comte. Quels ont été les stades de l'évolution de
l'interprétation ? Et pourquoi, pour quels motifs génétiques
ont-ils été tels qu'ils nous apparaissent ? Si nous arrivons à
déterminer, dans le cas de l'individu, le développement de
l'appréhension du moi et des choses, nous pourrons peut-être
découvrir les stades corrélatifs de l'évolution historique de la
race. Les produits sociaux n'ont pu, à aucune époque, s'élever plus haut que ne le permettaient les connaissances et les
actes des individus ; voilà ce qu'on peut dire au point de vue
négatif. Et les gains notables et typiques des individus, sous
le rapport des progrès intellectuels et moraux, se sont mani-
festés avec le temps suivant un ordre sériel, dans la contex-
ture du tissu social, dans les institutions et dans les spéculations théoriques du corps social ; voilà, pour le moins, ce
qu'on peut dire à un point de vue plus positif (1).

4. L'examen de la question de l'interprétation incombe à
la théorie génétique de la réalité, et constitue, dans notre plan,

(1) Dans mon *History of Psychology* : *A Sketch and an Interpretation*,
cette pensée est mise en œuvre : le développement de la psychologie y
est considéré comme l'évolution du dualisme du corps et de l'esprit et
de son interprétation, comme une évolution parallèle à une évolution
semblable se produisant dans l'individu. Cet opuscule (Londres, Watts,
New-York, Putnam, 1913) a été écrit et a paru dans l'intervalle entre
la publication du tome III de *Thought and Things* et la composition du
présent volume. J'y développe des idées que j'avais présentées dans des
écrits antérieurs et sur lesquelles je m'étais étendu dans des conférences
faites à l'Université Johns Hopkins, à Baltimore, de 1903 à 1906. Furry
a utilisé la même pensée pour l'étude d'un problème spécial dans sa
monographie intitulée *Æsthetic Experience* (Psychol. Review, Philos.
Monographs, n° 1, 1908).

la première grande branche de la morphologie. L'étude que nous ferons de cette question prendra une forme parallèle à celle de l'étude de l'interprétation de la réalité par l'individu (1) : les types d'interprétation que l'on rencontre dans l'histoire de la pensée sont, dans l'ordre génétique, le type prélogique, le type logique et le type hyperlogique. Cette simple indication suffira pour le moment comme introduction à l'examen détaillé de la question (V. Seconde partie)

§ 3. — *Le problème intrinsèque de l'interprétation.*

5. Reste le problème de l'interprétation elle-même, qui est distinct de la question historique. L'étude de cette dernière question contribue à élucider le problème intrinsèque de l'interprétation. Nous avons donc, comme second et dernier grand problème de la morphologie — c'est aussi le dernier d toute la logique génétique — celui de l'interprétation du sens de la réalité, telle qu'on peut légitimement la déduire de tout le mouvement psychique dont nous avons étudié l'évolution. Quelle est celle des interprétations historiques qui est justifiée dans ses résultats (à supposer qu'il y en ait une qui le soit) ? — quelle est la contribution de chaque motif à l'interprétation complète du réel ? Quel est le mode synthétique et conciliatoire d'appréhension où le commerce avec le réel luimême triomphe de ses propres dualismes et de ses propres oppositions, et atteint une contemplation pleinement satis-

(1) C'est-à-dire à celle de « L'épistémologie génétique » dans *Thought and Things*, tome III. Des deux explications les plus claires du parallélisme ou de la « concordance » des deux mouvements, c'est celle-ci qui semble devoir être préférée, parce qu'elle est plus empirique et qu'il est plus facile d'en démontrer l'exactitude. Elle propose d'admettre une relation *de facto*, la présence d'influences en vertu desquelles l'appréhension individuelle et l'appréhension sociale ont progressé ensemble et en agissant l'une sur l'autre... L'autre explication (l'explication « rationnelle ») admet une certaine constitution ou « nature » de pensée, qui se trouve être la même dans les deux cas.

faisante de ce qui, suivant l'expression de Lotze, est « l'objet et l'occasion de nos idées » ?

C'est là le problème intrinsèque. Nous le traiterons d'une manière génétique, ce mot étant pris dans le sens que nous avons déjà illustré par des exemples (1). Notre but est de suivre le mouvement des opérations mentales, non de lui commander ; de l'observer, non de le diriger. C'est en cela que les considérations auxquelles on est conduit en traitant ce sujet comme une branche de la logique génétique diffèrent des discussions traditionnelles, qui sont purement logiques et théoriques. Ces discussions appartiennent en effet, comme nous allons le voir, à l'une des périodes, la période « logique » de l'histoire de l'interprétation.

Mais, outre les motifs discursifs ou logiques, il en est d'autres encore qui entrent dans l'interprétation complète du réel, et nous devons également chercher à les découvrir.

6. Comme nous l'avons dit, on trouve dans la progression historique de l'interprétation trois grandes périodes, qui sont caractérisées convenablement par les noms de période prélogique, période logique et période hyperlogique ; ces trois noms serviront de titres aux divisions de notre étude de la progression historique (2). Mais pour l'examen des facteurs comparatifs qui entrent dans l'interprétation proprement dite du sens du réel, on constate qu'une pareille division — fondée sur des coupes transversales, pour ainsi dire, du contenu entier des opérations mentales — n'est pas adéquate. Elle indique le caractère des processus psychiques d'où l'interprétation provient, et le type général de solution, qu'elle fait dépendre de la fonction mentale. Mais elle ne pénètre pas par

(1) Dans le dernier chapitre (chap. xiv) du récent ouvrage de W. M. Urban, intitulé : *Valuation : its Nature and Laws*, on trouve une discussion judicieuse sur la morphologie génétique prise dans ce sens. Comme nous l'indiquons plus loin (chap. x, sect. 19), c'est là le problème fondamental de l'examen critique d'Emmanuel Kant, avec cette différence importante toutefois que notre méthode est génétique, et non « critique » ni logique.

(2) Sauf qu'au lieu de parler de théories « hyperlogiques », nous parlons de théories d'immédiateté, terme qui est plus significatif au point de vue de la classification, comme nous l'expliquons plus loin.

elle-même dans la solution et ne découvre pas le facteur agissant qui détermine le type de réalité. D'autre part, en distinguant différents modes de processus psychiques, le mode prélogique, le mode logique, etc., elle nous donne des indications au moyen desquelles nous pouvons utiliser les résultats obtenus dans l'examen des processus psychiques eux-mêmes.

De fait, nous avons déjà mis ainsi à profit cette division : nous avons constaté, dans la discussion sur l'épistémologie dont il a été question précédemment, que les idées sur la réalité se répartissaient constamment entre deux grandes classes. D'une part, les exigences de l'action, qui sont dues aux mobiles de la vie pratique, aussi bien que celles du savoir, qui sont dues aux motifs de la vie intellectuelle, se manifestent, toujours et partout, en vertu d'opérations de médiation, *médiation effectuée par des états d'esprit représentatifs, ou idées*. D'autre part, les intérêts de l'immédiateté, de l'appréhension directe et de la contemplation sont présents sous des formes caractéristiques à l'échelon le plus bas et à l'échelon le plus haut des opérations mentales conscientes, à l'échelon primitif comme à l'échelon hyperlogique. Par conséquent, toute réalité, par quelque opération que l'esprit y parvienne, est ou immédiate ou médiate, ou donnée immédiatement ou atteinte par l'intermédiaire des idées. Si cela est vrai, notre problème se trouve grandement simplifié. Nous avons à rechercher, non si tel ou tel stade du développement psychique donne l'interprétation définitive de la réalité, mais quel type de notion « réelle », est le plus compréhensif et le plus satisfaisant, si c'est le type médiat ou le type immédiat.

Dans cette partie de notre ouvrage (la troisième partie), nous examinerons donc des interprétations fondées respectivement sur la médiation et sur l'immédiateté, en notant les différents types de chacune de ces catégories qui se seront révélés au cours de l'historique des stades de l'interprétation (deuxième partie), et nous arriverons par nos raisonnements à des résultats positifs.

Dans la dernière partie (quatrième partie), il nous restera à déduire certaines conclusions et certains corollaires d'un caractère philosophique, qui éclaireront les aspects les plus généraux du pancalisme (1).

§ 4. — *Plan de l'ouvrage.*

7. Etant donné ce qui précède, nous sommes conduits à adopter le plan suivant :

Tableau I.

Morphologie génétique : le problème de l'interprétation.

1re partie. Introduction.

2e partie. Historique : le développement de l'interprétation.

    I. Interprétation ethnique primitive (prélogique et religieuse).

    II. Interprétation logique : théories fondées sur la médiation.

    III. Interprétation hyperlogique : théories fondées sur l'immédiat.

    3e partie. La théorie de l'immédiateté esthétique : le Pancalisme.

    4e partie. Conclusions et corollaires.

(1) Ensuite viennent quelques appendices, sur le premier desquels (Appendice A) nous appelons spécialement l'attention.

CHAPITRE II.

L'INTERPRÉTATION INDIVIDUELLE (1)

§ 1. — *Nature de l'interprétation*

1. On verra clairement par la suite que ce que nous appelons
interprétation — suivant en cela un usage auquel il a déjà
été fait allusion — (1) est généralement compris dans le
terme « signification » (meaning) (2). Et même, la meilleure
manière d'aborder le sujet est de rappeler brièvement la
théorie de la signification telle que l'ont établie des discussions récentes, et de mettre à profit ce que nous en savons.

En général, l'interprétation est simplement la signification
entière donnée à une expérience, à un fait, à un événement,
par la conscience qui « effectue » l'interprétation. Etant donné

(1) Ce chapitre réunit, sous le titre d'Interprétation, les résultats de
discussions détaillées antérieures, du moins les résultats comparables à
ceux que fournit l'étude de la pensée ethnique et que nous exposerons
plus loin (2ᵉ partie). Ce chapitre nous aide aussi à concentrer notre
pensée sur l'interprétation finale à laquelle nous parvenons nous-mêmes
(3ᵉ et 4ᵉ parties). Voir aussi, *La pensée et les choses*, tome I, et *La
pensée humaine*, de Höffding.

(2) Le mot « meaning » désigne : 1° un objet mental avec toute sa
signification ; 2° la signification (seulement) qui s'attache à un objet
mental, à un contenu ou à une donnée.

des événements purs et simples — une lueur subite, un bruit sourd, un mouvement oscillatoire — chacun d'entre eux *signifie* telle ou telle expérience : un orage, une charrette qui passe, une chaise branlante. Quelle que soit la signification que l'on cherche à ajouter, à attacher au contenu pur et simple d'un fait ou d'une idée, elle constitue, dans la mesure où on y parvient, une interprétation personnelle de ce fait ou de cette idée. Cette addition peut se réduire à peu de chose, ou, au contraire, être importante ; elle peut constituer une interprétation superficielle ou une interprétation profonde. Des informations, un but, l'utilité, l'association d'idées, l'habitude, l'appétit, l'instinct — vingt facteurs d'interprétation — peuvent surgir et se grouper autour de l'événement donné. Toutes les expériences citées plus haut comme exemples, ces sensations de la vue, de l'ouïe, du sens musculaire, peuvent se trouver réunies dans l'interprétation du Sicilien qui crie « tremblement de terre » et, dans son effroi, se précipite hors de chez lui. Et le savant qui, assis dans son observatoire, à Washington, n'a devant lui que le tracé d'une aiguille sur du papier carbone, et n'entend, ne voit et ne sent rien de l'événement physique lui-même, peut arriver à une interprétation toute pareille. Son interprétation est plus lointaine, plus indirecte et plus logique, comme on dit, mais elle exprime, tout comme celle du paysan italien, le sens qu'il attache à la donnée qui se présente à son esprit.

2. Évitant les questions controversées, celles de la nature de la donnée, de la relation entre le contenu et l' « intention », (intent) (1), entre la présentation et l'intérêt, questions qui ont toutes été suffisamment discutées ailleurs (2), nous ferons simplement remarquer ici que l'interprétation, considérée comme s'attachant à la chose interprétée, est de la nature de l' « intention », ce terme s'opposant au terme « contenu ». Elle a la variabilité et la qualité personnelle que lui donnent le mode d'appréhension de l'individu et sa manière de sentir ;

(1) Le terme « intent » désigne la partie sélective d'une « signification » (meaning) entière ; il s'oppose au terme « content » (contenu), qui en désigne la partie récognitive.

(2) Voir *La logique fonctionnelle*, tome I de *La pensée et les choses*.

plus mystique chez l'un, elle est plus logique chez un autre et plus esthétique chez un troisième. En sa qualité de « signification », elle est sélective. A ces caractères de l'interprétation s'opposent la constance relative et le caractère récognitif du contenu, de la chose ou de l'événement commun et neutre qui est interprété. Le son, la lumière, les mouvements de la terre sont entendus, vus, sentis à peu près de la même manière par toutes les personnes normales; ils constituent le même « contenu ». Mais les interprétations de ces événements diffèrent notablement entre elles. L'événement peut donner naissance à toute sorte de conjectures et de suppositions, dont chacune est, à sa manière, un essai, une « intention » d'interprétation.

3. Toutefois nous aurons avantage à tenter de découvrir des sentiers dans le maquis de ces différences — de trouver des lignes de classification et de distinction dans les mobiles et dans les résultats. Nous constatons d'ailleurs que nous avons sous la main les moyens de le faire. Il faut nous rappeler la distinction générale entre deux grands facteurs de la connaissance, la donnée et l'intérêt, et nous demander quels sont la place relative et le rôle de chacun de ces facteurs dans tel ou tel cas d'interprétation. D'une part, la donnée, en se développant, devient la réalité objective qui gouverne les manifestations de l'intérêt et de l'action ; d'autre part, l'intérêt donne une signification personnelle et sélective au système objectif des données. Etudions à ce point de vue, d'une façon un peu plus approfondie, la nature de l'interprétation.

§ 2. — *L'interprétation comme organisation des intérêts.*

4. L'intérêt que l'individu apporte à toute expérience objective est aussi divers que les mobiles de l'action et de la connaissance. Comme on l'a souvent fait remarquer, la « chose » la plus simple — par exemple le jeune arbre qui s'élève sur le bord de la route — peut être interprétée de

différentes manières qui témoignent chacune de l'habitude dominante, ou de l'intérêt accidentel de l'observateur. Ce modeste arbre signifie le refuge ou l'abri, la source de bois de chauffage pour le logis, le spécimen de plante cultivée, la valeur commerciale, l'espèce botanique, l'objet de plaisir esthétique, le symbole de la vérité religieuse. Toutes ces interprétations sont des interprétations légitimes et synchrones de ce qui constitue, dans l'expérience elle-même, un certain groupe de conditions directrices — de conditions gouvernant les sens, l'observation directe et l'acceptation sociale. Nous nous disons les uns aux autres : « Voyez cet arbre ! » — et la réponse donne aussitôt la possibilité d'indiquer et de raffermir en commun la base dont dépendent toutes les différentes interprétations. Toutes ces interprétations peuvent emporter la donnée, pour ainsi dire : elles peuvent entasser sur elle une masse d'intérêt sélectif et personnel qui l'obscurcit et la défigure. De fait, le but principal de la lutte prolongée de l'intérêt cognitif proprement dit, de l'intérêt que l'on prend à la vérité neutre et objective, c'est précisément de dégager l'objet nu des mailles de l'intérêt qui repose sur des préférences, et de celles de l'interprétation, et de conserver intact son système de relations communément observables.

Si nous pouvons dire que les principaux types d'intérêt de l'individu sont en germe dès les premiers moments de son existence, et qu'ils sont déjà plus ou moins organisés dans le mécanisme préformé de l'appétit et de l'instinct, il n'en est pas moins évident qu'il y a une progression génétique dans la vie de l'intérêt. Dans la période du développement de l'esprit qui va jusqu'au premier commencement du stade nettement logique, ce n'est pas l'intérêt cognitif qui est prédominant et dirigeant. Tout au contraire, les exigences de la vie pratique — bien plus, celles de la vie physique elle-même — gouvernent alors l'appréhension et l'interprétation des choses du monde. Toutes les choses qui servent à prendre du lait sont des « cuillers » pour l'enfant, et quiconque lui chante dans l'obscurité est pour lui « maman ». Les lignes de démarcation ne sont pas tracées par la sensation, mais par l'intérêt, pratique et émotif.

5. L'émotif proprement dit prend chez l'enfant une importance de plus en plus grande à mesure que se développent ses affections naturelles. Des attachements d'un genre quasi instinctif dominent des situations qui autrement comporteraient bien d'autres aspects, où pourraient agir les grands motifs sociaux que représentent la famille, le clan et la race. Nous avons examiné en détail, dans notre discussion sur la « logique affective » (1), les principes d'après lesquels les grandes préférences émotives et les grands intérêts prennent une organisation relativement indépendante de celle des motifs du savoir, sans être réellement séparés d'eux. Les mobiles de l'émotion et de l'affection coopèrent avec les mobiles nettement pratiques ou utilitaires, qui agissent dans la subconscience, et les effets des uns et des autres tendent à étouffer ou à assourdir la voix de la connaissance proprement dite.

6. Toutefois les organisations spéciales et apparemment exclusives de l'intérêt ne doivent pas nous empêcher de voir d'autres organisations moins exclusives, qui se développent à côté des premières, et qui se servent peut-être des mêmes données objectives. L'enfant, qui ne semble pas distinguer une cuiller d'un bloc de construction creux, au point de vue de leur emploi comme ustensiles de table, ne songe pas à se servir d'une cuiller en guise de bloc de construction. Il perçoit donc assez clairement la différence de forme qu'il y a entre ces deux objets. Malgré les divers intérêts qui, par leur prédominance, enlèvent de sa netteté à la perception de la forme pure et simple, l'esprit isole fort bien celle-ci à l'occasion. L'enfant qui, lorsque son père ou sa mère l'appelle pour le dîner, ne distingue pas entre leurs voix parce que cela ne lui est pas nécessaire, fait sur le champ cette distinction lorsque, le matin, l'un ou l'autre de ses parents lui enjoint de se lever. De même, ainsi que nous le verrons plus loin, bien que le sauvage ne semble pas avoir une perception adéquate d'une massue ni d'une plume comme telles, bien qu'il fonde les données sensibles dans une interprétation

(1) Dans la 3ᵉ partie de *Interest and Art* (tome III de *Thought and Things*).

mystique plus large de leur signification, pourtant, sous l'action d'un autre intérêt, il emploie à l'occasion ces objets comme arme ou comme ornement d'une manière qui révèle une appréhension exacte de leur forme, de leur grandeur, de leur couleur et de leurs propriétés physiques (1).

Les opérations de l'esprit, considérées dans leur ensemble, offrent donc, même aux premiers stades de l'appréhension, une grande variété d'organisations possibles d'intérêt et de données. Dans un cas, c'est un certain intérêt dominant qui passe au premier plan, dans un autre cas, c'en est un autre. La connaissance exacte et précise des objets sensibles peut coexister avec l'organisation de l'intérêt guidé par l'instinct ou par l'association d'un sens avec un autre ; et, en même temps que ces deux complexes, peuvent exister d'autres complexes pratiques et émotionnels plus vastes. La donnée, roc sur lequel se fonde la perception, et qui, comme ensemble de choses objectivement stables et résistantes, constitue le contrôle de l'action, recouvre brusquement ses droits à l'occasion, et est alors une fin indépendante ou le moyen de parvenir à une fin ultérieure. Mais généralement elle ne sert que de condition, de signe, de détente, de signal provoquant l'effusion de la masse des processus affectifs et des habitudes sociales, qui se répand sur elle et la cache. Ce n'est qu'au stade des opérations logiques, dominées par le jugement, que le mobile et l'intérêt cognitifs, considérés en eux-mêmes, deviennent indépendants et autonomes. Auparavant ils ne le sont en aucun sens.

7. Ce qu'il importe de noter à ce sujet, c'est que l'esprit se livre souvent à des types d'interprétation où les facteurs affectifs et les facteurs actifs jouent le rôle prédominant. Le facteur de l'appréhension cognitive, considérée en elle-même, est présent dans les interprétations de ce type, mais, aux stades prélogiques du développement psychique, il ne revêt pas une forme indépendante et ne devient pas lui-même un intérêt prédominant. Le terme « prélogique » signifie prédiscursif, préthéorique, préscientifique ; il ne veut pas dire pré-

(1) C'est là un fait important pour l'interprétation des modes de pensée des sauvages ; voir plus loin, chap. IV, § 3, sect. 19.

noétique, ni, en principe, antilogique. Au stade prélogique, les mobiles de la connaissance sont présents, mais ce n'est pas principalement dans leur intérêt que la vie mentale s'organise et que les données objectives sont interprétées. C'est le facteur subjectif, non le facteur objectif, l'intérêt, non la donnée, la valeur, non la vérité, qui excite le mouvement de l'esprit.

Ceci se trouve très nettement mis en relief dans l'étude que nous faisons plus loin de l'interprétation sociale à laquelle sont soumises les données de la connaissance primitive.

§ 3. — *L'interprétation comme organisation sociale des intérêts.*

8. On a récemment attiré l'attention sur la dette inappréciable que la connaissance individuelle a envers la société. Dans notre examen détaillé de la signification « commune » de la connaissance (1) à ses différents stades, nous avons rencontré des preuves nombreuses que c'est par des opérations de conversion sociales ou « secondaires » que les résultats individuels sont confirmés et corrigés. De la sorte, les caprices de la préférence personnelle et de l'idiosyncrasie se dévoilent et peuvent être pris en considération. L'individu se soumet au verdict commun, qui lui apprend à penser juste.

Toutefois on n'a pas montré que le résultat peut parfois être tout opposé : l'individu peut être la victime d'erreurs sociales, de caprices collectifs. L'hypothèse suivant laquelle les résultats obtenus par l'individu sont corrigés et rendus dignes de confiance par les épreuves auxquelles la société les soumet repose sur une seconde hypothèse, à savoir que les

---

(1) Voir *La pensée et les choses*, tome I, chap. vii (en entier); *Thought and Things*, tome II, chap. iii (signification commune du jugement); tome III, chap. vii (signification commune des règles pratiques).

résultats sociaux d'après lesquels ils sont jugés sont eux-même exacts et dignes de confiance. Mais comment la société peut-elle s'assurer que ses résultats sont dignes de confiance si ce n'est en recourant à son tour à l'expérience et au jugement des individus (1) ? Ce que la société peut faire de mieux pour l'individu, c'est de l'amener à s'accorder avec elle, mais le résultat peut être soit bon, soit mauvais.

9. L'individu s'aperçoit de son assujettissement à la société quand il apprend à juger par lui-même et à recourir à l'expérience personnelle et directe de la nature et de l'homme, c'est-à-dire à remplacer par des épreuves « primaires » les épreuves de conversion « secondaires » auxquelles il était habitué à recourir. Quelque valeur qu'ait l'éducation sociale pour les choses de la vie pratique et pour toute connaissance qui représente une expérience accumulée et qui est prête à se soumettre ou s'est déjà soumise aux épreuves immédiates de l'examen et de la critique, au delà de ce point elle devient « un guide aveugle des aveugles ». De fait, l'individu passe une grande partie de la période de sa vie où il est en possession de toute sa puissance de réflexion et où il est capable de juger par lui-même à corriger les idées erronées et les manières de faire irrationnelles auxquelles l'a conduit l'éducation sociale à laquelle il s'est soumis (2).

(1) L'auteur s'est étendu, dans l'ouvrage intitulé *Development and Evolution*, chap. XVII, sur cette revision par les individus de ce que la société admet comme des vérités. Voir le diagramme donné dans *Thought and Things*, tome II, chap. VI, sect. 27.

(2) Avant d'arriver à sa maturité, la connaissance passe par la période de « communauté » imposée, communauté dont le résultat est simplement « collectif » (ce mot étant pris dans l'acception qu'on lui donne dans les discussions auxquelles on a fait allusion), puis par la période où l'individu découvre l'avantage qu'il y a pour lui à être d'accord avec la communauté et à se conformer aux règles qu'elle a établies, et où il suit consciemment les modèles courants. Sa pensée est alors « syndoxique ». Ces deux périodes sont celles de l'apprentissage social de la pensée. Mais quand le jugement apparaît, les rôles se renversent. L'individu qui pense, le « penseur » somme les autres penseurs de s'accorder avec lui. Il reconnaît la parenté de son jugement avec celui des autres membres du corps social au fait qu'ils parviennent

Il en résulte que tout l'ensemble des « vérités » acceptées et imposées par la société est sujet à être peu à peu revisé et corrigé par la pensée, les inventions et les découvertes des individus. Les penseurs les plus inventifs veulent à toute force mettre à l'épreuve les formules que l'éducation leur a inculquées. On constate que les vues du corps social sont dues à des processus d'appréhension prélogique, de participation mystique et de propagation imitative, et non à l'emploi des méthodes éprouvées et sûres de l'expérience et de l'expérimentation proprement dites.

Ainsi la société passe du stade prélogique de la pensée au stade logique en vertu de la compétence et des efforts persistants des individus. La société agit à l'égard de l'individu comme un maître d'école : elle discipline sa pensée ; mais l'élève dépasse son maître. Il constate que lui et la société, dont il fait partie, doivent pareillement se soumettre aux épreuves d'un autre système de contrôles, d'un système de contrôles impersonnels : ceux de la nature, donnés dans la perception, et ceux de la cohérence logique, donnés dans la pensée raisonnable.

10. Aux stades prélogiques de la connaissance, l'interprétation manifeste un manque de cohérence logique et d'organisation. Le défaut de maturité de la pensée se montre à l'égard de chacun des critériums du mode logique comme tel. Le moi de la conscience claire du moi n'étant pas développé, les intérêts et les actions personnels de l'individu sont mêlés à ceux du groupe social ; les moi se pénètrent mutuellement suivant que l'exigent les habitudes sociales et l'intérêt commun. Le moi de la famille, du clan, de la tribu, représentant une solidarité d'intérêts à l'intérieur de chacun de ces groupes, empêche la manifestation d'un désir, d'une volonté ou d'un caprice personnels. Tout est réglé suivant

souvent aux mêmes conclusions que lui. « Cessons tous de nous imiter mutuellement, dit-il, cessons d'ajouter foi aux on dit, de quelque côté qu'ils viennent ; adressons-nous tous ensemble à la source de tout renseignement sûr, aux faits tels qu'ils sont. Le jugement pris dans ce sens est « synnomique ». Il en est de même, pour des raisons analogues, des règles pratiques issues du jugement moral.

les intérêts du groupe. Ce n'est que peu à peu, même dans une société civilisée, que le jeune homme apprend à être individualiste, à manifester résolument sa personnalité.

Le défaut de maturité du jugement se montre également dans l'interprétation des choses extérieures, où l'individu accepte la décision de la société au lieu de soumettre ces choses à l'épreuve du fait.

Tant que le dualisme de l'idée et de la chose, du subjectif et de l'objectif, n'est pas clairement perçu, l'interprétation des objets extérieurs peut permettre toute sorte d'interpénétrations des choses et des moi. Les choses peuvent agir comme font les moi, le caprice des personnes peut s'attacher aux choses, le mystère des actions brusques et sans cause des individus peut s'étendre au monde entier. Ceci conduit à une interprétation mystique et émotionnelle des objets les plus ordinaires du monde extérieur, interprétation motivée par la crainte religieuse (1).

11. De tout cela il faut rapprocher les caractères de la connaissance prélogique qui mettent en évidence l'absence de la faculté de juger. C'est par le jugement, avec ses règles de la cohérence, de la contradiction, de la raison suffisante, etc., qu'est construit le système de la vérité logique. Dans les modes prélogiques, ces règles et ces restrictions ne se manifestent pas (2) ; la suggestion, l'imitation, la contagion émo-

---

(1) Nous avons vu avec quelque détail (dans *La pensée et les choses*, tome I, chap. v, sect. 12, 24) que le cas de l'appréhension par l'individu de son propre corps fournit un exemple de cette confusion. Le corps personnel est un centre de mystères. Il enveloppe en même temps les deux espèces de réalité : il est à la fois une personne et une chose, le lieu des changements physiques et le support des efforts personnels. Si ce corps physique peut être le siège de la douleur et de l'effort, et le théâtre de tous les drames personnels constitués par les rêves et par les rêveries, pourquoi n'en serait-il pas de même des autres corps ? Le corps personnel est le centre d'un grand nombre des rites et des mystères les plus remarquables des croyances et des usages primitifs.

(2) Nous avons vu, dans notre étude détaillée de l'organisation émotive, que la logique affective manque des principes de la « contradiction » et du « milieu exclu ». Voir *Thought and Things*, tome III, « Interest and Art », chap. vii.

tive, l'imagination personnelle, l'impulsion sociale, la crainte religieuse, tous ces mobiles produisent les résultats qui leur sont propres. L'esprit croit aux choses illogiques et aux choses alogiques ; comme le sauvage, l'enfant accepte sans broncher les contes les plus fantastiques, les violations les plus inadmissibles des lois de temps, de lieu et de cause.

Les histoires de miracles religieux et de hauts faits mythiques que l'on raconte aux enfants n'ont pas besoin, pour qu'ils y croient, d'autre garantie que les affirmations d'un maître, d'un livre ou d'un ami instruit. Et pourquoi en serait-il autrement ? Les enfants organisent leurs intérêts, effectuent leurs interprétations du mieux qu'ils peuvent ; leurs appréhensions proprement cognitives et logiques ne sont pas soumises à un contrôle distinct de celui qui s'exerce sur leurs impulsions et leurs dispositions soit affectives, soit actives. Ces impulsions et ces dispositions, qui sont alogiques, demandent plus impérieusement à se satisfaire que les appréhensions logiques, à cause de la contrainte imposée par la vie sociale, qui ne réserve pas de prime à la pensée individuelle, bien au contraire. Il en résulte que les interprétations de l'individu, comme celles du groupe, sont dominées par l'acceptation émotionnelle, étrangère à toute critique, à laquelle on applique généralement le nom de « mysticisme ».

§ 4. — *La progression de l'interprétation.*

12. Ainsi comprise, l'interprétation n'est ni plus ni moins que le processus qui conduit à la signification objective. Elle passe par les périodes génétiques désignées par les noms de période prélogique, période logique et période hyperlogique. Dans l'étude détaillée de ces stades, nous avons découvert des mouvements psychiques d'un caractère semi-logique ou quasi logique qui comblent l'intervalle entre le stade prélo-

gique et le stade logique ; nous avons découvert aussi des opérations mentales d'un caractère logique évanescent ou hyperdiscursif conduisant des opérations nettement logiques aux opérations intuitives supérieures et aux opérations, contemplatives. La série entière qui répond aux buts que nous poursuivons en ce moment se compose des opérations : perceptives, intuitives, semi-discursives, discursives (logiques), hyperdiscursives, contemplatives (intuitives).

Si nous considérons cette série dans ses caractères généraux et du point de vue de la fonction, nous remarquons certaines choses intéressantes. L'appréhension se meut d'un des pôles de l'intuition, l'intuition de l'appréhension directe, à l'autre, l'intuition de la contemplation. Entre ces deux pôles s'étend le vaste espace que remplissent les processus discursifs ou logiques, où l'appréhension directe de l'intuition fait place aux opérations médiatrices de la pensée. L'acceptation née de la perception sensorielle et du sentiment disparaît devant la croyance établie par l'intermédiaire du jugement et de la réflexion, qui, à leur tour, sont complétés et parachevés par l'acceptation correspondant à l'intuition rationnelle et à la contemplation esthétique. La pensée libère l'esprit des insuffisances et des inexactitudes de l'acceptation immédiate, d'où la critique est absente ; des vues procédant du jugement personnel et fondées sur la logique succèdent aux formules toutes faites et aux conventions du sentiment de la réalité et du code social. Mais ce n'est pas tout ; il y a une seconde libération. Des mobiles d'une nature intime — les valeurs, fins et idéals « privés » — de même que les valeurs « singulières » de l'émotion et de l'intérêt, survivent aux changements qui se sont opérés dans l'esprit et revendiquent une place plus adéquate que celle qui leur est donnée dans les comptes rendus indirects et discursifs de la pensée. En conséquence, l'élan, l'effort du mouvement psychique se porte vers une immédiateté plus élevée, où les gains réalisés par les opérations discursives s'intègrent dans la nouvelle intuition et dans la nouvelle immédiateté de la contemplation. Cela constitue la seconde libération de l'esprit : les facultés de connaissance, comme les facultés de valeur, se libèrent des entraves où les enserre la pensée, des complications de la médiation.

Ces deux « libérations » s'effectuent aux périodes de transition dont nous avons parlé plus haut. Ces périodes valent la peine d'être étudiées de plus près à cause de leur importance, tant sous le rapport de l'évolution de l'interprétation chez l'individu que sous celui de l'évolution correspondante de l'interprétation dans la race. Elles figurent aussi dans les conclusions finales auxquelles nous parvenons dans la dernière partie de notre ouvrage.

13. La première de ces périodes de transition, où s'effectue une « libération par la pensée », a les caractères semi-logiques qui manifestent les facteurs essentiels à toute médiation, soit cognitive, soit active. Elle procède d'une floraison, d'une expansion de l'imagination. Les images sont utilisées comme des intermédiaires permettant de parvenir aux vérités et aux fins ; l'esprit les construit, joue avec elles, les schématise, leur commande. L'imagination forme des projets, postule, conjecture, fait des expériences, tout cela au moyen d'images. Des constructions reposant sur des « comme si », des constructions simulant la réalité, surgissent à leur tour : la fiction devance la croyance ; des interprétations fantaisistes des résultats veulent passer pour des confirmations expérimentales ; des contes de fées préparent l'esprit à la vision des merveilles de la réalité. L'individu a ses rêves et la race a ses mythes ; les uns comme les autres sont des aides pour la pensée.

Cette floraison de l'imagination sert de deux manières à produire les formes de la pensée. Elle agit en supposant réelles des choses fictives, et de pareilles suppositions annoncent l'établissement de la réalité par les faits et servent à faire naître la croyance. Elle est à mi-chemin entre l'immédiateté de la présence directe, qui se trouve dans la sensation et dans la perception, et la pleine immédiateté de la conclusion confirmée par des épreuves réelles et par les procédés réducteurs de la logique. Elle est aussi libératrice dans ce sens qu'elle clarifie le domaine intérieur où se jouent des images de toute espèce. Elle prépare ainsi les voies au dualisme nettement marqué du moi et des objets de la pensée. Ces deux résultats ont été exposés en détail dans nos discussions sur le développement de l'individu ; on distingue clairement l'action que tous deux exercent aussi dans l'évolution ethnique de l'interprétation, comme on le montrera plus loin.

14. La seconde des périodes de transition, dont on a dit plus haut qu'il s'y opère aussi une « libération », est digne d'attention. On y voit la transition du mode logique aux modes hyperlogique, intuitif supérieur et contemplatif. Elle libère *dc* la pensée comme la première période libère la pensée. La méthode propre à la pensée comporte l'emploi de schèmes cognitifs et de concepts logiques, d'idées et de catégories de concepts ; la pensée y recourt tellement que la conscience s'accoutume à se fonder sur la raison seule pour accepter ou rejeter. De là une disparité entre le monde de l'expérience immédiate, donnée dans le sentiment et dans l'action, dans l'intuition et dans la présentation, d'une part, et le monde des résultats médiats ou fondés, d'autre part, que ces résultats se rapportent au domaine de la vérité ou à celui de la valeur. La pensée est limitée dans son pouvoir de rendre l'expérience ; le singulier et l'immédiat échappent à son filet. La réintégration du singulier et de l'immédiat, joints aux résultats de la pensée, dans l'ensemble de l'expérience, devient donc la tâche — et pour nous le problème — de l'interprétation.

15. Cette tâche est accomplie, dans le mouvement naturel de la conscience, par un autre mode d'action de l'imagination, mode d'action très remarquable. C'est l'imagination, comme on l'a dit plus haut, qui introduit d'abord la médiation de la pensée dans les opérations mentales. C'est aussi par l'action de l'imagination que l'esprit triomphe des limitations et des restrictions que lui impose la pensée. Dans le premier cas, les prévisions de l'imagination se transforment en résultats confirmés et contrôlés de la médiation. Dans le second cas, au contraire, la construction imaginative, la prévision de la réalité, se maintient malgré les prétentions des deux types de médiation. En face de l'objectif et de l'extérieur, le moi refuse de se retirer dans la sphère de la subjectivité. Au contraire, il s'introduit dans l'expérience, déjà enrichie par les apports des opérations médiates, prétendant

à assurer, par la contemplation directe ou par l'intuition, la pleine réalisation de la signification subjective.

Chez l'individu, le fait que l'expérience se libère ainsi des restrictions et des limitations que lui impose la pensée entraîne un nouvel équilibre pour toute la vie mentale. Cette libération dénie aux processus de la raison comme à ceux de la volonté tout droit prépondérant, et restitue à l'immédiateté du sentiment sa dignité et sa valeur (1).

On verra plus loin, dans notre esquisse de l'histoire de l'interprétation philosophique, que chaque fois qu'on a donné des solutions logiques ou rationalistes extrêmes du problème de la réalité, il s'est produit, soit tout de suite, soit un peu après, des mouvements qui tendaient à la reconnaissance de l'immédiateté, à une reconnaissance ayant à des degrés divers un caractère mystique et esthétique (2). Si les premières théories de forme dualiste sont nées du fait qu'on n'a plus voulu accepter immédiatement les choses telles qu'elles sont, parce qu'au réalisme succède la critique et qu'après la superstition vient la raison, à leur tour cette critique et cette raison manifestent des motifs d'un dualisme plus raffiné, dont les termes ne peuvent se concilier que dans une nouvelle unité synthétique et esthétique.

Mais ici notre but est de rappeler qu'il en est ainsi dans l'expérience individuelle : c'est dans l'expérience esthétique que se trouve le principe d'une conciliation essentielle. Cette conciliation ne s'opère pas par la ruine de l'œuvre de la médiation, mais au contraire par l'intégration de ses résultats dans l'unité plus large et plus riche de la contemplation immédiate.

____

(1) C'est sur ces indications, qui sont contenues dans le processus spontané lui-même, qu'est fondée l'interprétation de la réalité que nous donnons plus loin, dans la 3ᵉ et dans la 4ᵉ partie.

(2) Cela a été montré d'une manière détaillée par Furry dans *Æsthetic Experience : its Nature and Function in Epistemology*, 2ᵉ partie.

§ 5. — *Les réalités telles qu'elles sont interprétées.*

16. Nous avons fait apparaître nettement les grandes lignes de l'évolution de l'intérêt qui agit, dans l'interprétation (1) ; il nous reste à rappeler brièvement les stades que l'autre grand facteur, à savoir la donnée objective, a atteints dans son développement.

Nous devons rappeler tout d'abord que l'expérience n'isole pas, ne distingue pas dès le début les deux espèces de réalité représentées par le dualisme du sujet et de l'objet, des esprits et des choses. Au contraire, l'expérience est simplement « projective » : elle projette devant le regard de l'esprit une masse confuse d'événements frappants. De cette masse émergent peu à peu tous les dualismes ultérieurs de l'interprétation. A ce stade, la réalité d'une présentation est simplement un aspect de la présentation elle-même. Elle a été appelée « sentiment de la réalité », par opposition à la croyance propre à la période postérieure, où des jugements de vérité et d'existence sont possibles. D'après des discussions récentes sur ce sujet, la réalité, à ce stade, est simplement « présumée » ; elle n'est pas jugée, ni même admise, car l'esprit ne conçoit pas la réalité comme étant, en quelque sens que ce soit, attachée à la présentation en question ou distincte de cette présentation. La présence du contenu est tout ce que sa réalité signifie : son appréhension implique la présomption des éléments de la persistance et de la stabilité, qui, en se développant, deviennent un véritable contrôle. L'existence et la réalité sont des significations ultérieures dues au développement de cette présomption primitive.

Telle est la réalité de la donnée dans la période prélogique de la connaissance. Elle a la signification d'une présence immédiate et d'une intuition.

(1) Les détails de cette évolution sont exposés dans *La pensée et les choses.*

17. Dans la période suivante, les motifs du dualisme et des opérations discursives conduisent rapidement au mode logique ; et une transition semblable a lieu dans l'interprétation de la réalité, considérée comme donnée de l'existence et du contrôle. L'imagination prend la direction de l'esprit, comme nous l'avons vu ; elle projette ses essais d'interprétation schématique, où entrent diverses nuances de « semblance » (1) et de probabilité. Pour elle, naturellement, l'idée de réalité n'est pas une simple présomption, puisque sa force varie suivant les différents cas et qu'elle réussit à obtenir divers résultats confirmés par l'épreuve des faits et de la vérité. Mais avant cette épreuve le sentiment de la réalité n'est pas une conviction fondée, une croyance bien établie ; elle a le caractère d'une assomption, d'une hypothèse. Dans la poursuite de l'intérêt qui motive les opérations mentales, les interprétations proposées par l'imagination sont tenues pour valables. La réalité s'incorpore dans toute sorte de constructions fondées sur des « comme si », constructions qui vont de la fiction du jeu et de la feinte du mensonge social à l'hésitation grave du doute et à la capricieuse volonté de croire de la passion. Dans toute la période où naissent et se développent les dualismes du moi et d'autrui, de l'esprit et du corps, des existences substantielles, du sujet et de l'objet — celle où le principe du jugement se libère des entraves dans lesquelles l'enserrent les conventions et l'autorité sociales — dans toute cette période, disons-nous, les diverses assomptions d'existence et d'activité possibles se manifestent. Toutes les interprétations ont alors un caractère de possibilité ou de probabilité et font ainsi connaître par avance les réalités qu'établiront le jugement et la preuve.

18. Le type logique de réalité apparaît quand l'expérimentation, sous ses nombreuses formes, travaille à confirmer les assomptions vraies de l'imagination et à ruiner ses assomptions fausses, quand commence la période des processus

____

(1) La « semblance » est le caractère en raison duquel un objet est « semblant ». Or, « semblant » signifie : posé consciemment dans l'imagination comme s'il s'agissait d'un objet réel.

logiques proprement dits, c'est-à-dire du jugement, du raisonnement, de l'implication. Les distinctions rudimentaires du contrôle, prenant plus de consistance, se transforment en les catégories de l'existence et de la réalité. Les deux substances, l'esprit et le corps, se dressent l'une en face de l'autre ; distinct de toutes ses pensées, le moi se retire dans la citadelle de la subjectivité ; le moi personnel devient, tant dans sa pensée que dans ses actions, l'individu réfléchi et affirmant sa personnalité. Le jugement soumettant, grâce à son caractère synnomique, tous les individus aux résultats obtenus par chacun d'eux, succède aux présomptions qui sont à la base des coutumes et des habitudes sociales, présomptions d'où toute critique est absente, et aux hypothèses schématiques de l'imagination. De même que, du côté fonctionnel, il s'opère une délivrance de la faculté de penser, de même, du côté du contenu ou de la réalité, il s'effectue une cristallisation de l'interprétation de l'existence dans les catégories entre lesquelles la pensée répartit ses objets. Bref, la pensée, les opérations logiques interviennent pour régler les questions de possibilité et de probabilité soulevées par l'imagination « semblante » et pour décider ce qu'il faut accepter comme réel.

La pensée règle ces questions au moyen de deux grands procédés de médiation, les seuls dont elle puisse jamais user. Par la médiation logique des idées, elle parvient à des conclusions vraies, et par la médiation téléogique des moyens, elle parvient à des fins ayant de la valeur. L'une de ces médiations répond à la question « quoi ? » et l'autre à la question « à quelle fin ? »

Dans ce mode, tous les objets et toutes les choses ont donc des attributs définis d'existence et de valeur ; ils sont, sous ces deux rapports, ce qu'il peut être prouvé qu'ils sont. Ils sont également enveloppés dans un système d'implications — causales, temporaires, spatiales, et ainsi de suite — qui sert les intérêts de la pensée en tant qu'elle cherche à unifier et à établir des relations. La réalité de chaque espèce d'existence devient la présupposition de l'acceptation de l'objet ; la croyance avec présupposition de la réalité succède à l'acceptation fondée sur des présomptions et aussi à la

« semblance » accompagnée d'hypothèses, phénomènes qui appartiennent aux étapes précédentes du développement mental.

19. Cependant l'évolution mentale ne semble pas avoir dit son dernier mot lorsqu'elle est parvenue au mode logique. La conscience se libère de la logique comme auparavant elle a réussi à libérer la logique. Les dualismes des substances, celui du moi et de la chose, celui du sujet et de l'objet, entraînent tous diverses difficultés. En vertu de leur nature même, les catégories de la pensée déprécient certaines des expériences les plus directes et les plus saisissantes de la réalité et de la vie et refusent d'en tenir compte. L'idéal des opérations de la pensée est, comme celui de la volition, un idéal de médiation ; ces deux idéals sont des idéals de certitude et de réalité ; mais dans ces expériences singulières et concrètes où la certitude atteint son plus haut degré et qui sont plus directes que toutes autres, les catégories générales de la pensée et les interprétations universelles de la logique se trouvent précisément être formelles et inadéquates. Elles n'épuisent pas la réalité.

20. L'appréhension passe alors, d'un mouvement rapide, sur les opérations cognitives, et les dépasse, pour atteindre une nouvelle immédiateté. Elle s'incorpore dans un nouvel aperçu de la réalité. D'une part, les opérations de la pensée discursive érigent leurs principes en vérités intuitives, en données immédiates de la raison, d'où a disparu ce que la pensée comporte d'indirect, de lointain et de discursif. La présupposition de l'implication logique devient le postulat de la raison pure, et la réalité dévoile à l'intuition rationnelle sa nature intime. De la sorte, l'intuition du réel prend une forme rationnelle.

D'autre part, la médiation de la vie active poursuit un idéal semblable ; elle cherche, elle aussi, à assurer une validité absolue et définitive à ses injonctions de se conformer à un code de morale. Elle atteint également son idéal au moyen d'une nouvelle immédiateté et d'une nouvelle vision directe, au moyen d'une intuition des règles pratiques ; mais elle l'atteint par une méthode qui, ainsi que nous l'avons montré d'une manière détaillée (1), est l'inverse de celle que suit la raison théorique. Elle érige en postulats ses fins, ses valeurs et ses biens, et met de côté les moyens par lesquels ces biens s'obtiennent. Les fins conditionnelles et relatives deviennent des valeurs absolues, qui semblent être imposées par la nature même des choses et dévoiler l'essence du réel sous la forme d'un système de biens pratiques.

21. [L'interprétation du réel prend donc, par cette double méthode, un nouvel aspect : elle passe du domaine de la pensée discursive dans celui de l'appréhension intuitive hyperdiscursive. Mais chacune de ces méthodes, par suite du fort contraste qu'elles présentent entre elles, ne permet que la réalisation d'un idéal partiel. Dans l'une, l'idéal est un idéal d'implication rationnelle ; dans l'autre, un idéal de conformité pratique. Chacune est absolue, dans la mesure indiquée par ceci, pour ses propres opérations et son propre contenu, mais inapplicable aux opérations et au contenu de l'autre. Il en résulte, comme nous l'exposerons plus loin d'une manière détaillée, qu'il se manifeste une opposition profonde et irrémédiable au cours du développement des systèmes philosophiques où l'on donne à l'interprétation une forme réfléchie. De même qu'une simple apparence raisonnable chez l'individu ne suggère ni n'impose l'impératif pratique, de même, dans la théorie, l'idéal d'un système rationnel, exprimé dans une série de catégories théoriques, ne suggère ni n'impose le bien idéal de la vie de désir et de volonté. Le rationalisme, qui est fondé sur l'intuition de la « raison pure », a un rival dans le volontarisme, qui repose sur l'intuition de la « raison pratique ». L'interprétation, prenant deux formes, l'une dans la raison, l'autre dans la conscience, ne résout pas le dualisme de la vérité et de la valeur, même au stade de l'intuition.

22. Il faut qu'ici encore l'imagination vienne à la rescousse, comme elle a fait à un stade antérieur, où la connaissance était gênée par son propre mécanisme. Elle détermine une réaffirmation des deux idéals des opérations médiates, et

_____

(1) Voir *Thought and Things*, tome III, « Interest and Art », chap. VIII, sect. 18 et suiv.

les fond ensemble, sous une forme instantanément réalisable, dans un mode plus large d'immédiateté, celui de la contemplation esthétique. De même que, du côté fonctionnel, les opérations mentales, délivrées de la contrainte étroite de l'argumentation, reviennent à une immédiateté d'appréhension directe, de même l'interprétation reprend les données de la connaissance, en même temps que celles de la valeur, et les réunit en un ensemble susceptible d'une réalisation directe.

Nous approfondirons plus loin la question de savoir quelle est la signification du réel tel qu'il est révélé par la vision esthétique. Il y a seulement lieu de faire remarquer ici qu'elle est fort étendue, vu qu'elle aboutit à une réalité de conciliation et de plénitude. Le réel de la contemplation ne manque d'aucune des données sur lesquelles sont érigés les idéals de la vérité ou de la valeur : il ne manque ni de la généralité de la connaissance, ni de la singularité du sentiment, ni de l'objectivité ni de l'intimité des pôles du sentiment du moi : tout cela est compris en lui. L'interprétation à laquelle il donne lieu, dans l'histoire de la pensée, doit donc être véritablement synthétique, et non pas simplement éclectique, quoiqu'une telle synthèse soit souvent contrefaite par l'éclectisme au stade supérieur, de même qu'elle est contrefaite pas le mysticisme au stade inférieur. Il faut se rappeler que la progression qui mène à la vision esthétique se caractérise par des changements réels dans la motivation de la connaissance, et que c'est seulement en manifestant un besoin aussi réel de synthèse que l'interprétation correspondante peut se justifier au point de vue de la réflexion. Le mouvement de la conscience est un mouvement de « semblance » supérieure, où les motifs du contrôle parviennent à un nouvel équilibre ; c'est de cela que doit s'inspirer l'interprétation esthétique pour être pleinement valable. Notre propre interprétation, que nous exposons plus loin, dans la 4ᵉ partie, est fondée sur cette vérité.

CHAPITRE III

PARALLÉLISME ENTRE L'INTERPRÉTATION INDIVIDUELLE ET L'INTERPRÉTATION ETHNIQUE

§ 1. — *La question de l'interprétation ethnique.*

1. L'étroitesse des liens par lesquels l'individu, à tous les stades de son développement, se trouve uni au groupe, a été signalée dans nombre de discussions récentes. Si étroits sont ces liens, si profonde l'influence mutuelle qui s'exerce entre le groupe et l'individu, que l'étude de l'interprétation individuelle du monde paraîtrait incomplète si l'on n'y joignait celle du mouvement correspondant qui s'opère dans les organisations sociales. La question de savoir comment l'individu comprend la réalité, comment il l'interprète aux différents stades de son développement personnel, appelle celles-ci : Comment la collectivité humaine dans son ensemble, comment la race, aux différentes époques de son évolution, considèrent-elles la réalité et l'interprètent-elles ? Y a-t-il des preuves que ces collectivités aient avancé d'un point de vue à un autre, des indices de progrès historiques dans l'organisation sociale de l'intérêt et de la connaissance ? Et s'il en existe, par quelle corrélation ces deux mouvements génétiques sont-ils unis ? Y a-t-il eu quelque sorte de coïncidence ou de « coopération » entre eux pour la direction de

leurs progrès et pour l'ordre dans lequel se sont succédé leurs stades ou leurs modes (1) ?

Pour pouvoir aborder cette question avec profit pour le lecteur, il nous faut, au préalable, lui donner certaines explications. Nous avons déjà indiqué clairement ce qu'est et ce que comprend le mouvement individuel ; nous devons dire clairement aussi ce que nous entendons par le mouvement ethnique ou social auquel il s'agit de le comparer (2).

(1) La nécessité de comprendre ce problème dans le programme de la logique génétique nous apparaît quand nous nous remémorons les résultats de recherches anthropologiques récentes et ceux de certaines analyses psychologiques. Les recherches qui se poursuivent en ethnologie démontrent de plus en plus clairement que, dans la culture primitive, le social, le collectif est le facteur principal, le facteur dirigeant dans la pensée comme dans la conduite ; l'individu est un produit social ; sa compétence et son intégrité personnelle se forment lentement au cours de l'évolution sociale. Cela s'accorde avec nos résultats, qui font voir l'élément commun inhérent à la connaissance individuelle à tous les stades, le reflet, dans le jugement le plus individualiste, des conditions sociales de son origine.

La théorie de la manière dont l'individu comprend le monde et l'interprète ne peut pas plus se passer de celle de l'évolution sociale que cette interprétation elle-même ne peut se passer de son support social. Toute question de genèse individuelle soulève aujourd'hui des questions d'évolution sociale.

(2) En abordant cette question, nous devons la distinguer soigneusement de certaines autres, avec lesquelles il est facile de la confondre. Et d'abord, nous n'avons pas à discuter la question des capacités acquises ou des dons naturels, envisagés en eux-mêmes ou comparativement, des races ou des groupes. L'humanité a-t-elle fait, de génération en génération, de grands progrès, de faibles progrès, ou pas de progrès du tout, *dans ses caractères héréditaires* ? Ce sont là des points qui ne concernent pas directement notre sujet. L'enfant du groupe civilisé est-il mieux doué, plus capable que celui du groupe primitif, de telle sorte qu'il le dépasse s'il est placé dans les mêmes conditions sociales ? Nous n'avons pas à le rechercher. Une pareille enquête devrait suivre plutôt que précéder la nôtre ; car la découverte d'une espèce donnée d'interprétation à laquelle, serait arrivé tel ou tel groupe pourrait, dans certaines conditions, nous éclairer sur les dons psychiques de ce groupe. Mais cela même ne rentre pas dans notre sujet. Nous devons rechercher les interprétations mêmes auxquelles l'humanité est par-

2. Tout d'abord, nous pouvons admettre que, dans cette grande masse de croyances que nous appelons interprétation, il n'y a pas deux mouvements, l'un individuel et l'autre social ; il n'y en a qu'un, le mouvement relatif à l'organisation interne des pensées et des valeurs qui s'opère dans le groupe donné. Objectivement, il est constitué par les institutions, les lois, les rites, les coutumes, les sanctions. Subjectivement, il se reproduit dans les individus, qui, à leur tour, donnent au groupe son impulsion vitale et déterminent sa marche ascendante. Dans tout ce mouvement, la relation absolument fondamentale qui lie les deux facteurs apparaît constamment.

Le développement simultané de l'interprétation individuelle et de l'interprétation ethnique est donc dû à un seul facteur, à savoir aux progrès accomplis par les individus en tant qu'ils se généralisent et s'incorporent dans l'ensemble des croyances et des coutumes sociales (1). Les stades successifs du développement social reflètent, dans l'ordre où ils se suivent comme dans leur nature, les progrès réalisés par les individus. D'un stade correspondant, par exemple, à la période prélogique de la connaissance, la pensée du groupe passe à un stade de jugement éclairé et de raisonnement logique ; mais cela n'est possible que parce que les individus

venue au cours de son histoire, et l'ordre dans lequel elle y est parvenue, puis comparer, sous ce double rapport, ces interprétations à celles auxquelles parvient l'individu normal au cours de sa vie d'homme conscient.

Reprenant tout ceci d'un point de vue plus positif, nous dirons du problème de l'interprétation ethnique que c'est une question non de dons naturels, mais de produit, et que ce produit, tout en étant trouvé dans l'individu, ne provient pas exclusivement de lui.

(1) Au lieu de dire, comme font les biologistes au sujet de la récapitulation vitale, que le développement individuel répète la série génétique établie par l'évolution ethnique, nous dirons que l'évolution sociale a été déterminée, à ses différents stades, par les progrès essentiels qui se sont accomplis dans l'esprit des individus. Bien entendu, le développement individuel ne pourrait pas être continu sans la vie sociale stable et continue où les premières acquisitions individuelles ont pris forme et sont devenues permanentes.

ont déjà fait les progrès nécessaires à la transition et ont déterminé des modifications dans les coutumes et les habitudes sociales. Lorsqu'il avait un caractère assez général et assez impératif pour s'imposer à l'attention du groupe, chaque progrès pareil faisait faire un pas en avant à l'interprétation dite sociale ou ethnique ; se transmettant ainsi à la société, il se concrétait par cela même et devenait une sorte de propriété ethnique stratiforme. Puis de nouvelles générations continuaient la construction, suivant leurs moyens congénitaux ou la force et le sentiment individuels, et, répétant l'opération, déposaient comme de nouvelles couches de progrès social.

Il semble qu'il suffise de ces vérités pour être fondé à s'attendre à ce qu'une réelle concordance, au point de vue de la direction, des impulsions et des stades, se manifeste entre les progrès psychiques de l'individu et les progrès de la race (1).

Mais la question peut être considérée d'un point de vue plus général, que nous indiquerons, afin de rattacher directement l'étude de l'interprétation ethnique à celle de la logique de la connaissance. De ce point de vue, on peut regarder l'interprétation ethnique comme l'organisation de l'intérêt social.

§ 2. — *L'interprétation éthnique comme intérêt social organisé.*

3. Le concept d'intérêt s'est montré fécond dans les théories de la connaissance et de la signification, et surtout dans l'étude des mobiles affectifs et actifs que l'on découvre dans la pleine appréhension et dans la pleine appréciation des choses. Nous avons constaté nous-même (2) que ces

(1) Dans l'ouvrage intitulé *History of Psychology* (1913), l'auteur traite ce sujet en détail (tome I, chap. I, et tome II, chap. VIII) ; il interprète l'histoire de la psychologie à la lumière du développement des conceptions dualistes chez l'individu.

(2) *La pensée et les choses*, tome I, chap. III.

mobiles se réunissent en une organisation plus ou moins dense autour des données sensibles, et que, dans le cas de l'individu, c'est précisément cette organisation qui constitue « l'interprétation » de ce qui est donné. Interprétée par le gourmet, l'huître est un aliment ; par le savant, un mollusque ; par le chercheur de perles, un trésor dont il faut s'emparer : chacun interprète la présentation donnée d'une façon qui exprime et satisfait son intérêt dominant.

Mais nous avons vu que, dans l'organisation de son intérêt, l'individu subit constamment une influence qui va jusqu'à une sorte de contrainte, et à laquelle il ne peut pas échapper. Non seulement sa perception des données sensibles est soumise aux influences obscures des suggestions et des habitudes sociales, mais encore toutes les significations qu'il attribue aux données, et qui indiquent la direction de son intérêt, prennent une forme qui leur est imposée par les moules sociaux. La partie cognitive de l'appréhension se généralise et se convertit en objets communs à la société ; quant aux parties affectives, elles s'effectuent d'une manière éjective (1) et imitative dans les termes des opinions et des habitudes d'autrui, ce qui assure à l'intérêt lui-même une certaine valeur collective. Dans le domaine logique, la connaissance a une valeur de communauté ; le jugement est synnomique ; et un résultat équivalent est atteint, pour l'intention d'appréciation, par les opérations moins nettement définies mais également réelles de la logique affective.

Nous voyons donc ici la collaboration de l'interprétation individuelle et de l'interprétation sociale dans son mode opératoire fondamental. L'intérêt individuel est interprété du point de vue de la société et confirmé par elle ; l'intérêt social se retrempe et se renouvelle dans les intérêts vitaux des individus. Il n'y a là qu'une seule organisation, à savoir l'intention commune de trouver que la chose considérée a telle ou telle signification. C'est une intention commune au groupe et aux individus qui le composent ; dans le groupe, elle est impliquée par les traditions et les institutions

____

(1) L'éjection est l'appréhension de l'esprit d'autrui en termes du sien.

sociales ; chez les individus, par leurs croyances et leurs habitudes d'action personnelles. Elle est constamment recréée — de même qu'elle a été originairement produite — par la coopération de l'individu et du groupe.

4. Après cette explication de la nature et de l'origine de l'interprétation ethnique, il convient peut-être d'indiquer brièvement les règles de la méthode que nous devons suivre pour l'étudier. Nous sommes ici en présence d'un double écueil, comme en témoignent d'ailleurs un grand nombre des écrits traitant de la vie et de la pensée primitives. D'une part, nous risquons de rendre moins visibles les différences qui existent entre les stades de l'interprétation, ainsi qu'entre ceux de la culture en général, en attribuant aux formes simples les opérations d'une haute mentalité individuelle. Le sophisme de « l'implicite », que nous avons signalé dans notre discussion sur les règles de la logique génétique (1), apparaît ici très nettement. On croit voir les processus de la moralité réfléchie ou de la religion dans la manière dont l'homme primitif comprenait le monde et agissait sur lui.

D'autre part, il faut également user de prudence et se surveiller pour ne pas tomber dans l'autre extrême. Quelqu'un qui est très frappé du caractère apparemment irrationnel et mystique des modes de la pensée primitive est tenté de nier l'unité de l'esprit dans les produits de l'évolution humaine, car il croit trouver des différences d'espèce entre l'homme primitif et l'homme civilisé.

5. Notre conclusion, d'après laquelle le développement individuel et le développement ethnique se prêtent une aide mutuelle, nous préservera de ces deux erreurs. Quelle que soit la direction où nous verrons tendre les types primitifs de la pensée, si partielle, si illogique et si fruste que cette pensée puisse se montrer, nous n'en devrons pas moins reconnaître qu'elle est née de l'organisation des intérêts individuels, où prédominent certains grands mobiles propres à l'humanité. L'intérêt logique, comme nous l'avons vu, se développe tard, et l'organisation prélogique de l'intérêt n'est pas régie

(1) *La pensée et les choses*, tome I, « La logique fonctionnelle », chap. i, sect. 8.

par des principes logiques ; elle laisse une grande latitude aux mobiles affectifs, mystiques et éjectifs, mobiles reflétés dans des traditions collectives et des sanctions sociales qui nous semblent irrationnelles et entachées de superstitions. Tel étant le cas, nous pouvons toujours dire que, si grandes que soient les différences entre des cultures données, entre les croyances et les coutumes qui leur sont propres, chacune de ces cultures n'en manifeste pas moins quelque mobile humain prédominant qui donne naissance à un produit social caractéristique. Par suite des modifications et des nouveaux arrangements imposés à ces mobiles par l'avancement de la culture, les produits deviennent si différents entre eux que seul un point de vue large nous permet de les comprendre tous dans une évolution historique continue et unique. Voici toutefois le principe toujours présent et suffisant qui doit nous servir de critérium et nous guider : toute phase caractéristique de la culture, en quelque lieu et à quelque époque qu'elle se soit manifestée, n'a pu résulter que de l'organisation sociale d'intérêts essentiellement humains, où tantôt un facteur et tantôt un autre s'est trouvé prédominant. Le problème consiste, dans chaque cas, à découvrir quels sont les facteurs qui ont emporté la balance : on aura ainsi l'explication des faits observés.

§ 3. — *Les stades de l'interprétation.*

6. Admettant cette coopération générale du développement individuel et du développement social, dont témoigne ce qui précède, nous allons indiquer, au moyen du tableau suivant, les principaux stades de l'interprétation. La première partie (A) de ce tableau montre les « stades » génétiques du développement de la connaissance de l'individu, et la seconde (B), ceux de la société ou de la race. La première n'appelle pas de nouvelles explications : on trouvera la justification de sa teneur dans les exposés détaillés de l'ouvrage cité plus haut. La dernière constitue le programme des dis-

cussions de la seconde partie du présent volume. Dans les deux cas, les périodes de transition sont indiquées par les en-tête qui se trouvent aux points de jonction des diagonales dans les colonnes marquées « modes ».

TABLEAU II.

A. Interprétation individuelle.

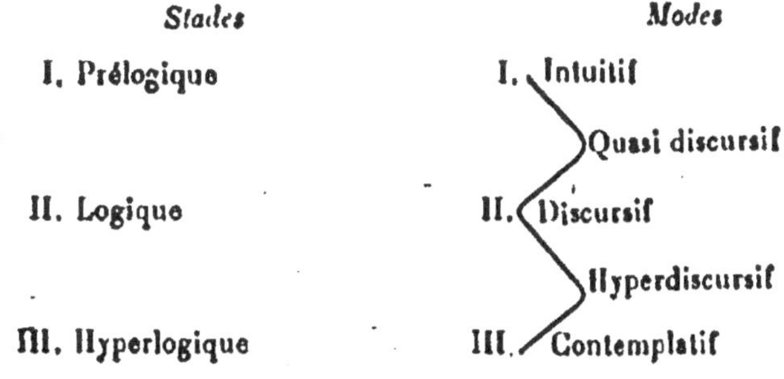

B. Interprétation ethnique.

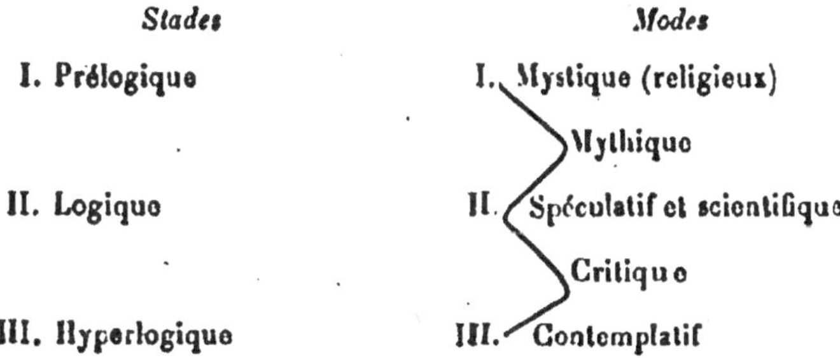

Il n'est guère besoin de conseiller au lecteur de rapprocher du plan que ce tableau indique les « stades » d'Auguste Comte, qui ont donné lieu à tant de discussions ; nous faisons connaître ailleurs la relation de nos vues aux siennes et à celles d'autres auteurs. On verra que le second et le troisième stades d'Auguste Comte, c'est-à-dire le stade « métaphysique » et le stade « positif », sont mis tous deux, dans notre tableau, sous la rubrique « logique » ; que son premier stade, ou stade « théologique », correspond à notre mode « mystique », et qu'à ses trois divisions, ainsi réduites à deux,

nous en avons ajouté une autre, le mode « contemplatif ».
Ce dernier mode, ainsi qu'il apparaîtra plus loin, devient,
dans la suite, la caractéristique de notre interprétation,
telle que nous l'exposons dans la 3ᵉ partie de ce volume. En
d'autres termes, le positivisme n'est pas le dernier mot de la
conception scientifique du monde ; on parvient à une synthèse plus large par la contemplation esthétique et sa
théorie, qui est l'interprétation fournie par le pancalisme.

DEUXIÈME PARTIE

LE DÉVELOPPEMENT HISTORIQUE DE L'INTERPRÉTATION

CHAPITRE IV

L'INTERPRÉTATION ETHNIQUE
SON CARACTÈRE PRÉLOGIQUE

Dans le chapitre précédent, nous avons montré que l'interprétation individuelle et l'interprétation ethnique de l'expérience objective de toute espèce se développent concurremment. Nous avons appliqué aux stades successifs de la seconde les termes « prélogique », « logique » et « hyperlogique », que déjà nous avions trouvés convenables pour désigner ceux de la première (1). Nous les emploierons également dans la suite de notre exposé, où nous traiterons des progrès ethniques de l'interprétation. Dans ce chapitre, nous nous occuperons de la première grande période ou période « prélogique ».

§ 1. — *Caractère général de l'interprétation ethnique primitive.*

1. Si ce que nous avons dit plus haut de la relation entre les facteurs individuels et les facteurs sociaux est exact, cer-

(1) Dans un ouvrage important, auquel nous nous référons plus loin. M. L. Lévy-Bruhl applique aussi les termes de logique et de prélogique à la pensée civilisée et à la pensée primitive respectivement (L. Lévy-Bruhl, *Les fonctions mentales dans les sociétés inférieures*, 1910). Voir plus loin, dans ce chapitre, sect. 6.

taines différences marquées entre les sociétés primitives et la
nôtre devront dès l'abord s'imposer à notre attention, des
différences d'ordre général qu'une étude plus détaillée devra
tendre à confirmer et à définir. S'il est vrai que les processus
psychiques de l'homme primitif sont dans une large mesure
prélogiques, alors, quand l'individu est tout à fait soumis aux
règles sociales et se laisse absolument guider par les intérêts
sociaux, il doit en résulter une floraison de mobiles et d'intérêts prélogiques échappant en grande partie au contrôle des
principes de l'organisation et de la validité logiques.

Nous devons nous attendre à ce que l'interprétation individuelle primitive de la nature et de la vie ait ce caractère. Elle
doit comporter des modes d'appréhension émotifs, pratiques
et mystiques. La sorte d'organisation que l'on reconnaît chez
l'individu dans le domaine de la logique affective et émotive
— plus que dans celui de la logique discursive — doit se
trouver au premier plan. Tous les mobiles d'un caractère
illogique et alogique, que, du point de vue d'un développement logique supérieur, on appelle superstition, fanatisme,
préjugé, mysticisme et contradiction avec soi-même, en
même temps que les mobiles, tant individualistes que
collectivistes, qui procèdent du rapport social lui-même,
doivent se manifester nettement. Le contrôle exercé par la
vérité et par les faits étant absent ou relativement subordonné, les motifs que représentent l'utilité, la sûreté personnelle, la solidarité, la tradition, la peur, la crainte respectueuse, le prestige prennent chacun, suivant l'occasion,
une place prépondérante dans la pensée primitive. Il en
résulte, du point de vue logique, un état de complète confusion, mais comportant néanmoins une organisation sociale.
C'est comme si un enfant était soustrait à la direction d'esprits plus raisonnables et plus conséquents que le sien,
affranchi de la contrainte imposée à sa conduite par des
sanctions plus rationnelles que celles qu'il peut imaginer
lui-même, et comme si les seules choses offertes maintenant à son appréhension et à son action étaient illogiques
et émotives. Telle est, en réalité, la place de l'enfant dans
le groupe primitif; il est membre d'une société d'enfants. Sa
pensée ne peut pas s'élever plus haut que la source où elle

prend naissance; il est contraint de penser et d'agir comme les autres membres de la société.

Ce fait général nous indique suffisamment les différences prononcées que nous devons nous attendre à trouver entre l'interprétation primitive des choses et celle à laquelle nous sommes accoutumés. Il nous interdit d'appliquer à la pensée de l'homme primitif les critériums logiques de la vérité et de la croyance. Ce qui est raisonnable et normal pour lui peut être irrationnel et anormal pour nous. La seule méthode légitime d'investigation consiste dans l'observation patiente et l'intelligence sympathique de la vie sociale de l'homme primitif. En la suivant, nous verrons ce qu'est son esprit et comment il fonctionne. Le plus que nous puissions dire, c'est que, si extrême que puisse nous paraître l'action exercée sur lui par certains facteurs, tous ceux qui agissent sur lui s'imposent également à l'esprit humain pris en général. Divers intérêts peuvent prédominer chez lui, mais tous sont des intérêts humains fondamentaux et naturels.

2. Nous sommes conduits à une seconde observation générale lorsque nous considérons les conditions auxquelles prend naissance la vie sociale elle-même. Le groupe le plus simple est indubitablement le produit d'une sélection naturelle. Le groupe représente une unité où l'utilité collective, assurée par quelque sorte de coopération et d'union des activités, remplace l'utilité individuelle ou lui succède (1). La sélection agit sur les groupes, et le groupe le plus apte survit, de même que le type d'individu qui lui appartient. Dans le monde animal, cela se voit aux instincts de la vie collective, qui poussent les individus à coopérer.

Chez l'homme, les instincts proprement dits — les actions presque parfaites que les individus d'une espèce accomplissent sans les avoir apprises — sont réduits à leur minimum, et le groupe ne compte pas sur eux, mais sur des procédés d'éducation et d'entraînement. De là résulte la nécessité absolue de règles strictes, de sanctions inéluctables imposées par la société ; la vie même du groupe et celle de ses membres sont à

(1) Cette thèse a été soutenue par différents sociologues. Voir le chap. III de *Le Darwinisme dans les sciences morales*, de l'auteur.

ce prix. C'est pourquoi la contrainte et la direction auxquelles la société soumet l'individu dans les choses essentielles de la vie ordinaire ne peuvent pas être interrompues ni affaiblies, même pour un moment. Cela se reflète dans l'empressement avec lequel l'individu satisfait aux exigences de la société. Il se forme un type social d'individu qui est de plus en plus porté à l'imitation, à l'obéissance, à la coopération. La contrainte de la règle sociale, comme celle de la loi biologique, est remplacée par l'impulsion des mobiles intérieurs du devoir et de la conscience. L'homme se socialise progressivement dans le mouvement de ses intérêts et de ses mobiles personnels les plus intimes.

3. Si ce qui précède est vrai, nous devons nous attendre à trouver les moyens d'organisation et de direction employés par la société d'autant plus énergiques, plus puissants, plus rrésistibles que nous remonterons plus loin dans l'évolution de la culture humaine. L'homme primitif est gouverné par un système précis de règles, de rites et d'observations mystiques qui ne connaissent pas d'exceptions et ne montrent pas de miséricorde. Nous sommes habitués à regarder l' « homme naturel » comme une sorte d' « individualiste » primitif exempt de nos conventions sociales et errant selon son caprice dans les vastes champs de la vie. Or c'est exactement le contraire qui est vrai. L'homme primitif est un esclave ; il est exposé à des sévérités, des brutalités, des terreurs, des sanctions, des persécutions inouïes, représentées par des cérémonies et des rites compliqués, qui le maintiennent dans un état d'épouvante perpétuelle et font de sa vie un affreux cauchemar. Rien n'est assez insignifiant, pas même son ombre ou son rêve, pour échapper à la réglementation des puissances mystiques, dont le code social exprime la volonté, et rien n'est assez grave pour lui assurer un moment de répit ou pour le mettre, ne fût-ce que pour un instant, hors de l'atteinte des châtiments décrétés par la société. Le sauvage n'est jamais gai ; la gaieté est un produit de la civilisation.

§ 2. — *Caractère social de l'interprétation ethnique primitive*.

4. Tout cela est confirmé d'une façon frappante par les recherches anthropologiques effectuées dans ces derniers temps. On s'attendait généralement à ce que l'interprétation primiive manifestât un caractère social et collectif très accusé : cette attente est absolument remplie. Des études récentes, notamment celles de l'école française de sociologie, ont mis ce point hors de doute. La théorie de la représentation collective, établie par Durkheim, Lévy-Bruhl et d'autres auteurs, est fondée sur des observations détaillées relatives à une grande variété de coutumes, de croyances et de rites primitifs. Laissant de côté cette théorie même et son application sociologique dans une doctrine traitant de la relation de l'individu à la société, nous recueillerons les données sur lesquelles elle repose, parce qu'elles démontrent le caractère commun ou collectif des significations attachées primitivement aux choses, et nous les interpréterons dans les termes des recherches que nous poursuivons dans le domaine de la connaissance et du sentiment « communs » chez l'individu.

5. Nous pouvons dire sans hésiter que l'interprétation primitive, considérée comme « signification » commune ou comme représentation collective, est « syndoxique », c'est-à-dire qu'elle est regardée par l'individu comme étant le bien commun du groupe, comme étant acceptée par les autres comme par lui-même. Il n'a pas la prétention de l'avoir découverte, ni même de l'avoir confirmée. C'est un ensemble de choses enseignées et communément acceptées — de rites, d'observances, de prescriptions, de prohibitions, etc., — dont il n'est pas responsable, mais qu'il accepte lui-même comme étant déjà établies, et auxquelles il pense qu'on doit se conformer. Dès sa première enfance, il est élevé dans cet ensemble de croyances et d'appréhensions syndoxiques, tout comme l'enfant civilisé est élevé dans un ensemble de vérités

et d'usages admis par la société. Ce qui différencie les deux cas, c'est que, aux stades logiques de la culture sociale, l'individu en vient tôt ou tard à critiquer dans une certaine mesure les formules sociales, à les confirmer ou à les rejeter dans tel ou tel de leurs détails en faisant usage de son jugement individuel. De cette manière, le syndoxique devient personnel et « synnomique ». C'est là une chose que le sauvage ou l'homme primitif ne peut pas faire ordinairement ; il passe toute sa vie sous la domination de la tradition collective qu'il a trouvée en naissant. Les règles sociales restent pour lui les seules règles ; l'individu ne perce pas la croûte sociale.

Les raisons de cet état de choses apparaîtront quand nous aurons poussé plus loin notre analyse. Nous nous bornerons à signaler ici le pouvoir absolu, la contrainte que les éléments du régime social exercent sur l'individu, particulièrement dans les choses pratiques de la vie. La société prescrit de longues séries d'observances fastidieuses, sans en donner des raisons cohérentes, et les sanctions sont d'autant plus dures qu'elles sont occultes, mystérieuses et vagues.

6. Pour mettre encore davantage en lumière le caractère collectif de la pensée primitive, particulièrement en tant qu'il manifeste la nature prélogique de cette pensée, nous allons utiliser les résultats auxquels nous sommes parvenus dans l'étude que nous avons faite de l'élément commun qui se trouve dans la connaissance de l'individu. Nous découvrirons certains points où se révèle une analogie frappante entre les deux développements, des points où ils coïncident ou « coopèrent » de la manière indiquée plus haut (1).

1° En premier lieu, la nécessité où se trouve l'homme primitif de se conformer aux règles sociales procède en général

---

(1) Dans la préface du tome III de *Thought and Things*, qui a pour sous-titre « Interest and Art », j'ai signalé l'accord frappant que présentent nos résultats, tels qu'ils sont exposés dans le tome I, avec ceux auxquels est parvenu M. Lévy-Bruhl, relativement à la pensée primitive, dans l'ouvrage intitulé : *Les fonctions mentales dans les sociétés inférieures*, où il a réuni et interprété les résultats des recherches récentes des anthropologistes. Certains points brièvement indiqués dans cette préface sont traités ici d'une façon plus complète.

d'une discipline due à des sanctions qui lui sont extérieures.
Grâce à son obéissance à ces règles, il recueille peu à peu sa
part de l'héritage social de coutumes et de devoirs. Ses impulsions spontanées sont canalisées par la société et ses appétits réfractaires sont refrénés par des interdictions rigoureuses. Les peines sont celles que comporte un ordre social
organisé. Elles sont d'une sévérité terrible et d'une rigueur
inflexible.

Cela revient à dire que, à ce stade de son organisation, la
société n'est pas parvenue aux résultats qu'obtient la morale
individuelle réfléchie. Les sanctions du droit et du devoir
n'ont pas remplacé celles des conventions sociales fondées
sur la prudence, la peur, la crainte respectueuse et la vénération. La vie active est « syntélique » ; c'est une vie où les fins,
les pratiques, les valeurs sont communes, où elles ont leurs
racines dans la société, qui les sanctionne ; elle n'est pas
« synnomique », c'est-à-dire qu'elle n'est pas dominée par la
conscience individuelle ni réglée par des sanctions intérieures
et morales.

2° Un autre caractère important de cette sorte d'interprétation collective est sa dépendance à l'égard du réel, de
l'événement ou du fait réalisé, tel qu'il apparaît dans une
situation sociale observée ou rapportée ; elle n'exige rien
d'autre en fait de confirmation ou de preuve. Une certaine
sympathie entre un animal et un homme une fois admise,
l'animal est désormais l' « ami » de l'homme et de sa famille.
Étant donné un fait succédant à un autre, et qui ne lui est
uni que par une liaison temporaire ou locale, il s'établit entre
eux une relation inviolable et mystique. Les conventions imposées par la société sont expliquées ou justifiées par des
événements simplement accidentels qui, n'étant soumis à
aucune espèce d'épreuve, se prêtent tout aussi bien à une
interprétation qu'à une autre, et, par suite, sont interprétés
suivant la tendance des coutumes et des intérêts sociaux.
Toutes les choses déjà acceptées sont considérées comme
confirmées par les nouveaux événements ; tout ce qui
est en contradiction avec ces choses est inexistant, sans
rapport avec elles. Le réel sert donc de base à toute espèce
d'interprétations préférentielles et sélectives, qui varient

avec les états d'esprit et les attitudes actives du groupe.

7. Ces caractères de la pensée primitive sont manifestement illustrés par l'existence et la signification du totem. Si différentes que soient entre elles les théories du totémisme, nous pouvons y trouver une base d'accord en ce qui regarde la signification que possède le totem pour le sauvage lui-même. Il réunit pour lui les significations de son groupe social, de son clan, de toute sa parenté, naturelle et surnaturelle ; il établit donc le fait central de sa vie, à savoir son nom et son identité, qui peuvent seuls lui permettre de comprendre les autres facteurs. Sauf cette identité, qui est celle de son groupe, il n'a pas d'individualité. De plus, les faits qui n'entrent d'aucune manière dans la sphère de l'influence totémique ne peuvent pas exister pour lui ; mais dans le domaine des intérêts que représente le totem, domaine qui à ses yeux renferme tout, les règles, les prohibitions, les injonctions, les sanctions sont absolues et définitives. Dans le domaine de l'autorité comme dans celui de l'actualité, en indiquant ce qui est accepté comme en obligeant à faire ce qui est désirable et à s'abstenir de ce qui doit être évité, pour les indications théoriques comme pour les injonctions pratiques, le totem apparaît comme l'unité syndoxique de l'organisation sociale, et, en même temps, comme celle des croyances et des pratiques personnelles (1).

8. 3° On peut aussi aborder par le côté négatif l'étude de la signification syndoxique de l'interprétation ethnique primitive. Le groupe ne se borne pas à établir certaines coutumes et certains rites positifs auxquels il exige que l'individu se conforme ; il décrète en outre tout un ensemble de prohibitions. Il ne dit pas seulement à l'individu : « tu feras ceci », il lui dit aussi : « tu ne feras pas cela ». Naturellement, dans une société plus développée, qui dispose, tant dans la sphère intellectuelle que dans celle de la pratique, de critériums lo

____

(1) Suivant une opinion qui tend à se généraliser, le totémisme, le qu'on le trouve chez les tribus de l'Australie centrale, représente le type de culture le plus primitif. L'ouvrage récent de Durkheim intitulé *Les formes élémentaires de la vie religieuse* contient un vaste exposé critique tant des théories relatives au totémisme que du totémisme lui-même.

giques et réflectifs, l'erreur et le mal donnent lieu à une contradiction et à une opposition établies par des règles plus ou moins rationnelles. « Si ceci est vrai, cela ne l'est pas ». « Si ceci est bien, cela ne l'est pas ». Il y existe des règles de logique cognitive et affective par lesquelles le négatif s'établit en même temps que le positif.

Mais nous avons vu, en étudiant la suite des stades par où a passé la négation (1), qu'avant l'apparition de la négation logique il existe des modes très importants de significations négatives. Il y a de forts mouvements d'acceptation et de rejet, qui ont leur source dans la préférence active et dans le choix, et qui remontent à des instincts et à des attitudes originaires. Il y a des rejets dus au malaise, au dégoût, à la coutume, à la nouveauté, au caprice personnel ; tous ces rejets sont déterminés par des mobiles actifs et émotifs, et quelques-uns d'entre eux s'élèvent au niveau de la négation logique dans leur tentative de se justifier.

9. Ces rejets actifs se divisent en deux grandes classes. L'une se compose des cas d'exclusion véritable, dus au fait que la personnalité réagit, au moyen de quelqu'un de ses intérêts actifs, contre la chose ou le contenu rejeté. Ce principe moteur apparaît dans les rejets de l'enfant, qu'il s'agisse d'un mauvais goût, d'un hôte fâcheux ou de tout autre cas. Il existe, sous un grand nombre de formes différentes, dans les stades inférieurs et dans les stades sublogiques des processus mentaux.

L'autre classe se caractérise par le mode de rejet connu sous le nom de « privation ». Ici le rejet d'une chose est subordonné à un choix positif ; il accompagne l'acceptation d'une autre chose. Tels sont les rejets déterminés par l'affection, par le sentiment, par l'appréciation esthétique, par toute espèce d'intérêt exclusif. Le fait de s'absorber dans la jouissance de la chose choisie et vantée implique l'exclusion et le rejet d'une autre chose ou de toutes les autres choses. L'individu qui fait un choix ne rejette pas intentionnellement

____

(1) *La pensée et les choses*, tome I, « La logique fonctionnelle », chap. x, et *Thought and Things*, tome II, « Experimental Logic », chap. vii. Cf. aussi plus loin, chap. vii, § 4 et 5.

une chose à cause de certaines de ses qualités positives, mais seulement parce qu'elle n'est pas comprise dans ce qu'il choisit et accepte. L'enfant qui rejette toutes les poupées sauf « Biddy », quelque plaisir que puisse lui causer, dans d'autres conditions, une poupée neuve, nous fournit un exemple de cette privation. Son affection pour Biddy exclut chez lui tout sentiment de tendresse pour une poupée rivale.

10. Cette distinction entre le rejet prélogique et la négation logique étant admise, nous constatons que le premier de ces phènomènes nous aide beaucoup à comprendre l'esprit et la vie de l'homme primitif. Les prohibitions, les observances et les rites négatifs, les tabous, etc., des peuples primitifs sont très remarquables. Ils sont souvent plus bizarres et plus déraisonnables que les règles positives elles-mêmes. Le sauvage est garrotté par mille règles qui lui signifient ce qu'il ne doit pas faire, ce dont il doit s'abstenir dans ses pensées et dans ses actions. Les défenses comportent pour ceux qui les enfreignent les châtiments les plus sévères. La plupart des choses permises ne le sont qu'avec des restrictions en ce qui concerne le temps, le lieu et les circonstances, restrictions impliquant des rites préliminaires qui permettent seuls d'éviter des désastres.

Le phénomène remarquable du tabou et celui de la distinction entre le sacré et le profane doivent être regardés comme des aboutissements du développement des rejets sociaux motivés par des intérêts émotifs et des intérêts actifs, soit directs soit lointains, ou comme des cas de privation dus au fait que la société s'absorbe dans d'autres choses et d'autres intérêts, parmi lesquels la chose rejetée semblerait déplacée. Si nous supposons, par exemple, dans le développement ultérieur de l'intérêt religieux, la croyance en une divinité exclusive et intolérante, nous trouvons, comme résultat secondaire, un rejet privatif de tous les autres systèmes et objets religieux. Au lieu que ce soit, comme au stade de culture où nous sommes parvenus, la consanguinité qui règle des questions telles que celle de la limitation du droit de se marier ou celle des degrés de parenté, ou encore les mêmes questions envisagées sous leur aspect négatif, comme la définition de l'inceste, c'est le totem qui, dans le système totémique, sert à les trancher. Le mariage est interdit entre les personnes ayant le même totem. Ce ne sont pas là des questions de raisonnement ou de logique, mais des questions de croyances et de préoccupations sociales positives, dont la solution se présente sous la forme de prescriptions collectives rigides, tant positives que négatives. Cela veut évidemment dire que l'organisation sociale de l'intérêt, dont les rejets sociaux constituent un aspect, revêt, dans le premier cas, un aspect positif. Nous noterons le fait que les rejets de l'individu, comme ses acceptations, sont réglés par la société. Toutes les interprétations, tant négatives que positives, sont prescrites par la société. Les lois de prohibition sociale sont formulées, sanctionnées, appliquées par la collectivité ; elles répondent à la définition de tout l'ensemble des interprétations traditionnelles, étant comme celles-ci syndoxiques. Mais le caractère syndoxique ou commun de cet ensemble d'interprétations est privatif et non logique ; il est de l'espèce que produit l'organisation affective.

4° On peut résumer ce qui précède en disant que la vie primitive est essentiellement religieuse, puisque c'est la croyance religieuse qui conserve les valeurs et les sanctions tant sociales qu'individuelles. C'est la période « théologique » de l'interprétation. Le symbole religieux représente, comme nous le verrons plus loin, l'esprit de la communauté.

§ 3. — *Caractère adualiste de l'interprétation ethnique primitive.*

11. Nous avons noté le caractère adualiste de la pensée prélogique chez l'individu, l'absence, chez lui, des dualismes qui marquent la pensée logique ou discursive pleinement développée (1). Il y a deux sens importants dans lesquels la

(1) Pour les détails, voir *La pensée et les choses*, tome I, « La logique fonctionnelle », chap. III.

pensée logique et l'état d'esprit appelé réfléchi sont dualistes.
Il y a d'abord le dualisme « du moi et des objets de la pensée », celui « du penseur et des pensées » ; c'est la forme la
plus raffinée du dualisme. Elle exige la conception d'une vie
intérieure où existent des idées ou des pensées, et, d'autre
part, celle de réalités auxquelles se rapportent ces idées ou ces
pensées. C'est ce qu'on appelle proprement le « dualisme de
la réflexion ».

Mais il y a un autre dualisme qui lui est antérieur et qui
pourtant persiste dans la période de la réflexion, c'est le dualisme de substances, de classes de réalités, « de l'esprit et du
corps ». Les progrès de l'interprétation qui ont permis à ce
dualisme d'éclore dans la pensée primitive et d'arriver à maturité dans le mode du jugement ont été étudiés en détail (1).

Il suffit de l'examen le plus sommaire de la pensée et des
coutumes des peuples primitifs pour se convaincre de l'absence chez eux de ces deux sortes de dualisme, si l'on donne
à ce mot son sens plein ou un sens approchant. La matière
de l'expérience est la même, mais elle est organisée de façons différentes. Car, ainsi que nous devions nous y attendre, l'absence des formes de la classification dualiste (esprit et corps, penseur et objets de la pensée) ne se manifeste
pas seulement par la simple absence des effets bien connus
de pareils modes de division (2), mais aussi par la liberté
donnée à d'autres mobiles, auxquels la pensée individuelle
civilisée n'offre guère l'occasion de s'affirmer avec force et
de prendre de l'ascendant.

12. Etant donné ce qui précède, on comprendra que les
différentes tentatives qui ont été faites pour interpréter la
pensée primitive au moyen de certains principes plus simples, tels que l'association des idées, l'animisme, etc., n'aient

(1) Voir *ibidem*, chap. x et xi. Dans *History of Psychology*, tome I,
l'auteur a exposé ce développement tel qu'il apparaît dans la philosophie
grecque et l'a représenté comme atteignant son plus haut degré dans le
dualisme de Descartes.

(2) Tels que la croyance à la matière inanimée, à l'âme purement
spirituelle, au domaine intérieur de l'expérience, produits relativement
récents de la réflexion.

pas eu un plein succès. Le défaut de pareilles théories consiste soit à faire usage d'un des termes d'un dualisme déterminé, en le réduisant à l'ombre de ce qu'il est en réalité — du terme « esprit », par exemple, dans la théorie de l'animisme — et à l'attribuer au sauvage ; soit à dépouiller simplement l'esprit de l'homme primitif de la fonction logique et à tenter d'appliquer quelque principe simple d'organisation mentale, tel que l' « association des idées », ou « le raisonnement par analogie ». Dans toutes ces théories, on admet que le premier stade de l'organisation mentale, d'où l'on suppose absents les dualismes et les classifications logiques, est simplement ce qui resterait si les fonctions logiques avaient été retranchées de la conscience individuelle telle que nous la connaissons. Il en résulte une conscience individuelle mutilée, et non une fonction sociale véritablement prélogique. Ce n'est que par l'étude de la vie primitive que l'on peut comprendre comment la pensée sociale s'organise à des périodes où l'individu n'est pas encore capable d'un raisonnement logique, et sous l'influence de traditions résultant d'une expérience et d'habitudes sociales encore plus primitives et moins individuelles. On n'y arrivera pas en envisageant un individu élevé dans d'autres conditions sociales, de quelque façon qu'on le mutile. Il faut permettre aux mobiles prélogiques d'opérer dans le milieu social qui leur est propre et de se révéler par eux-mêmes.

13. Nous reprendrons plus loin l'étude des éléments positifs de l'interprétation primitive, qui sont dus à une véritable organisation sociale des mobiles prélogiques sur une grande échelle. Nous noterons ici certains points de vue auxquels une pareille pensée prélogique manifeste l'absence des principes d'organisation de la pensée discursive, c'est-à-dire certains points de vue où elle est vraiment adualiste.

1° L'absence de la distinction qui s'impose entre les pensées ou les idées et les réalités — c'est-à-dire du dualisme entre la sphère de la vie intérieure ou de la réflexion et celle du monde extérieur, où les choses restent relativement constantes — se montre dans certaines confusions frappantes de la pensée primitive. Elle apparaît dans l'incapacité de l'homme primitif de se mettre à un point de vue purement cognitif ou désintéressé. L'idée d'un système extérieur de choses, existant dans sa neutralité, étranger aux intérêts et aux efforts humains, est, à la vérité, relativement récente ; elle n'a atteint son expression complète que dans le positivisme de la science moderne. Mais, dans les sociétés primitives, elle n'existe même pas sous sa forme rudimentaire, qui exige simplement un certain pouvoir discriminant et une certaine mémoire des choses en elles-mêmes, indépendamment de leur valeur dans la pratique, dans les cérémonies et dans le symbolisme. Et cela en dépit de la nécessité de reconnaître à l'occasion les choses extérieures, et du fait qu'elles conservent leur valeur cognitive (1). Le sauvage nie l'identité d'une flèche avec elle-même, refuse de l'appeler une flèche, y voyant un symbole de rites totémiques et de valeurs sociales qui lui donnent une identité différente ; mais en même temps il prend la flèche *afin de l'employer comme telle* quand il part pour la chasse et pour la guerre. Il en est de lui comme de l'enfant qui refuse d'admettre que sa poupée est simplement un objet de bois recouvert de peinture, parce qu'il y voit l'identité d'une compagne aimée et caressée, mais qui la jette à droite et à gauche, y enfonce des épingles, et montre par toute sa manière de la traiter qu'en pratique il admet précisément le fait qu'il a nié antérieurement.

14. Il semble que, dans l'un et l'autre cas, la contradiction soit due au fait que le sujet est incapable d'isoler le contenu de l'appréhension comme quelque chose qui reste fixe, de le regarder comme étant exactement et seulement ce qu'il est en réalité, la signification sélective ou l'intention changeant avec l'intérêt particulier éveillé. La séparation d'une de ces deux sortes de signification d'avec l'autre exige que la chose objective soit reconnue comme quelque chose qui est soumis à des lois indépendantes de l'usage sélectif et préférentiel qui en est fait, c'est-à-dire étrangères à la sphère subjective de l'esprit (2). Le dualisme entre la sphère de l'ex-

(1) M. Lévy-Bruhl semble ne pas prendre garde à cela quand il dit que le sauvage ne peut pas isoler l'objet simplement comme il le perçoit.

(2) Dans les spéculations des philosophes grecs, le point de vue du

térieur et celle de l'intérieur est incomplet. La première exige un commencement de médiation de la chose extérieure réelle, dû à l'idée qui rappelle et représente cette chose ; la seconde, la médiation de la valeur ou de la signification sélective attribuée à la chose ; cette médiation est due à l'emploi de l'idée comme moyen de parvenir à des fins personnelles (1).

En l'absence d'un développement marqué de ce dualisme, on doit s'attendre précisément au genre de confusion que l'on constate en réalité : la chose est regardée comme étant, et étant seulement, ce que fait d'elle l'intérêt dominant, l'intérêt exclusif, *tel qu'il est déterminé par la société*. Parfois les intérêts changent : l'un cède la place à un autre, la chose prend une signification différente. Les résultats les plus curieux se produisent dans le domaine de la classification, où les classes dues à l'intérêt émotif et actif prennent la place de celles qui ont un caractère logique et que l'homme civilisé emploie presque exclusivement.

Le résultat est frappant ; du point de vue logique, on constate simplement une grande confusion. Il semble que le sauvage ne puisse parvenir à voir, à entendre, à sentir comme il faut, à avoir des associations d'idées normales, des souvenirs exacts. On dirait qu'à part ses intenses et sombres émotions son imagination est sa seule faculté vigoureuse. Il est hanté par des images effrayantes. Comme nous l'avons déjà fait remarquer, il est rarement libre de soucis ; il a une gamme étendue d'émotions sociales, dans les catégories desquelles ses perceptions sont organisées. Un ensemble de représentations collectives assimile si bien ses différentes sensations qu'il n'isole pas les faits ni ne juge à la lumière de ce que nous appelons la vérité.

subjectif comme tel, du subjectif opposé à l'ordre physique objectif, ne date que de Socrate, chez qui le mouvement sophistique atteint son apogée. Mais, bien entendu, les Grecs, comme tous les autres peuples, faisaient usage de cette distinction dans la vie pratique, s'ils ne la formulaient pas dans une interprétation réfléchie. Voir mon *History of Psychology*, tome I, chap. IV.

(1) Ces deux processus ont été introduits dans la pensée grecque par la « relativité » des sophistes. Voir *ibid.*, tome I, chap. IV.

Mais une fois que nous avons reconnu que son esprit est absorbé par les croyances et les coutumes régnantes, auxquelles il ne peut échapper, et qui ne séparent pas la chose en elle-même de tout ce qu'y ajoutent l'intention et la sanction sociales, nous voyons quelle est sa position et nous comprenons en partie sa pensée. Ce qui le différencie de l'enfant civilisé, c'est que, contrairement à lui, ce dernier est élevé de manière à devenir un observateur indépendant et un individu guidé par la logique, à distinguer entre ce qu'il voit et ce qu'il désire ou préfère, à employer la chose consciemment comme un moyen de parvenir à des fins tant personnelles que sociales, sans nier son existence distincte ni dénaturer sa signification objective. Le sauvage ne tire aucun de ces avantages de l'éducation qu'il reçoit. Au contraire, ses maîtres sont aussi simples que lui ; son éducation le force à ne voir qu'avec les yeux, à n'entendre qu'avec les oreilles de son groupe social. Il suce avec le lait l'interprétation traditionnelle de toutes ses sensations et de toutes ses perceptions, interprétation mystique, religieuse, émotive ; et, par suite de la concurrence que leur fait l'intérêt prédominant de la solidarité sociale, les impulsions personnelles qui tendraient à le faire penser par lui-même sont sans influence.

15. 2° Il y a encore un autre dualisme, qui est apparenté au premier, et qui clarifie et éclaire la vie de réflexion, c'est le dualisme entre l'esprit ou la vie, considérés comme quelque chose de spirituel, et la chose matérielle inanimée. L'esprit et le corps sont les termes d'un dualisme qui semble indiquer une véritable crevasse dans la nature ; ne pas distinguer les termes de ce dualisme, c'est tomber dans une confusion évidente. Cela apparaît sous une forme frappante dans les sociétés primitives, et l'état des choses y est compliqué par les interprétations particulières dont les animaux y sont presque toujours l'objet.

Ce qui montre bien que cette confusion est de nature prélogique, c'est l'absence, chez les peuples primitifs, des deux grandes distinctions toujours observées par la pensée logique : la distinction entre les personnes et les choses, et la distinction entre les individus, particulièrement entre le moi personnel et les autres moi, entre *ego* et *alter*. Ces deux distinctions sont encore compliquées, dans la pensée logique, par la place attribuée aux animaux, ce qui a été l'occasion de certaines tournures intéressantes prises par le développement de la pensée. La place assignée à l'animal dans la pensée primitive est des plus suggestives. Nous allons considérer la vie primitive du point de vue de ces deux genres de dualisme. Étudions d'abord celui qui est le plus développé.

16. La distinction radicale qui existe entre l'esprit et le corps n'est évidemment pas présente dans la pensée primitive ; son absence est démontrée par le vaste ensemble de faits cité par les anthropologistes sous le titre d' « animisme ». Ces faits prouvent d'une manière indubitable que l'homme primitif ne distingue pas la nature inanimée comme telle des êtres animés, mais conçoit le monde entier des choses comme ayant des propriétés dynamiques et mystiques semblables à celles de la vie et de l'esprit (1).

Divers faits montrent que le corps personnel est une source de difficultés et d'embarras, ce qui est également le cas, comme nous l'avons vu, dans le développement de la pensée individuelle (2). Le corps est le lieu des activités et des attributs les plus subjectifs, tels que les volitions, les affections et les tendances appétitives ; mais, en tant que corps, il est en même temps une chose physique parmi des choses physiques. Dans la pensée primitive, cette difficulté apparaît dans le fait que tous les corps physiques sont conçus comme des centres de ces deux sortes de propriétés ; et cette complication universelle retarde et rend difficile la distinction entre l'une et l'autre. L'esprit ou l'âme est un corps subtil, vaporeux, contenu dans la personne, qui est faite d'une matière

(1) Ce n'est pas que nous acceptions la théorie « animiste », qui, sous sa forme traditionnelle, tend à faire de l'homme primitif un dualiste plutôt que le contraire, lui attribuant une conception de l'esprit qu'il est supposé employer pour interpréter le corps ; nous entendons simplement utiliser les faits cités comme preuves de l'absence de dualisme. Nous reviendrons plus loin à l'interprétation positive des faits.

(2) *La pensée et les choses*, tome I. « La logique fonctionnelle », chap. V, sect. 5 et suivantes.

plus grossière(1). Mais ce qui nous semble être une confusion est simplement la reconnaissance des choses telles qu'elles apparaissent; or, elle apparaissent comme une masse non différenciée de phénomènes que la pensée ne réussit que plus tard à répartir en des catégories dualistes.

Une vaste série de faits en relation avec les rites qui se rapportent aux processus et aux fonctions physiologiques — de faits relatifs à la naissance, à la mort, à la puberté, au mariage, à l'initiation imposée à l'individu par la tribu, aux ablutions qu'elle lui prescrit et à sa préparation à la chasse, à sa purification religieuse, etc. — montrent jusqu'à quel point le corps est le centre de croyances adualistes touchant la nature et la destinée de l'âme. Les nombreuses bizarreries de l'enseignement, qui admet la violation des relations temporaires et spatiales, la vénération pour les rêves et pour l'ombre de la personne, la peur des monstruosités physiques, tout cela témoigne au moins du fait général que le corps et l'esprit ne sont pas nettement distingués.

17. Outre cette confusion entre le vivant et l'inanimé, qui diffèrent d'une façon si évidente à nos yeux, on trouve chez l'homme primitif, comme chez le civilisé non parvenu à sa maturité, l'autre sorte d'adualisme, dont nous avons parlé plus haut comme d'une confusion des personnes *inter se*. Il n'arrive pas à distinguer entre eux les « moi » comme tels, à distinguer entre le moi personnel et les autres, entre « ego » et « alter ». Cette confusion, comme nous disons, nous qui avons les lumières qu'impliquent les dualismes, est si profondément enracinée et si fondamentale qu'elle colore partout la vie et la pensée primitives. La raison de ce fait réside dans le caractère social de l'éducation et de la discipline imposées à l'individu sous le rapport du moi et de ses responsabilités. Au lieu d'une identité et d'une individualité personnelles, les sociétés primitives développent une *identité collective*, où l'individu se

***

fond. L'effet produit est si radical que les stades par lesquels passe la conscience du moi, tels qu'ils apparaissent dans le développement de l'individu, ne sont atteints par la race que très péniblement et au bout de très longs intervalles de temps (1).

Si nous considérons du point de vue de l'organisation et du développement de la société cette série de stades progressifs, qu'il n'est pas nécessaire d'énumérer ici tout au long (2), nous trouvons dans le développement ethnique certaines choses qui valent la peine d'être notées.

18. 1° L'évolution ne va pas du tout de l'individuel comme tel vers le collectif. Elle part d'une impersonnalité originelle, de la neutralité de l'être humain le plus primitif, de son incapacité de faire des distinctions, pour aller vers une collectivité qui, subissant à son tour diverses transformations, devient successivement une collectivité totémique, une collectivité religieuse, une collectivité constituée en tribu, etc. C'est seulement dans le développement de certains intérêts que le subjectif, le vivant, est distingué de l'objectif, de l'inanimé ; il ne revêt pas les formes exclusives de la classification logique. Ce n'est que très tard, quand les intérêts logiques et spéculatifs sont éveillés, que le moi individuel est différencié des autres moi. Auparavant, c'est-à-dire dans les sociétés primitives, le moi est collectif, il se développe avec les intérêts pratiques du groupe, et ses distinctions et oppositions sont celles qui sont propres aux groupes, c'est-à-dire aux familles, aux divisions totémiques, aux clans, etc. Ces grandes unités ont pour les hommes primitifs le caractère de l'individualité. L'individu déclare explicitement qu'il est identique avec son groupe, avec le totem de son clan, et non qu'il l'est avec lui-même, et comme

____

(1) Cela apparaît dans l'histoire de la pensée spéculative. Bien que l'individualité pratique fût très manifeste en Grèce, il n'y a, chez les philosophes de ce pays, ni théories de l'atomisme ou du monadisme psychiques, ni postulats de l'isolement et de l'impénétrabilité des moi *inter se*. Et cela malgré le fait que l'atomisme physique y est clairement formulé.

(2) Pour les détails, voir *Interprétation sociale et morale des principes du développement mental*, de l'auteur, chap. I.

d'autres individus sont identiques avec le même groupe, tous
« participent » à une identité collective commune.

Cela ressort de très nombreuses données recueillies par les
ethnologistes (1) ; ces données démontrent que l'individu primitif ne se considère pas, et ne peut pas se considérer, même
sous le rapport physique, comme un être distinct, identique
avec lui-même. Il ne fait qu'un avec sa classe sociale, parce
que cette classe a un moi unique. La matière du subjectif
vient du groupe, qui est souvent symbolisé par une espèce
animale, et y retourne par les processus éjectifs de la généralisation affective. En s'individualisant, le sauvage indi-
vidualise la classe, l'unité collective. Un grand nombre
de diverses choses inanimées, comprises dans la sphère de
l'influence totémique, peuvent également rentrer dans l'individualité de l'unité collective (2).

2° Il s'ensuit que, en ce qui regarde les deux dualismes,
c'est-à-dire celui de l'esprit et du corps et celui de *ego* et *alter*,
les distinctions qui commencent à se faire jour s'effectuent
dans l'intérêt du groupe et pour sa conscience. Tout ce qui a
quelque rapport avec l'usage et l'intérêt collectifs devient
partie intégrante de l'unité collective — les personnes, les animaux, les ustensiles, les ombres, les morts, les personnages
oniriques ou mythiques, les héros qu'immortalise la tradition,
la divinité de la tribu. Toutes ces personnes et toutes ces
choses possèdent une part du *même moi*, ce mot étant entendu dans son sens collectif ; toutes participent à cette possession mystique. L'homme est le frère, l'autre moi, du chien,
de la plume, de l'étoile, parce qu'eux et lui ne font qu'un
dans la vie et l'intérêt collectifs de la conscience commune du
groupe.

19. Cet état de choses extraordinaire ne se trouve pas troublé,
comme nous l'avons déjà indiqué, quand l'autre dualisme, c'est-à-dire celui de l'esprit et du corps, est également observé. La hiérarchie des intérêts et leur intégrité re-

---

(1) M. Lévy-Bruhl, *loc. cit.*, les interprète de la même manière que
nous.

(2) Durkheim, *La Vie Religieuse.*

lative apparaissent nettement. Quoique faisant partie, avec
l'homme, du moi du groupe, chacun des objets inanimés,
si divers à nos yeux, conserve en même temps, pour les fins
et les intérêts subordonnés de la vie pratique, son identité
distincte. Pour tirer, une flèche est une flèche ; pour cuire,
un pot est un pot et du feu est du feu. Les simples choses ne
sont pas telles parce qu'elles sont déterminées par certaines
propriétés physiques comme n'étant pas des personnes, mais
seulement parce qu'elles sont déterminées comme étant ex-
clues, d'une manière temporaire ou permanente, d'autres intérêts collectifs. La simple chose est celle qui est exclue de
la société, qui ne rentre pas dans le groupe, qui n'a pas de
signification.

Il est évident que cette sorte de distinction se rapproche
plus ou moins de la future division logique en personnes et
en choses, puisque ce sont les personnes qui représentent le
plus complètement les valeurs et les intérêts sociaux, et que
ce sont ces valeurs et ces intérêts qui sont le plus souvent
et le plus facilement séparés des simples mottes de terre,
des pierres et des blocs de bois, en un mot des choses
inanimées. Cependant la signification de la distinction reste
celle que comportent l'identité et l'intérêt collectifs avec
leurs exclusions corrélatives.

20. L'absence, sous leur forme logique, de ces deux sortes
de dualisme est illustrée par la place occupée par les animaux
dans la vie et la pensée primitives. Des auteurs d'une compétence reconnue ont fréquemment noté le caractère absolument déraisonnable des attitudes primitives à l'égard des
animaux et le désordre complet de la pensée primitive en ce
qui les touche. Ce désordre n'est pas dû à la complexité du
sujet, mais à l'embarras résultant des modes mystiques et
collectifs d'appréhension de la conscience primitive elle-
même. Témoin le système totémique pris tant dans son ensemble que dans ses détails. L'animal peut être une simple
chose, comme dans la poursuite, la mise à mort et la consommation du gibier. D'autre part, certains animaux — cela
est même vrai de tout animal sous des conditions déterminées
— peuvent participer à la signification mystique du moi du
groupe. L'intérêt invoqué et les cérémonies et rites accomplis

dans la poursuite de cet intérêt sont tels que l'animal se fond, en même temps que l'homme, dans l'unité collective.

§ 4. — *Caractère relativement alogique de l'interprétation ethnique primitive.*

En étudiant de plus près la nature positive de l'organisation des intérêts sociaux, organisation grâce à laquelle l'interprétation primitive se constitue, nous constatons certains faits saillants qui en établissent le caractère prélogique. Avant de noter les principes positifs sur lesquels elle repose, nous allons indiquer à quels points de vue elle manque des attributs positifs essentiels des processus logiques.

21. 1° En premier lieu, elle ne reconnaît pas le principe logique du « milieu exclu ». Cela s'accorde avec le fait que la négation primitive, comme nous l'avons vu plus haut, ne procède pas par exclusion logique, mais par rejet social positif et actif. Les classes ainsi établies, n'étant pas logiquement exclusives, peuvent se recouvrir partiellement les unes les autres ; la même chose peut se trouver dans deux classes ou davantage, être exclue à un moment et ne pas l'être à un autre, échapper absolument au « soit... soit » de la disjonction logique. L'opposition mutuelle des classes, qui permet d'épuiser un tout logique, ne se produit pas, et les conséquences logiques d'un pareil épuisement n'apparaissent pas.

2° Cela se voit nettement à l'absence évidente de contradiction logique dans la pensée des peuples primitifs. Ils ne semblent pas se préoccuper d'exiger de leur expérience une chose que nous exigeons de la nôtre, à savoir qu'elle soit cohérente. Ils ne sentent pas le besoin de rejeter une chose parce qu'ils ont accepté son opposé. Ils ont un critérium tout différent pour décider si une chose est acceptable : pour qu'elle le soit, il faut qu'elle procure une satisfaction émotive ou active, ou serve un intérêt social. Cela résulte indubitablement de l'état de choses indiqué ci-dessus, à savoir de l'absence d'une classification exigeant l'exclusion et l'épuisement réciproques ; car, sans opposition de classes, la contradiction, dans l'acception logique de ce mot, ne peut pas se produire.

3° Un grand nombre des particularités plus superficielles de la pensée primitive proviennent du même défaut fondamental. Les classes admises sont bizarres et obscures. Des choses qui nous semblent absolument différentes et même contradictoires sont identiques pour le sauvage. Une différence numérique n'exclut même pas toujours l'identité. La classe est affaire de valeur émotive et préférentielle ; c'est une source de bien, ou de mal, ou d'utilité sociale, ou d'avantages pour la tribu ; voilà sur quoi reposent les distinctions. La classe est téléologique, et non logique. Les intérêts actifs et affectifs prédominent, et les intérêts sociaux, plus considérables et plus exclusifs que les intérêts personnels, ne laissent à ceux-ci qu'une place inférieure et moins importante que la leur.

4° De là vient aussi le manque d'inférence et d'argumentation logiques. L'idée de nécessité logique est étrangère au sauvage, qui ne voit pas la valeur de l'universel. En l'absence de cette idée, il invoque à l'appui de ses dires de simples juxtapositions d'événements ou d'objets, des analogies, des présages, le pouvoir des rites et des cérémonies, toutes choses où se reconnaît une certaine contrainte d'un caractère dynamique et social. Le nouveau est pour lui d'une suprême importance, car il révèle une action inconnue et réelle de la puissance qui se trouve derrière et dans la nature. Une éclipse, la rencontre d'un homme blanc, une maladie soudaine, la sécheresse, tout cela constitue des présages extrêmement sérieux : ample matière pour l'intérêt qui se satisfait dans le domaine des valeurs surhumaines et mystiques. Il s'efforce d'amener ces choses à agir dans l'intérêt du groupe, tandis que nous les expliquerions en poursuivant l'intérêt de la connaissance.

Objectivement, cela apparaît dans les méthodes suivant lesquelles se traitent les sujets d'ordre soit personnel, soit social. Les hommes primitifs ne connaissent pas la discussion ni l'argumentation ; ils invoquent des événements de mauvais augure et font appel à des sanctions tant sociales que surnaturelles. Les opérations de la substitution et de la déduction logiques sont remplacées chez eux par la conversion et la confirmation sociales, avec appel aux coutumes et aux croyances établies. La conformité prend la place de la communauté logique, l'effet de la contrainte sociale, celle de la conviction personnelle. Les principes moteurs qui tendent à faire apparaître la pensée logique en général *ne sont pas encore libérés.*

Après cet exposé général des aspects superficiels de l'interprétation primitive, dont nous avons montré la nature alogique, nous allons nous occuper de la caractériser. Cette interprétation rappelle immédiatement l'organisation prélogique et affective de l'intérêt de l'individu (1).

(1) La substance d'une grande partie de ce chapitre et du suivant (V) a fait l'objet d'une conférence donnée à l'Université de Princeton, en uin 1914.

CHAPITRE V

L'INTERPRÉTATION ETHNIQUE PRIMITIVE :
SON CARACTÈRE POSITIF

§ 1. — *L'organisation sociale de l'intérêt primitif.*

Nous en avons dit assez pour faire voir que le terme prélogique a un sens bien déterminé. Considéré sous le rapport
ethnique, il signifie alogique, à tous les points de vue qui
viennent d'être énumérés. La question se pose maintenant
de savoir dans quelles directions autres que des directions
logiques l'organisation des intérêts du groupe social prend
une forme positive. Cette organisation est-elle analogue à
celle des intérêts de l'individu avant la naissance des processus nettement logiques, et, si elle l'est, dans quelle mesure
l'est-elle ?

1. Nous avons déjà indiqué à quels points de vue généraux on doit s'attendre à ce que l'interprétation ethnique, en
tant que constituée d'une manière sociale, s'écarte des routes
suivies par la pensée individuelle. Dans les communautés
civilisées, l'individu vit dans un groupe qui a atteint lui-
même le stade logique (1) ; revêtant des formes plus ou moins

(1) Le fait que, dans beaucoup de choses, la société civilisée est gou-
vernée par des conventions et reste essentiellement irrationnelle n'in-
firme pas cette remarque générale. La société peut obéir aux règles de

rationnelles, les traditions sociales de ce groupe et les sanctions que comportent ses lois et ses conventions ont des tendances raisonnables. C'est pourquoi, même quand sa pensée n'est pas mûrie, quand elle est prélogique, l'individu, grâce aux impressions qu'il reçoit constamment, à l'éducation qu'on lui donne, aux initiations qu'on lui impose, se trouve conduit, par des chemins que raccourcissent toute sorte de procédés pédagogiques, à la pensée logique indépendante — ou au moins à quelque chose qui lui ressemble. Bonnes ou mauvaises, on lui donne des raisons de tout. L'individu civilisé n'est donc pas libre de développer les intérêts prélogiques sous leurs formes spontanées et naturelles.

Chez les sauvages, l'enfant reçoit des impressions tout opposées. Il recueille un héritage social prélogique, comme l'enfant civilisé recueille un héritage social plus ou moins logique. Chez lui les mobiles prélogiques et les fins sociales ont toute liberté de se manifester dans leur plein développement. Les utilités et les intérêts sociaux, les impulsions, les sanctions, les observances, les rites sociaux, en un mot les modes sociaux d'organisation, dominent son développement psychique.

Nous devons donc nous attendre à ce que le type ethnique d'interprétation soit très visiblement marqué de caractères dus à la floraison de facteurs purement prélogiques, facteurs qui ne sont pas affaiblis, mais fortifiés, au contraire, par le type d'organisation préexistant dans les faits et dans les traditions.

§ 2. — *Nature affective de la généralisation primitive.*

2. La première question qui se pose, dans ces recherches sur le caractère positif de l'interprétation primitive, est celle de la classification ou de la généralisation. Comment l'homme

la logique quand un réformateur ou un moraliste lui en fait sentir la nécessité.

primitif, comment le groupe primitif, classe-t-il les choses et les événements ? Identifie-t-il un nouvel objet, par exemple, par ses marques extérieures, et le classe-t-il comme appartenant à une classe générale d'objets qui lui est déjà familière ? Ce serait suivre la même voie que l'intérêt cognitif, l'intérêt que l'on prend à la vérité objective.

Il est évident que ce n'est pas là la manière de procéder du sauvage. L'intérêt qu'il prend soit à ce qui est nouveau pour lui soit à ce qui lui est déjà connu n'est pas un intérêt de simple curiosité ou de simple reconnaissance ; il s'accompagne de circonspection, de peur, de vénération, de crainte respectueuse. Les propriétés physiques de la chose qui s'offre à son examen ne sont pour lui que des marques superficielles ; il s'attend à ce qu'elle manifeste des énergies cachées et mystérieuses. Aussi son interprétation fait-elle entrer en ligne de compte des phénomènes concomitants, proches ou lointains, une association avec des influences puissantes, des signes et des présages dont le sens ne se révèle qu'aux initiés. La position de la lune, la hauteur du soleil au-dessus de l'horizon, la longueur des ombres, la couleur du ciel, le vol des oiseaux, les réponses des oracles, l'allure des sacrifices, la nature des rêves, l'événement ancien que l'on se rappelle, tout cela donne à la chose nouvelle sa signification et lui confère de l'importance. La généralisation effectuée n'est pas une généralisation de simple connaissance, mais une généralisation de motivation, d'émotion, de participation mystique ; si elle utilise les voies de l'association et de la connaissance, c'est simplement à titre d'indication de la direction dans laquelle coulera le courant de l'intérêt affectif. Les événements importants que le sort tient en réserve, les questions de vie ou de mort, les intérêts de la tribu et de la famille, voilà à quoi elle se rapporte. La nouvelle chose a une signification pareille ; elle apporte le bonheur ou le malheur, elle est favorable ou défavorable, amie ou ennemie, pour le groupe ou contre lui ; sa neutralité n'est qu'un écran derrière lequel se dissimule le pouvoir qu'elle a de faire du bien ou du mal. Le sauvage ne se soucie pas de la simple chose ; il veut savoir à quelle sorte de signification plus large, mystique, à quelle espèce de puissance cachée la chose participe, et de quelle influence, bienfaisante ou pernicieuse, sa présence est la marque (1).

Ce n'est pas qu'il fasse cela le moins du monde d'une façon réfléchie et intentionnelle. C'est là sa manière spontanée de répondre à l'expérience. Son intérêt émotif se saisit des données sensibles et les organise d'une façon affective. Le flot de l'intérêt émotif passe sur le simple fait, et la chose prend exactement le caractère de sa signification mystique. Alors que nous, dont les intérêts cognitifs sont développés, nous nous empressons de scruter la chose, de l'isoler et de la débarrasser de ses ambiguïtés, le sauvage ne prend pas garde à son individualité, ne cherche pas à l'isoler, et n'a rien de plus pressé que de flairer l'arome intime de ses valeurs bonnes ou mauvaises, et de s'efforcer de reconnaître si son pouvoir est pernicieux ou bienfaisant.

3. Cet état de choses, dont l'existence a été pleinement démontrée par des études anthropologiques récentes, s'explique facilement en termes de la méthode de généralisation affective dont nous avons constaté que l'individu fait usage (2). La méthode est la même. Chez l'individu de notre époque, elle est corrigée et limitée dans son emploi, comme nous avons cherché à le faire voir, par les enseignements, les exemples et les sanctions propres à une société qui incline dans un autre sens. Mais les mêmes mobiles sont présents. Dans les sociétés primitives, ils trouvent des occasions aussi favorables que possible à leur développement.

Le processus consiste dans la formation, au cours de l'expérience active et de l'expérience affective, d'« abstraits » émotifs, de penchants, d'attitudes et de dispositions actives, qui prennent la place des classes cognitives, et à l'un desquels chaque expérience nouvelle s'assimile aux dépens de ses relations cognitives et logiques. Des attitudes émotives, des

____

(1) Tout en reconnaissant que les distinctions religieuses, telles que celles qui sont présentes dans les classes totémiques, ont la plus haute importance à cause de leur portée sociale, nous n'irons pas, comme Durkheim, jusqu'à donner la religion pour base à toutes les classifications, y compris la classification logique.

(2) *Thought and Things*, t. III, « Interest and Art », chap. **VII**.

tendances et des habitudes actives, des identités de valeur remplacent, dans la vie mentale, les ressemblances et les identités des faits objectifs. Elles constituent des classes générales, dans le véritable sens du mot, mais elles ont la qualité d'utilités générales, de valeurs générales, de significations sélectives et personnelles, et non pas, du moins dans le principe, celle d'espèces impersonnelles de faits, de vérités ou d'existences.

Il y a chez le primitif une mémoire et une reconnaissance réelle des sentiments ; d'où la généralisation des expériences affectives se rapportant aux dispositions, aux sentiments et aux attitudes actives (1), qui prennent la forme de préférences, de tendances et d'intérêts personnels. Quand, par analogie, association ou suggestion, un nouvel événement provoque une pareille attitude, il s'établit un « général » affectif, qui donne une signification et une classe à la nouvelle expérience. Les processus actifs de l'individu prennent ainsi un développement relativement indépendant de l'accroissement de la connaissance et du savoir, mais qui néanmoins reste dans une certaine mesure en relation avec lui. La vie mentale du primitif a un caractère émotif, tandis que la nôtre a un caractère intellectuel. Il voit les choses à la lumière de leur mobilité et de leur puissance, non à celle de leur passivité et de leur stabilité. Accueillir ou éviter, telle est l'expression de son intérêt dominant. Les propriétés apparentes et superficielles des choses deviennent simplement des signes de valeurs cachées, des moyens de parvenir à des fins soit personnelles soit sociales. En tout, la tendance principale devient téléologique ; il en résulte que les affirmations et les négations, les contradictions et les exclusions logiques sont insignifiantes en comparaison des acceptations et des rejets provoqués par les excitations, les hésitations et les revirements de la vie de sentiment et de volonté.

4. Ce système est établi sur des bases sociales et comporte des catégories déterminées par les traditions et les coutumes. Ses valeurs sont formulées dans des rites et des cérémonies,

____

(1) Voir le chap. vi du t. III de *Thought and Things*, et les écrits sur la « mémoire affective » qui y sont cités.

ses sanctions sont d'une rigueur extrême, ses formes ont leur origine dans l'histoire de la famille, du clan, de la tribu, et sont fixées par des effusions de sang, ses héros sont glorifiés dans des récits et des mythes, expression littéraire de la vie collective. Toutes les forces de l'organisation sociale agissent dans le sens de cette logique mystique et affective. Quelle chance a la pensée comme telle de se libérer ?

§ 3. — *L'imitation et l'éjection dans la pensée primitive.*

Après avoir ainsi admis que cet ensemble de traditions mystiques et émotives est établi sur des bases sociales, nous allons rechercher comment il se maintient dans la société, quels sont les processus de conversion et de confirmation s'effectuant entre les individus, et quelle est l'interprétation commune sous forme de prescriptions et de sanctions sociales qui assurent cette conservation.

5. Le fait que les grandes généralisations de conduite, d'émotions et d'observances mystiques se sont établies au moyen d'actions sociales et sous la menace de sanctions sociales, ainsi que nous venons de l'exposer, semblerait à première vue être une raison suffisante pour qu'elles gardent leur signification et leur forme collectives. Les individus sont tous formés sur des modèles sociaux et élevés dans les mêmes croyances et les mêmes observances. Mais nous avons constaté qu'il existe des différences entre les modes cognitifs et affectifs d'organisation en ce qui regarde l'établissement et le maintien de la communauté sociale de la pensée. En tant que la matière sociale qui est fournie par la tradition et qui a cours dans la vie sociale est formulée sous une forme cognitive et verbale, chaque individu peut l'absorber au moyen de l'imitation et grâce à l'instruction qui lui est donnée. De la sorte, tout l'ensemble des connaissances et des croyances formulées est transmis et conservé. Mais il n'en est pas de même de ce qui ne peut pas être exprimé par les formes re-

présentatives de la connaissance, c'est-à-dire de la partie la plus intime des « conformités » de l'individu, qui correspond à ses sentiments, mobiles et attitudes personnels comme tels.

Nous avons exposé tout cela en détail dans notre étude sur la logique affective (1). Nous avons constaté que des « généraux » d'action et de sentiment, représentant des expériences affectives répétées, prennent naissance dans la vie mentale de l'individu, mais qu'il faut que, par quelque processus ultérieur, ils soient convertis en monnaie sociale pour avoir cours et être reconnus par la société.

Par exemple, considérés extérieurement, les rites religieux, étant prescrits par la société, deviennent propriété commune, et l'accomplissement littéral en commun de ces rites est chose très facile ; mais la valeur que possède leur observance au point de vue de l'édification de la société, de l'expansion du cœur, de la guérison morale, de la satisfaction personnelle, ne peut pas être formulée. Cette valeur peut être symbolisée, mais, pour que cela soit possible, sa signification, si vague soit-elle, doit être réelle. Il y a ici une masse de significations affectives, essentielles à l'observance individuelle des rites, et constituant le mobile final, social non moins qu'individuel, qui, par quelque moyen, doit être rendu propre à agir sur la collectivité. Témoin l'indéfinissable mais suprême signification mystique du totem. Même chez les civilisés, comme on le sait, les valeurs spirituelles essentielles sont constamment en danger de se perdre en prenant une forme simplement verbale et sociale. L'esprit disparaît, ne laissant que la lettre ; le sens spirituel peut subir des changements énormes pendant que la forme externe et représentative reste telle quelle.

L'existence de cet état de choses dans les sociétés primitives résulte du fait même qu'elles progressent. Le progrès représente des déviations répétées par rapport à la conformité étroite, des variations dans le sens individuel de la valeur, variations qui s'incorporent de quelque manière à l'ensemble des croyances et des observances sociales.

6. En poursuivant l'emploi de notre méthode comparative,

---

(1) *Thought and Things*, t. III, « Interest and Art », chap. VI et VII.

nous nous trouvons conduits immédiatement à envisager la conversion affective qui repose sur les grands processus de l'éjection et de l'idéalisation (1). C'est en vertu de l'éjection que les valeurs des sentiments généraux et des habitudes générales deviennent sociales et collectives, qu'elles passent de la sphère des sentiments individuels dans celle de la communauté et de l'unité d'action sociales, et acquièrent la signification qui s'attache au consentement commun et à la sanction commune. Tout cela est apparent dans la remarquable série de faits à laquelle l'école anglaise d'anthropologie accorde tant d'importance, et d'où elle a conclu à l' « animisme ». L'animisme est un phénomène d'éjection ; il illustre la conversion des valeurs individuelles du moi en signification sociale, l'intégration des moi particuliers dans le moi collectif. C'est le principal motif de la morale primitive et de l'idéalisation concomitante qui prennent naissance dans les grands mouvements de la religion primitive, et auxquelles est dû le mysticisme essentiel de la pensée primitive.

§ 4. — *L'animisme et le mysticisme primitifs* (2).

7. L'étendue et la variété des phénomènes d'animisme ont été mis en lumière par les anthropologistes, qui ont donné d'abondants détails sur ce sujet. L'hypothèse de l'animisme comme explication a pris elle-même diverses formes. Ce que ces formes ont de commun, c'est la reconnaissance de la tendance, chez l'homme primitif, à regarder, ou à agir comme s'il regardait les choses inanimées comme vivantes ou comme ayant, en un certain sens, un esprit. Rien dans la

(1) Voir *Thought and Things*, t. III, « Interest and Art », chap. vi et viii.

(2) La plus grande partie du contenu de ce paragraphe se trouve déjà dans un article intitulé « The religious Interest », qui a paru dans le numéro d'octobre 1913 de la *Sociological Review*.

nature ne lui semble inanimé, immobile, complètement dépourvu de pouvoirs tels que ceux que possèdent les personnes.

Pour beaucoup d'anthropologistes, cela signifie que le sauvage, en vertu de quelque acte plus ou moins conscient, attribue aux choses la vie, telle qu'il la conçoit, ou un esprit. D'après eux, les personnes et les choses vivantes sont de droit interprétées par lui comme telles ; mais quand il s'agit des choses inanimées, il y a un processus secondaire, où la tendance à « animer » vient ajouter son effet à la véritable appréhension.

Quand on considère ce processus secondaire comme nettement postérieur à l'interprétation de la chose comme inanimée, on attribue au sauvage, par cela même, un dualisme entre les personnes et les choses, et ce dualisme est la base de l'animisme. Dans la conviction que c'est là la manière de voir de tous les animistes, leurs adversaires les accusent d'attribuer à l'homme primitif un processus dualiste complexe d'interprétation. Que cette accusation soit ou non fondée dans le cas de quelque auteur déterminé, il importe de montrer qu'elle ne l'est pas d'une façon générale.

En effet, il n'y a pas, chez l'homme primitif, moins de trois attitudes différentes que l'on peut définir convenablement par le terme « animisme » ; ces attitudes, il est facile, en se mettant au point de vue génétique, de les distinguer et de les apprécier.

8. En premier lieu, l'apparence primitive des choses, avant que fussent intervenues les distinctions entre l'esprit et le corps et entre les objets inanimés et les êtres vivants, était, d'une certaine manière, animiste, *précisément par le fait que ces distinctions lui manquaient.* L'intérêt cognitif n'ayant pas été différencié de l'ensemble des intérêts affectifs et sociaux, les choses n'étaient pas appréhendées comme ayant une manière de se comporter constante, régulière et conforme à des lois, mais étaient interprétées au moyen des seules classes mentales alors opérantes, celles qui représentaient les grands mouvements affectifs et actifs de la conscience. Quels que soient les mobiles et les intérêts actifs qui opéraient, c'est à eux que les données externes étaient assi-

milées. Les choses pouvaient seulement signifier ce que la conscience, à ce stade de son développement, *était capable de comprendre qu'elles signifiaient ou de vouloir qu'elles signifiassent.*

De fait, cette sorte d'interprétation, quand elle était présente dans l'esprit du sauvage, était traversée d'éléments émotifs, actifs et collectifs, et elle paraît confuse, mystique et animiste à qui observe et critique la pensée primitive. Elle est animiste en ce sens que, dans les premières choses atteintes par l'expérience, c'est-à-dire dans les matériaux non différenciés de la vie intérieure, se trouvaient en puissance les éléments d'un dualisme ultérieur. L'ethnologiste a raison s'il emploie le terme « animisme », mais il a tort s'il interprète les faits dans les termes d'un dualisme développé. L'interprétation, à ce premier stade, étant de premier jet et adualiste, nous pouvons lui donner le nom d' « animisme spontané ou adualiste (1) ».

9. En second lieu, il y a une sorte d'animisme qui résulte de l'organisation des sentiments, de l'intérêt, de l'action, sous des conditions sociales. Elle aboutit aux intérêts généraux de la vie personnelle et de la vie sociale, à leur conversion, et à leur propagation dans le corps social. Le processus consiste en ceci : la masse des intérêts actifs, qui enveloppe une interprétation des choses et des événements en terme émotifs et en termes actifs, est soumise, d'une manière générale, à l'éjection. Ce processus n'est pas contrarié, pratiquement, par des discriminations cognitives telles que celles qu'imposeraient le dualisme de l'esprit et du corps et celui de l'animé et de l'inanimé. Les « généraux affectifs », les « abstraits émotifs » — termes techniques que l'on a récemment proposé d'employer pour désigner les dispositions, les pen-

(1) La difficulté qu'il y a à lui donner un nom est la même que celle qu'on éprouve, pour la même raison, à dénommer les premiers stades de la réflexion, qui précèdent immédiatement les interprétations dualistes du monde. La spéculation grecque primitive n'était pas réellement matérialiste, ni, à proprement parler, physique, mais adualiste. Le terme « projectif » (*History of Psychology*, t. I) m'a semblé convenable pour désigner cette période, qui précède celles auxquelles s'appliquent proprement les termes « objectif » et « subjectif ».

chants et les habitudes émotives ainsi formés — sont l'objet d'échanges tels que ceux qu'entraîne la vie sociale, chaque individu faisant usage de l'interprétation sociale commune tant pour expliquer les actes et les motifs des autres que pour corriger et justifier ses propres actes et ses propres croyances. Tout cela présente un caractère très positif ; aussi le sociologue, ne sachant pas que le processus est d'une nature émotive, admet ici un processus conscient d'animisme. Or, dans l'animisme en présence duquel nous nous trouvons, le sauvage n'attribue pas aux choses une idée, une mage ou une notion de l'âme ou de l'esprit ; ce n'est que plus tard que se développera un pareil processus. Appelons donc ce stade « animisme affectif ou émotif (1) ».

10. En troisième lieu et finalement vient le processus complet de l'animisme proprement dit, qui naît quand se développent le dualisme de la personne et de la chose et celui de l'esprit et du corps, et que seuls ces dualismes rendent possible. Ces distinctions résultent de la différenciation de l'expérience en classes logiques, qui remplacent les classes émotives et affectives de la période antérieure. Quand cela est accompli ou en voie d'accomplissement, toute sorte d'ambiguïtés et de compromis se produisent. L'animisme consiste alors à interpréter le nouvel événement dans les termes d'une attribution consciente de la vie ou d'un esprit aux choses. Il ne s'agit plus simplement d'une appréhension spontanée ou éjective de la chose en termes émotifs, d'une opération par laquelle elle est conçue du premier coup comme vivante ou personnelle, mais de son interprétation plus ou moins réfléchie, venant après l'appréhension de ses marques ou de ses caractères positifs. On peut appeler cela l' « animisme réfléchi ».

(1) L'histoire de la culture nous montre ce processus réalisé dans l'interprétation pseudo-scientifique des choses qui a précédé l'avènement de la véritable science. L'astrologie, l'alchimie, la divination, la magie, a sorcellerie — bref, toutes les sortes de « psychosophie », pour employer une expression de Dessoir — sont, en ce sens, animistes ; elles ad mettent la présence de forces occultes, mystiques, quasi mentales et vitales. Voir Dessoir, *Umriss einer Geschichte der Psychologie*, et *History of Psychology*, de l'auteur, t. I, chap. II.

11. On a dit de certains « animistes » qu'ils font du sauvage un philosophe. Ils représentent l'homme primitif comme ayant un tour d'esprit investigateur, comme désirant se rendre compte des choses et recherchant leurs causes ; il est ainsi conduit à l' « hypothèse » qu'il y a des esprits ou des âmes derrière les apparences de la nature, et à « animer » les objets dépourvus de vie.

Cette manière de représenter la pensée primitive est exacte quand elle vise la forme développée de l'animisme, le processus complet qui s'effectue lorsque l'esprit est assez avancé dans ses cognitions et dans ses distinctions logiques pour commencer la vie d'investigation, pour substituer la curiosité à l'intérêt émotif. Mais la distinction que nous avons faite plus haut de différents types de processus animistes va nous aider en nous suggérant une double élimination.

12. De critiques récentes de la théorie de l'animisme il ressort clairement que l'animisme réfléchi, supposant un processus d' « animation » consciente et logique, n'est pas l'interprétation vraie de la pensée primitive. Les appréhensions et les intérêts de l'homme primitif ne sont pas personnels et logiques, mais sociaux et prélogiques. Il ne parvient pas au dualisme de l'esprit et du corps ; il est donc bien loin de pouvoir en faire usage consciemment. Il ne recherche pas les causes dans un but spéculatif ni uniquement pour y trouver des explications. Son intérêt, au contraire, consiste à apprécier les mystérieux pouvoirs, soit personnels, soit occultes, du nouvel événement ou de la nouvelle chose, et à y adapter sa vie. Le procédé qu'il emploie, au lieu d'accuser et d'étendre les discriminations de la connaissance, les néglige sans scrupule pour arriver au gain ou à la perte que leur présence entraîne. Son attitude est moins celle d'un spectateur désintéressé du cours de la nature que celle d'un homme qui y est intéressé et y prend part.

Nous pouvons donc exclure la théorie qui suppose un processus d'animation consciente ou réfléchie dans l'interprétation primitive.

13. Mais il est tout aussi clair que nous avons devant nous, dans les phénomènes de la pensée primitive, quelque chose de plus que le simple chaos des expériences non

classées que nous avons appelées plus haut « projectives »,
et qui sont les seules que reconnaisse une seconde théorie.
Dans les interprétations de l'homme primitif, les événements
ne sont nullement chaotiques ni indépendants de toute loi.
Il a ses distinctions de classes, marquées par des lignes
d'une précision et d'une universalité extraordinaires. Certes
ce ne sont pas les lignes d'une classification logique ; néanmoins ces distinctions sont si rigoureuses et si minutieuses
que ce n'est qu'au prix d'une discipline longtemps subie, de
dures privations et d'un zèle soutenu que le jeune homme
arrive à en pénétrer les complications et devient capable de
satisfaire à leurs exigences. L'existence des tabous et des
rites qui se rapportent à la chasse, au mariage, à l'initiation,
aux prévisions, aux augures — pour ne citer que des faits bien
connus — montre qu'il y avait des droits et des libertés solidement établis. Quel que soit l'aspect superficiel de la pensée
primitive, rien ne saurait être plus loin qu'elle du manque
d'organisation ni du simple désordre.

En conséquence, nous devons rejeter la théorie « projective ». La vie primitive représente l'organisation d'une série
d'intérêts sociaux et personnels ; son animisme est un aspect
de cette organisation positive, et non un signe d'incohérence et de confusion, ni un indice que le caprice seul la
modelait.

14. Ce procédé d'élimination permet donc de voir clairement que l'animisme de la vie primitive est du type affectif (1). Ses classifications sont dues à l'intérêt émotif sous sa
forme sociale et non sous sa forme individuelle. Nous avons
vu que l'ensemble de la « représentation collective » n'est
pas tout d'abord, à proprement parler, représentatif ; il est
affectif et actif. Les processus au moyen desquels, dans
beaucoup de cas, il prend une forme représentative sont
des processus d'une espèce conventionnelle et symbolique, par
lesquels les valeurs de l'émotion et de l'habitude se fixent
dans la sociétéet sont rendues utilisables dans sa vie et dans
ses traditions. Le totem, le drapeau, la relique religieuse,

______

(1) Le second des stades définis ci-dessus.

la localité historique, rendent vivante et persistante une signification collective qui sans eux serait diffuse, intangible, et ne pourrait être utilisée par la société (1).

15. En effet, l'animisme que comporte l'interprétation de l'homme primitif n'est pas un animisme d'idées ou de pensées, mais un animisme d'émotions et d'habitudes ; il n'est pas dû à des rapports intellectuels, à la discussion, et à l'échange de pensées, d'opinions et de convictions appuyées sur des preuves, mais, à la présence, chez les individus, d'états émotifs organisés d'une manière sociale par l'imitation, la contagion et l'éjection, et fixés par des symboles représentatifs.

Par suite de l'existence, dans la société, d'une masse de coutumes, de rites et d'habitudes établis que l'individu absorbe et observe tout naturellement, son respect (2) et sa vénération, son caractère et ses actions prennent des directions conformes à l'état et aux conventions de la société. Ensuite viennent son acceptation et sa croyance rationnelles. Il arrive à savoir tant ce qui appartient à ses compagnons et à lui-même pris ensemble que ce qui appartient à chacun en particulier, quelle est sa condition et quels sont les droits, les devoirs et les sanctions qui y sont attachés. Tout cela devient pour lui non pas simplement une « seconde nature » — cette expression étant entendue dans le sens qu'on lui attribue ordinairement, c'est-à-dire désignant des habitudes acquises qui se surajoutent au caractère de formation naturelle — mais une *première nature*, une partie de son moi, partie qui est une détermination de la réalité sociale sous une forme individuelle (3). L'appréhension sociale et émotive des choses et

---

(1) Ce processus, par lequel l' « emblème » ou le symbole en viennen à représenter une communauté d'intérêts émotifs et de valeurs sociales est admirablement mis en relief par Durkheim à propos du totem (*La Vie religieuse*, p. 329 et suiv.).

(2) Durkheim (*loc. cit.*, p. 304 et suiv.) adopte le mot « respect », comme j'ai fait moi-même d'une façon indépendante, pour désigner l'attitude religieuse du croyant.

(3) J'ai avancé l'idée (*History of Psychology*, t. I, édition de Londres, p. 205) que, si l'on place la naissance physique au début de la vie indépendante de l'enfant, c'est-à-dire au moment où les influences utérines

des événements est originelle et fondamentale ; génétiquement parlant, elle est prélogique.

16. Le rôle joué par le facteur éjectif apparaît avec une netteté particulière dans les phénomènes d'animation. Pour l'observateur primitif, les choses aussi bien que les personnes, les objets animés comme les objets inanimés, ont une signification sélective et téléologique ; les choses sont soit des intermédiaires, des agents, des instruments du bien et du mal, du sort ou de la fortune, soit des fins, ou des êtres que l'on doit se rendre propices, ou éviter, ou accueillir, ou solliciter, ou défendre. Dans les deux cas, ce sont des valeurs.

Comme telles, elles ne peuvent pas être simplement des choses neutres ; elles sont toujours douées de forces et de pouvoirs conçus comme analogues à ceux qui se révèlent dans les actions sociales ou que manifestent les individus. Elles sont comprises dans les intérêts qui déterminent les préférences, les dispositions, les réglementations de la société, et les amours, les haines, les peurs et les désirs de vengeance que l'individu ressent en lui-même et qu'il voit que ses semblables éprouvent. Tout ce fonds de significations, semi-personnelles mais sociales, quasi subjectives mais à base externe, s'attache aux choses de la nature interprétées éjectivement par l'individu. Les choses sont à ses yeux les centres des sentiments et des mobiles qu'il trouve en lui-même ; comme lui, elles font partie de la société ; comme lui, elles ont des intérêts auxquels il faut donner satisfaction (1).

C'est en grande partie à cela qu'il faut attribuer la couleur de mysticisme dont il est tant question dans les discussions sur la pensée et les croyances primitives. Ce qu'on entend, dans ce cas, par mysticisme, c'est l'absence de processus et de principes logiques et le fait qu'ils sont remplacés par des attitudes et des classes émotives et actives. Il y a plus que

formatives viennent d'achever leur œuvre, on doit placer la naissance de la vie mentale personnelle non pas au même moment, mais à celui où l'individu devient, au point de vue mental, un moi, une personne relativement indépendante des influences sociales formatives.

(1) Dans les systèmes totémiques, toutes les choses de la nature sont réparties entre les différents groupes totémiques. Chaque arbre, rocher, ruisseau, participe à la vie d'un clan ou d'un autre.

Baldwin   6

cela dans le mysticisme primitif, comme nous le verrons plus loin, mais cela en est le commencement.

17. Mais dans cette remarquable floraison de mobiles émotifs qui se révèle dans l'organisation des intérêts sociaux primitifs, le cognitif comme tel n'est pas entièrement absent. Il est arrêté dans son développement et bridé, mais, dans beaucoup de cas, non seulement l'homme primitif tente d'indiquer la raison d'un rite ou d'une croyance, d'en donner une explication, mais encore il arrive souvent que cette explication elle-même soit intimement unie à la tradition de la tribu, et regardée comme une partie de l' « intention » (1) (intent) de la « signification » (2) (meaning) collective. Les anthropologistes ont souvent signalé ce besoin apparent de l'homme primitif de donner quelque explication rationnelle, bien que fantastique, de ce qu'il accepte, quelque raison pour laquelle il l'accepte. Son explication prend généralement la forme d'un récit fantastique. L'association, dans un rêve, d'un animal à un homme, un événement d'un certain caractère succédant à un autre, une victoire remarquable due à l'observance d'un rite, un rival mis en fuite par un animal ami, de pareils incidents prennent toute la signification de choses que la légende confirme et que la foi justifie. L'intellectuel vient ensuite donner un appui à l'affectif, phénomène qui n'est nullement absent de la pensée plus civilisée. Une preuve que le véritable ordre de succession des facteurs est bien celui-là, c'est qu'un nombre quelconque de faits ou d'événements semblables qui ne viennent pas à l'appui de la croyance émotive sont absolument négligés ou même niés. Cette foi, comme celle des modernes liseurs de pensées, n'est pas affaiblie par les cas négatifs, ni même par ceux qui se trouvent en opposition avec elle, si nombreux soient-ils, tandis qu'un seul cas favorable est invoqué comme suffisant

(1) Le terme « intent » désigne la partie sélective d'une « signification » (meaning) entière ; il s'oppose au terme « content » (contenu), qui en désigne la partie récognitive.

(2) Le mot « meaning » (signification) désigne : 1° un objet mental avec toute sa signification ; 2° la signification (seulement) qui s'attache à un objet mental, à un contenu ou à une donnée.

pour la confirmer et la justifier. Quand le voyageur demande pourquoi le charme n'a pas opéré, ou pourquoi l'animal ami n'a pas prêté l'aide qu'on attendait de lui, on lui explique par des raisons purement accidentelles ou personnelles ces exceptions aux règles. L'animal était endormi, le dieu n'avait pas reconnu son ami, on n'avait pas tenu compte de la phase de la lune. En tout cas, cela contribue à satisfaire l'impulsion naissante à savoir. Cela contribue aussi à établir l'objectivité et la neutralité en face du mysticisme de la participation et de l'intérêt sociaux.

18. C'est donc par l'intervention de l'imagination que la raison peut se manifester, comme font l'émotion et l'action. Ce processus est analogue à la fonction de l'imagination schématisante, par laquelle l'individu, lui aussi, interprète les choses et tente de les expliquer. Dans le mouvement ethnique, il produit le folklore et les mythes, c'est-à-dire les comptes rendus quasi raisonnables des choses. Ces comptes rendus prennent ensuite une forme sociale : ils deviennen stéréotypes et se traditionalisent.

Cela constitue un pas véritablement essentiel vers le mode logique d'interprétation, puisque cela fournit un fonds de matériaux issus de l'imagination qui, avec le temps, deviennent matière de réflexion. Ces matériaux sont revisés par l'individu pensant qui est assez capable et assez hardi pour les critiquer. La période qui va d'Hésiode à Homère prépare celle qui s'étend d'Homère à Socrate. Chez l'enfant, il y a une période de contes de fées et de romans d'aventures, qui précède celle de la curiosité toujours en éveil et de l'indépendance relative du jugement.

§ 5. — *Naissance de l'interprétation médiate ou logique.*

19. Les progrès de l'interprétation ethnique primitive nous offrent donc, en somme, un tableau dont les grandes lignes nous sont déjà apparues dans l'histoire de l'interprétation individuelle. Deux modes d'appréhension, caractérisés par les

termes « médiat » et « immédiat », sont en évidence. Le mode immédiat est celui de la connaissance projective primitive ; il est mystique, émotif, vaguement animiste, prélogique ; il domine au début, mais il cède peu à peu le terrain à l'autre mode, qui est véritablement cognitif. Ce dernier prend les formes propres aux processus logiques : il apprécie l'objectivité et le fait ou la vérité connexe, contrairement au conservatisme social et à la poursuite intéressée de fins collectives. L'intérêt cognitif vise à organiser la connaissance dans un système objectif de choses, à l'égard duquel les images ou les idées deviennent des instruments ou des moyens d'accès. Les objets ou les choses sont connus par l'intermédiaire des idées.

La transition par laquelle l'esprit arrive à ce dernier mode est due à l'imagination, au rôle d'assomption, de schématisme et de dramatisation héroïque qu'elle remplit. L'immédiat cherche à se justifier en recourant à des peintures objectives et mythiques, adoptant ainsi les armes de la représentation. En ce sens, le domaine des valeurs et des intérêts sociaux, comme celui des fins individuelles au même stade de développement, s'intellectualise, et devient par là satisfaisant pour la raison en même temps que pour les émotions.

Telle est la première forme que revêt l'examen de la nature des choses, avant que la réflexion soit pleinement développée. Cette forme, c'est celle d'une justification des croyances déjà constituées dans la poursuite d'autres intérêts. Mais, une fois introduite, elle devient le commencement de la médiation, qui se généralise et se développe jusqu'à la réflexion ; alors les fins aussi bien que les faits sont jugés par l'intermédiaire des idées. L'appréhension immédiate et collective s'efface ainsi tout le long de la ligne devant l'observation directe et la preuve logique (1).

Mais il y a, dans la vie sociale primitive, un autre fait où les facteurs du conservatisme social manifestent une organisation remarquable, une organisation si spéciale, si persistante, si complexe que son explication peut servir à éprouver en quelque sorte les théories de l'interprétation primitive. Je veux parler, naturellement, de la religion.

(1) Voir la suite de l'étude de cette transition plus loin, chap. viii, § 1.

CHAPITRE VI

L'INTERPRÉTATION RELIGIEUSE

§ 1. — *L'intérêt religieux*

1. C'est rester fidèle à la méthode selon laquelle nous avons conduit nos discussions précédentes que de grouper les aspects psychologiques de la religion sous la dénomination de « l'intérêt religieux ». Par le terme « intérêt » nous désignons les grandes inclinations mentales où les principes moteurs de l'expérience et de la vie s'organisent dans certaines directions spéciales, pour aboutir à certaines classes spéciales d'objets. L'intérêt esthétique aboutit à l'art, l'intérêt théorique à la vérité, l'intérêt pratique à la conduite et aux choses de la vie pratique. L'organisation interne, ou intérêt, se dresse en face du contenu objectif, auquel elle donne une forme et qu'elle rend intelligible.

Considérant la religion comme étant en ce sens un des grands intérêts de l'humanité, puisqu'elle se manifeste à tous les stades de la culture ethnique et partout dans la pratique individuelle, nous la discuterons, par raison de commodité (ainsi qu'on fait couramment d'ailleurs) sous les aspects suivants : 1° l'expérience religieuse ; 2° l'objet religieux et sa signification ; 3° le développement de la signification religieuse : sa logique ; 4° le caractère social de la religion ; 5° la sorte de réalité que la religion révèle. Ces sujets seront traités dans les paragraphes qui vont suivre (1). On verra que le point de vue génétique les relie entre eux en faisant de chacun une partie intégrante de l'ensemble de notre ouvrage.

§ 2. — *L'expérience religieuse.*

2. On admet universellement que l'intérêt religieux est, pour ainsi dire, « dirigé vers l'extérieur » ; il aboutit toujours à un objet qu'il trouve saint, sacré, divin. Indépendamment de son aboutissement à cet objet, dont il suppose la présence, l'intérêt religieux comme tel a des qualités émotives et actives spéciales, des qualités qu'on ne trouve pas dans l'attitude de l'individu à l'égard d'aucune autre espèce d'objet. Ces qualités demeurent essentiellement les mêmes à travers tous les changements que subit l'objet religieux, se manifestant aussi bien quand il s'agit d'un totem que quand il s'agit de Jupiter, par exemple ; elles représentent une attitude qui est, pour la conscience elle-même, *sui generis.* Le dévot, le croyant, l'adorateur ont une véritable inclination religieuse.

Cette réponse est présente dans la vie de l'intérêt partout où intervient le sacré ; elle est en absente quand le sacré est absent. Le séculier ne la provoque pas, et le profane, qui viole le sacré, qui y porte atteinte, suscite une attitude

(1) Une grande partie de ce chapitre a déjà paru dans la *Sociological Review*, en octobre 1913. Certains paragraphes reproduisent, sous une forme un peu différente, des études publiées au cours de ces dernières années dans des ouvrages ou des recueils spéciaux. Le premier des aspects sous lesquels nous envisageons ici la religion a déjà été étudié dans *Social and Ethical Interpretations*, le second et le troisième, dans *Dictionary of Philosophy and Psychology*, art. « Religion (Psychology of) » ; le quatrième, dans *Proc. Fourth Internat. Congress of the History of Religion*, Oxford, 1904, et dans *Le Darwinisme dans les sciences morales*, chap. vi.

opposée, une attitude de répulsion et d'évitement. Nous établirons plus loin le sens exact de « sacré », quand nous discuterons le caractère de l'objet sacré lui-même (1).

3. Les auteurs ne désignent pas d'une manière uniforme les éléments constitutifs de cet intérêt, de cette inclination, c'est-à-dire les facteurs émotifs et actifs qui y entrent, mais, tout en employant un langage différent, ils s'accordent assez bien, en somme, sur le fond. L'analyse de Schleiermacher, qui réduit la partie émotive de l'expérience religieuse à des sentiments de « dépendance » et de « crainte respectueuse » (awe) ou de vénération, est restée exacte sous le rapport de la substance et n'a dû être modifiée qu'au point de vue de la terminologie. Désireux d'employer un terme plus psychologique que « dépendance », Paulsen y substitue « confiance », tandis que certains théologiens, voulant mettre en relief l'élément intellectuel, font usage de « foi. » Plus tard quelques sociologues, qui voient la question d'une manière plus objective, reviennent au mot « dépendance ». Il en est de même de l'expression « awe » que l'on remplace par vénération, par crainte, par sens du mystère, par respect, etc. Mais laissons de côté ces différences verbales pour constater que, quel que soit l'objet à l'égard duquel se manifeste l'attitude religieuse, celui qui a cette attitude reconnaît dans cet objet un être ou une force *digne de respect* et *capable de donner de l'aide* : cette force est « auguste et bienfaisante » (2).

(1) Durkheim (*La Vie Religieuse*, 1912), considère que la distinction fondamentale est celle de sacré et de profane, mais ne distingue pas, à ce qu'il me semble, entre ce qui est séculier et ce qui est proprement profane ; il paraît toutefois comprendre le séculier dans le mot « profane » (comme lorsqu'il applique ce mot à la matière), *loc. cit.* p. 613). Le profane, à proprement parler, n'est nullement la même chose que le séculier, c'est-à-dire que le non-religieux.

(2) Durkheim, *loc. cit.*, p. 303. Je cite de préférence ce nouvel ouvrage de M. Durkheim, non seulement parce qu'il est récent, et fait autorité, mais encore parce qu'il expose des recherches inductives détaillées et des interprétations fondées sur des faits (ces faits se rapportent aux croyances et aux pratiques totémiques des tribus du centre de l'Australie). Le titre complet de l'ouvrage est : *Les formes élémentaires de la vie religieuse. Le système totémique en Australie.*

4. Chez l'individu, l'intérêt religieux se manifeste toujours sous ces deux aspects généraux, qui se développent d'une manière notable à mesure que se développe la conscience de la personnalité, c'est-à-dire l'appréhension du moi et l'appréhension corrélative d'autrui. J'ai exposé ailleurs d'une façon détaillée le développement de l'intérêt en question (1). A son degré le plus bas comme à son degré le plus élevé, depuis les cris du petit enfant qui appelle les grandes personnes à son aide jusqu'aux sentiments réfléchis de foi et de reconnaissance pour des faveurs morales, cet intérêt est dirigé vers un objet distinct du moi personnel, mais intimement uni à lui par une relation physique et morale et exigeant de lui un respect tout spécial (2).

Ainsi compris, c'est-à-dire considéré comme formé d'une multitude de mobiles humains organisés, l'intérêt religieux manifeste des caractères qui démontrent qu'il est à la fois personnel et social. La dépendance où il est à l'égard de son objet et le respect que celui-ci lui inspire sont du même genre que la dépendance et le respect qui se constatent dans les relations sociales, dans les rapports des personnes entre elles. La dépendance religieuse n'est pas simplement un assujettissement à la loi, quoique ses sanctions soient extérieures à l'individu. C'est seulement sous leur forme la plus rudimentaire, qui se rencontre chez l'enfant et chez le sauvage, que ce sentiment de dépendance est simplement de la peur, et que l'adoration religieuse n'est plus que la reconnaissance de l'autorité ou de la force ; et on peut se demander si, sous cette forme, le qualificatif « religieux » leur convient encore (3). De même, la vénération ou le respect religieux diffère du sentiment du sublime dans la nature, d'une part, et du respect pour la loi morale, d'autre part. En outre, le culte, où ces sentiments prennent une forme active, se con-

----

(1) *Interprétation sociale et morale des principes du développement mental*, chap. viii, § 5.

(2) Il sera encore question de ce respect plus loin.

(3) En général, les auteurs anglais refusent d'admettre que ces sentiments soient religieux. Il en est ainsi notamment de Tylor (*Primitive Culture*) et de Frazer (*The Golden Bough* et *Totemism and Exogamy*).

centre sur un être qui voit, entend, sympathise, blâme, punit — bref qui entre en relations personnelles avec l'adorateur. Ses éléments sont la prière, les louanges, les actions de grâces, les rites sacrificiels, ceux qui ont pour but de provoquer des intercessions, et d'autres encore.

Le caractère unique de la religion se montre aussi dans le système d'activités qu'elle comporte et dans les institutions où beaucoup d'individus se livrent en commun à ces activités et les développent. Il est vrai que l'émotion et l'intérêt ont généralement des moyens d'expression et d'action appropriés, soit originels, soit acquis, mais dans les rites et les observances de la religion on ne trouve pas simplement une manière directe et pour ainsi dire « causale » de réagir sur le monde — un moyen de parvenir directement à une fin, comme lorsqu'on lance une pierre pour frapper un oiseau — mais une manière indirecte, personnelle, de réagir sur lui, où entrent la suggestion, l'information, la persuasion, la confession, c'est-à-dire tous les moyens par lesquels les personnes communiquent ordinairement entre elles. L'intérêt religieux fait usage de tous les raffinements des rapports personnels, depuis la simple suggestion spontanée, employée par le sauvage, jusqu'aux subtilités logiques les plus recherchées, employées par le théologien érudit.

5. De plus, chose extraordinaire, dans la religion le secret de nos expériences intérieures de la valeur et la publicité des sanctions et de l'autorité sociales semblent atteindre l'un et l'autre leur degré le plus élevé, quoique peut-être à des époques différentes et avec des ajustements différents des facteurs enveloppés. Dans l'intérêt religieux prélogique de l'homme primitif, l'extériorité de la sanction est d'une évidence brutale ; l'autorité religieuse ne diffère pas des autres modes de contrainte sociale auxquels elle est liée, et auxquels, dans bien des cas, elle paraît donner elle-même naissance. Ici l'élément de secret que comporte l'expérience religieuse, c'est-à-dire le sentiment d'être en relation spéciale et personnelle avec Dieu, est à son point le plus bas. La religion à ce degré a été appelée « objective ». Ses rites, ses bienfaits, ses valeurs, sont réglés par la société, pratiqués ou

distribués publiquement, et beaucoup de personnes y prennent part en commun.

6. D'autre part, en progressant, l'expérience religieuse devient « subjective ». La « conscience religieuse » devient l'arbitre et le juge en matière de croyance et de pratique. Dans sa signification inter-subjective, la religion devient une relation directe entre l'homme et son dieu, et perd de son caractère généralisé et syntélique, si apparent dans les pratiques religieuses primitives. Dans la religion subjective de la conscience logique, le religieux s'allie avec l'éthique, dont il s'approprie dans une certaine mesure la signification universelle et synnomique. Mais néanmoins la relation religieuse devient plus individuelle et moins collective. Aux formules impératives : « Ne fais pas cela » et « Fais ceci » du tabou des sauvages et des Dix Commandements se substitue cette autre, plus douce, qui résulte de l'union et de la communion personnelles de l'homme avec son Dieu : « Fais ceci en mémoire de moi (1) ».

§ 3. — *L'objet religieux : sa signification personnelle.*

7. Il y a deux sens où le terme « objet » peut être employé quand il s'agit d'un intérêt ou d'une inclination (2) : il dé-

(1) Il semble que les manifestations explosives et convulsives qui donnent de la variété à l'expérience religieuse et en augmentent l'intérêt se produisent aux limites extrêmes de l' « objectivisme » et du « subjectivisme ». La frénésie de la danse religieuse primitive est due à la suggestion et à la stimulation publiques et collectives ; il en va de même de la ferveur qui se déploie dans les « réunions de réveil ». A l'autre extrême, les états de « trance », d'extase, de manie prophétique, etc., chez les individus sont des cas d'exaltation intérieure où la communion et l'union avec la divinité conduisent à la perte de l'identité personnelle et à des manifestations nerveuses pathologiques. Ces « variations », dont James a traité d'une façon intéressante (*The Varieties of Religious Experience*), sont les accidents, pour ainsi dire, de la religion.

(2) En réalité, il n'y a pas moins de quatre sens différents où les

signe soit la simple chose extérieure, avec les symboles, les idées, etc., qui la décrivent ou la représentent, soit une signification ou une intention additionnelle qui s'y attache, quelque chose de symbolisé ou de suggéré. Cette distinction nous est familière. Nos intérêts se répandent toujours, pour ainsi parler, sur leurs objets et autour d'eux, et leur donnent la forme de valeurs, de biens ou de fins. La simple chose devient un symbole ou un emblème de l'objet de l'intérêt, plus étendu qu'elle ; la chose qui existe en fait suggère ou symbolise la chose désirée ou voulue.

En tant qu'il s'agit de la simple chose posée dans la conscience, du simple symbole ou emblème extérieur, l'objet peut être n'importe quoi. En fait, il varie à un point extraordinaire avec les religions. Un fétiche, un totem, un churinga, un charme, une relique, une localité, un son, une éclipse, une idole, un tableau, des choses animées et des choses inanimées, peuvent servir et servent en effet d'objets de vénération religieuse ou quasi religieuse. Il est manifeste, par conséquent, que ce n'est pas une chose particulière comme telle, mais quelque valeur additionnelle possédée par la chose, qui excite l'intérêt religieux. La chose devient un signal, un signe, un symbole, un emblème de la signification additionnelle dans laquelle réside cette valeur.

8. La chose suggère la signification religieuse, et la question se pose de savoir quelle est la signification religieuse suggérée. C'est, nous pouvons le dire dès l'abord, une signification appropriée aux sentiments éveillés par l'objet, qui sont des sentiments de dépendance et de respect, colorés,

termes « objet » et « objectif » ont été employés dans cet ordre d'idées, et il est essentiel de les distinguer entre eux. On s'est servi d' « objet » pour désigner : 1° la simple chose objective placée devant l'adorateur ; l'appellation propre de cette chose est « symbole » ou « emblème » religieux ; 2° la signification objective entière, l'esprit, la force ou le dieu que l'emblème représente ou symbolise ; c'est là, à proprement parler, l' « objet religieux » ; 3° la cause, sociale, psychologique ou autre, qui produit l'expérience religieuse chez le dévot ; on peut l'appeler la « cause » ; 4° l'existence réelle ou la réalité que la religion peut être considérée comme découvrant ou révélant ; c'est là la « réalité religieuse ».

dans la conscience, d'une qualité personnelle. L'objet approprié à ces sentiments est soit une personne, soit quelque chose suggérant si directement la personnalité qu'il s'établit une relation qui semble n'avoir d'analogie qu'avec celle de personne à personne. Examinons ces cas d'un peu plus près.

9. 1° Le premier cas est celui où l'objet religieux est un dieu représenté expressément comme personnel. Dans les religions développées, les dieux sont des êtres personnels.

Toutes les grandes religions du monde ont pour dieux des personnes (1). C'est ce qu'exprime la célèbre parole de Xénophane, suivant laquelle tous les hommes ont des dieux qui leur ressemblent sous le rapport de la forme. Un des deux cas limites se trouve, semble-t-il, dans les systèmes spéculatifs et hyperlogiques où, pour une raison ou pour une autre, la personnalité concrète est mise de côté ou niée. Dans les systèmes du panthéisme spéculatif et du haut mysticisme réfléchi, la personnalité n'apparaît plus. Mais ces systèmes ne peuvent pas justifier leur prétention à être religieux, car les sentiments qu'ils suscitent ne sont pas purs et les rites actifs des pratiques religieuses y seraient tout à fait déplacés. On ne s'attend pas à attirer sur soi l'attention de l' « ordre universel », et l'on n'adore pas la « raison pure » ni la « pensée nouvelle »: Dans le passage de l'état d'esprit religieux à l'état d'esprit théorique et spéculatif, quelque chose se modifie, la nuance religieuse se perd.

10. 2° A l'autre extrême, il y a un autre cas limite : c'est le cas d'un stade de culture si primitif que la religion, comme les autres institutions, se trouve réduite à son niveau le plus bas. L'intérêt religieux est concentré directement sur une chose physique d'où paraît ne se dégager aucune signification s'ajoutant à la sienne propre, aucune suggestion de personnalité. Nous reviendrons là-dessus plus loin, mais nous ferons observer dès maintenant que c'est encore la relation

______

(1) Le bouddhisme (cité par Durkheim comme faisant exception à cette règle) fut une religion après que son fondateur eut été déifié ; la question de savoir s'il en avait été une auparavant semble envelopper précisément le point en litige.

de personne à personne qu'il faut faire intervenir ici ; elle seule, en effet, permet d'interpréter par analogie les faits rapportés par les anthropologistes. Cela ressort à la fois de certaines constatations positives et de cette constatation négative qu'aucune autre hypothèse ne s'appuie, comme celle-ci, sur des faits.

Lorsque l'on tente de définir la religion en termes excluant la personnalité de l'objet, on invoque les cas extrêmes que nous avons indiqués. Dans le premier de ces cas, l'objet devient un principe abstrait. Les dieux des religions théistes deviennent des personnifications temporaires, incomplètes ou secondaires de ce principe : la « religion absolue » de la métaphysique hégélienne, ou la force impersonnelle des théories stoïciennes et positivistes. La religion n'est plus une affaire d'expérience ; elle devient une catégorie d'existence absolue, un effet des lois cosmiques, ou un postulat d'utilité sociale (1).

11. L'autre cas extrême, celui du culte primitif, est invoqué principalement par les sociologues, qui, dans leur recherche de la cause première ou de la forme la plus simple de la religion, s'efforcent de lui découvrir quelque caractère assez général pour pouvoir faire rentrer dans l'intérêt religieux les objets impersonnels aussi bien que les objets personnels. C'est ainsi qu'on se trouve conduit à avancer que la marque essentielle de la religion est le caractère sacré auquel l'homme primitif distingue les objets religieux des autres choses : les choses et les événements sacrés sont religieux, les choses et les événements séculiers ne le sont pas ; il y a dans toute la nature une ligne de démarcation fondamentale entre le séculier et le profane (2). Aux argumentations

----

(1) Bien entendu, une théorie métaphysique de la religion est légitime quand elle est à sa place, mais elle ne peut pas remplacer une définition de l'expérience religieuse. La religion comme cause ou comme effet, comme catégorie ou comme postulat, n'est pas la religion de l'état d'esprit dévot. Ce qui cause la ferveur religieuse peut ne pas être du tout ce à quoi cette ferveur s'adresse.

(2) Cette théorie, esquissée il y a quelque temps déjà par M. Durkheim (« De la définition du phénomène religieux », *Année Sociolo-*

des sociologues, qui ont pour base des faits anthropologiques, et à celles des psychologues, qui reposent sur les manifestations psychologiques de l'intérêt religieux, manque également une définition adéquate du terme « sacré ».

Si l'on veut éviter la tautologie qui consiste à dire que les choses sacrées sont religieuses parce que les choses religieuses sont sacrées, il faut donner quelque contenu réel et distinctif au concept de sacré. Il incombe aux sociologues comme aux psychologues de chercher à découvrir ce contenu. Étant donné la même chose matérielle, pourquoi est-elle sacrée dans certaines circonstances et séculière ou profane dans d'autres ?

Les avocats de la théorie dont il vient d'être question se sont imposé la double tâche de démontrer que, dans certains cas, les choses sacrées n'ont pas le pouvoir de suggérer la personnalité, et que pourtant ces choses sont l'objet d'une vénération ou d'un respect véritablement religieux. Le second point est essentiel, car il est possible que, tout en manquant de la personnalité, de pareilles choses se trouvent être simplement les symboles ou les emblèmes d'une signification additionnelle ayant le pouvoir de suggérer la personnalité.

12. C'est précisément ce second point qui fait effondrer la théorie. Elle n'a pas de peine à démontrer que, dans les religions primitives, dans celles du niveau totémique, par exemple, des objets tout à fait impersonnels par eux-mêmes, le churinga, le signe graphique, la chose extérieure portant le nom totémique, etc., sont tenus pour sacrés. Mais elle n'arrive pas à prouver l'exactitude du second fait sur lequel

gique, II, 1897), est développée dans *La Vie religieuse*. Pour serrer la question de près, nous ferons observer qu'en anglais du moins sacré (sacred) est un terme d'un sens très étendu : toutes les choses qui sont, dans quelque mesure que ce soit, l'objet d'un respect religieux, sont sacrées (il en est ainsi, par exemple, des vases de l'autel), tandis que les dieux eux-mêmes sont non seulement sacrés mais encore « divins » ; quant aux personnes qui célèbrent le culte et aux lieux où il se célèbre, ils sont « saints » (« holy »). « Sacré » a donc un sens plus étendu et moins significatif que les deux autres termes.

elle repose : à savoir que la « signification » entière à laquelle aboutit l'intérêt religieux est dépourvue du pouvoir de suggérer la personnalité. Elle échoue tantôt à soumettre à une analyse psychologique adéquate la notion de personnalité à ce stade de la culture, tantôt à dire nettement quelle est la véritable signification impersonnelle du sacré. Une analyse adéquate de ces deux points permet, selon moi, de constater que, même dans le totémisme, l'objet religieux n'est pas dépourvu des marques de l' « animation », des caractères de la vie, et qu'il est certainement, sinon personnel dans la pleine acception du mot, du moins *quasi personnel pour la conscience du dévot.*

13. Maintenant quelle est la signification du totem ? Suivant l'opinion unanime des sociologues autorisés, il symbolise le clan. Les membres importants du clan, ses véritables membres, sont des personnes. Après les personnes du clan viennent certains animaux (l'animal ou la plante totémique représente une espèce ; il ne s'agit pas là d'un ou de plusieurs exemplaires considérés individuellement), et enfin les choses qui se trouvent dans les limites du domaine totémique. La véritable réalité dont le totem est l'emblème (emblème analogue, ainsi que le dit M. Durkheim, au drapeau des civilisés), est un groupe humain, ou tout au plus un groupe où entrent des animaux en même temps que des hommes (1). Or dans quel sens ce groupe, regardé comme différent des membres qui le composent, peut-il être appelé impersonnel ? Est-il vrai qu'en devenant le symbole ou l'emblème d'un groupe, le signe, qui fait généralement partie d'une espèce vivante, acquière une signification d'où les attributs essentiels des membres du groupe sont absents? Si l'on demandait au sauvage, qui, probablement, ne pense pas en termes de classes logiques, mais en termes de groupements affectifs et sociaux, ce qu'est le totem, il désignerait sans doute individuellement des personnes ou des animaux partageant le nom totémique et « participant » à sa signification (2).

____

(1) Il y figure aussi (Durkheim, *loc. cit.,* p. 366) des ancêtres mythiques.

(2) Il serait difficile de soutenir que, même pour nous qui avons des

Sans doute l'homme primitif n'impute pas à tels ou tels membres du clan la contrainte exercée sur lui par la société, mais peut-on dire qu'en la localisant dans le totem il lui donne une représentation absolument impersonnelle? Nous attribuerions plutôt au totem, comme fait Durkheim, une qualité vitale généralisée. S'il possède une qualité pareille, on doit, semble-t-il, en conclure qu'il suggère l'animé comme partie essentielle de sa signification, et qu'il a par suite (ainsi que nous le démontrerons) une teinte personnelle. C'est dire qu'on n'est pas en droit de le représenter comme « impersonnel » (1).

14. Il nous reste à prouver que, comme nous l'avons affirmé plus haut, la théorie en question, qui est représentative à cet égard des théories de la religion primitive jusqu'ici en vogue, ne réussit pas à faire l'analyse complète de la signification de la personnalité (2). Sans une pareille analyse, aucune théorie n'est en état de décider si un symbole ou un emblème donné, tel que le totem, possède la qualité de la personnalité (3).

notions logiques, le drapeau concret qui flotte au vent a une signification tout à fait impersonnelle. En sa qualité d'emblème social, il stimule les inclinations émotionnelles collectives qui sont au fond de notre sentiment de la personnalité. La signification du drapeau, abstraction faite du simple nombre des drapeaux considérés, est une classe affective et sociale, et non une classe logique.

(1) Dans l'article dont il a été question plus haut (*Sociological Review*, oct. 1913), nous avons émis d'autres critiques encore sur la position prise par M. Durkheim. Dans une lettre personnelle qu'il m'a adressée au sujet de cet article, M. Durkheim dit que par « impersonnel » il entend simplement « collectif ». Ce n'est pas là le sens qu'on donne ordinairement à ce terme.

(2) On adresse couramment aux sociologues de l'école « animiste » anglaise la critique d'avoir une psychologie surannée et inexacte. Ce sont pour la plupart des associationistes, qui trouvent dans le sentiment de la personnalité une « notion » du moi, une « idée » ayant toujours la même signification (voir la critique de Lévy-Bruhl, *loc. cit.*, et *History of Psychology*, de l'auteur, tome I, édit. de Londres, p. 16).

(3) Les auteurs de l'école française s'exposent de propos délibéré à cette critique en se plaçant presque exclusivement, de leur propre aveu, au point de vue objectif ou sociologique, et en se montrant peu -

15. Pour être conforme à la vérité, un exposé de l'animisme religieux devrait constater un développement, à partir d'une forme très rudimentaire, de la signification du principe spirituel que le sauvage attribue aux choses. Il devrait faire ressortir qu'après n'avoir eu tout d'abord que de simples attributs vitaux, ce principe finit par devenir l'âme indépendante et spirituelle, comme nous l'avons expliqué plus haut d'une façon détaillée (1). C'est ce qu'exigent les données de la psychologie moderne sur le développement de la conscience du moi chez l'individu, car elle a eu un développement analogue dans l'histoire de l'humanité. Il serait impossible au sauvage, dont la représentation est prélogique et l'intérêt affectif et collectif, d'isoler une âme, soit en lui-même, soit en tout autre objet, si nous donnons au mot « âme » son acception ordinaire, c'est-à-dire si nous entendons par là quelque chose d'individuel et de spirituel. Il n'a aucune « idée » pareille, aucune « notion » de ce genre. Mais ce fait ne contredit pas l'interprétation animiste et n'oblige pas à recourir à l'hypothèse d'un stade de réflexion « préanimiste ». Il n'autorise même pas à qualifier le système totémique de non-animiste, qu'on le regarde ou non comme religieux.

Car si le sauvage n'a aucunement l'idée d'une âme différente du corps par sa nature, il n'en a pas moins un sentiment, un intérêt, une « intention » collective qui lui permettent d'appréhender le mental et l'animé, bien qu'il puisse être loin de se le représenter clairement (2). Il n'a probablement pas la notion ni l'idée de l' « inanimé » contrastant avec l'animé, ni, à plus forte raison, celle du corps s'opposant à l'esprit, quoique, dans ses adaptations pratiques et ses

accueillants pour les considérations psychologiques. Voir les citations faites dans l'article de l'auteur mentionné ci-dessus (*Sociological Review*, oct. 1913, p. 9).

(1) Chap. v, § 4.

(2) Il se le représente généralement comme un petit corps matériel, ou comme une seconde forme humaine faite d'une matière plus subtile que la première, ou encore comme quelque chose porté par le souffle — hypothèses toutes naturelles qu'on retrouve aux premiers stades de la spéculation grecque.

Baldwin 7

rites sociaux, il fasse la distinction du vivant et du non vivant.

16. Les caractéristiques principales de la manière dont l'homme primitif appréhende les choses sont telles qu'on est en droit de lui appliquer l'expression d' « animisme affectif » (1). Il conçoit les choses, les animaux, les personnes comme possédant une certaine force, une qualité dynamique voisine de l' « animation ». Il ne faudrait pas dire qu'il regarde les choses comme « simplement vivantes », car c'est là une notion trop élevée et trop abstraite. Cette notion suppose l'idée ou la signification contrastante de quelque chose de plus que la simple vie, et une sorte de pouvoir spirituel. Mais on peut dire que pour le sauvage le vivant manifeste la présence des pouvoirs qui deviennent plus tard, pour la pensée plus mûre, pour la pensée réfléchie, les signes du spirituel. Pour l'homme primitif, ce seul centre dynamique représente toute la masse confuse des significations qui, lorsqu'elles seront différenciées, formeront les catégories de l'inanimé (2), du vivant et du spirituel. Mais si les recherches des anthropologistes devaient révéler une culture plus simple encore, une culture adualiste et projective, où l'expérience serait à peu près du même degré que celle qui correspond à l'intelligence perceptive et à l'action instinctive des animaux supérieurs, je crois que cette culture comporterait encore un certain animisme, un animisme de première espèce, ou « spontané ». Car certains animaux, quoique étrangers aux distinctions de la pensée humaine, paraissent appréhender la qualité dynamique de la nature, et regarder le mouvement et le changement comme la source du même genre d'expérience que celle qui résulte pour eux de leurs rapports avec l'homme et avec les autres animaux.

(1) Le second des stades décrits plus haut, chap. v, § 4, comme on l'a déjà dit.

(2) Le premier cas d'une chose inanimée clairement reconnue comme telle par le sauvage — sous le régime totémique — est probablement celui du cadavre immédiatement après la mort. Il croit que l'âme a quitté le corps et l'a laissé inanimé. Les autres objets de la nature ne le sont pas à ses yeux, car, à la différence du corps que l'âme a quitté, elles gardent leurs forces mystiques.

Il en va de même de l'enfant : le panorama même le plus original de choses extérieures qui serait présenté à son regard mental ne lui apparaîtrait pas comme une surface plate et immobile, mais comme quelque chose de changeant, de mobile, de coloré, de vivant. De plus, en vertu des conditions mêmes dans lesquelles il le percevrait, et par l'action de ses instincts, appétits et intérêts naissants, il verrait ce panorama divisé en parties vaguement différenciées, tout comme l'œuf, où commencent à se montrer, lorsqu'il se segmente, les lignes de clivage et de division qui annoncent son développement futur. Les rudiments, pour poursuivre la figure biologique, sont là ; nous voulons dire les distinctions, sous leur forme embryonnaire, entre la vie, l'esprit et les choses. Vu du dehors par un observateur familiarisé avec les distinctions exactes, cela apparaîtrait comme un mode d' « animation » confus et mystique.

17. En conséquence, la théorie qui refuse aux objets religieux primitifs, aux objets totémiques, en particulier, tout pouvoir de suggérer la personnalité, a deux points faibles. Elle reconnaît le caractère symbolique ou emblématique de la simple chose, du totem ou de l'idole (1), mais, en admettant que la signification religieuse proprement dite réside dans le pouvoir possédé par cette chose de suggérer une sorte de force ou de vie, elle permet de conclure à une appréhension animiste. En outre, elle omet de montrer, par l'analyse de la représentation et de l'intérêt de l'homme primitif, que cette appréhension animiste est un stade du développement de l'animisme de la personnalité consciente.

En présence des résultats de la psychologie génétique, nous pouvons dire en toute assurance que cette appréhension constitue bien un pareil stade, et que ce stade est nécessaire. Si, comme psychologues, nous avions à construire *a priori* la conception que se fait du monde l'homme primitif, avec

____

(1) Le simple fait superficiel qu'une chose est sacrée ne signifie rien. Le caractère sacré de la chose inanimée est secondaire et non originel. Cette chose est sacrée parce qu'elle symbolise une signification qui est en dehors d'elle — la vitalité, une qualité personnelle, ou Dieu. La source du sacré se trouve dans ce qui est symbolisé.

l'intuition prélogique, collective, mystique que nous lui connaissons, c'est précisément à cette appréhension animiste que nous conclurions. Ses dieux ne peuvent pas être des agents spirituels, doués d'individualité et intelligents, mais seulement des êtres vaguement animistes, dynamiques, collectifs, satisfaisant l'intérêt rudimentaire, quasi personnel, par lequel ils sont appréhendés (1).

§ 4. — *L'objet religieux : sa signification idéale.*

18. Dans les études relatives aux modes d'expérience moral et esthétique, on discute beaucoup, d'ordinaire, les caractères qui s'attachent aux idéals. Le bien moral et la perfection esthétique sont l'un et l'autre des idéals, et l'objet religieux possède la qualité idéale tout comme l'objet moral et l'objet esthétique.

On verra ce que cela signifie en examinant de plus près l'objet auquel s'adresse l'adoration dans tel ou tel culte. Comme nous l'avons dit, la simple chose n'est pas l'objet ; c'est le symbole de l'objet. Une signification s'ajoute au simple symbole, et cette signification est déterminée non par la représentation ou par la pensée, mais par l'intérêt émotif et actif. Ce n'est pas une idée ni un système d'idées associé à l'objet concret, mais une valeur additionnelle qui lui est imputée. La chose sacrée est le centre d'expériences ayant trait à des valeurs ; la divinité est bien ou mal disposée, capable de faire du mal ou du bien. Toutes les valeurs pareilles, qui, n'étant pas accomplies, pas réalisées, offrent quelque chose à quoi l'on aspire, pour quoi l'on vit, que l'on désire, sont des idéals (2). En ce sens, l'objet religieux est un idéal.

(1) Comme je l'ai dit ailleurs, si l'on posait à un enfant d'un certain age les questions abstraites que l'anthropologiste pose au sauvage, ses réponses manifesteraient la même confusion et la même incohérence déconcertante que celles de ce dernier.

(2) Voir *Thought and Things*, tome III, « Interest and Art ». chap. v,

19. Mais il y a plus. L'objet religieux est toujours doué dans quelque mesure des attributs de la vie et de la personnalité. C'est un centre plus ou moins développé de vie intérieure et de force spirituelle. S'il en est ainsi, son caractère idéal doit être celui qui s'attache à un pareil objet : c'est un idéal de personnalité, de ce que l'adorateur est lui-même, un moi dans un sens plus ou moins adéquat. Dans quel sens, demandera-t-on, et par quel processus une signification de la personnalité peut-elle prendre une forme idéale ?

Dans le développement de l'idéal moral chez l'individu, on voit ce mouvement s'opérer (1). Les progrès de la conscience individuelle du moi reposent sur une organisation de facteurs qui sont, pour ainsi dire, « prospectifs », c'est-à-dire dont l'action est dirigée en avant. Nous avons en nous le moi d'habitude, toujours prêt à l'action, mais en face de lui un moi qui apprend, un moi d'accommodation, d'imitation, d'adaptation. Un moi meilleur — plus adapté, plus instruit, plus obéissant, plus vertueux, plus juste, plus généreux, plus sage — plane devant nos regards et nous sert de modèle, d'inspiration, d'impératif et d'idéal.

L'idéal religieux a ce caractère. Mais il n'est pas le même que l'idéal moral, et le contraste qui existe entre eux est très instructif.

20. On sent que l'idéal moral est *idéal*, c'est-à-dire qu'il n'est *pas actuel*. C'est une norme posée dans l'esprit, une règle de conduite idéale imposée à tout le monde mais qui n'est réalisée par personne. Nous ne supposons pas que nos idéals éthiques s'accomplissent réellement, sauf en Dieu. C'est dire que, pour être réalisé, l'idéal personnel dans ce qu'il a de moral doit être aussi l'idéal personnel dans ce qu'il

---

§ 7, et tome I, chap. xix, § 8. Cette valeur est incorporée à l'imagination, qui développe l'objet schématiquement et en dévoile les possibilités. L'idéal n'est pas un modèle de perfection, reçu par l'esprit de quelque source extérieure, et le processus de l'idéalisation n'est pas dû à une faculté ou à une intuition spéciale et mystérieuse, mais simplement à l'imagination, qui, par ses suppositions, ses schématisations et ses expériences, devance la connaissance.

(1) Cf. *Interprétation sociale et morale du développement mental*, de l'auteur, chap. i.

a de religieux (1). C'est donc l'idéal religieux proprement dit qui est réalisé en Dieu, non l'idéal simplement moral. Notre nature morale, considérée toute seule, postule une valeur éthique idéale, mais non une personne éthique idéale.

On arrive à la même conclusion en se plaçant au point de vue du devoir. L'idéal moral est un idéal de devoir envers autrui. C'est une règle de rapports sociaux aussi bien que de perfection personnelle. En pratique, il ne pourrait être réalisé que dans une société d'êtres parfaits, dans une Utopie. On a rêvé d'une pareille société, et elle a fait l'objet de maint écrit, mais elle n'a jamais été sérieusement postulée comme existant ailleurs que là où l'idéal religieux est également imposé, c'est-à-dire le royaume de Dieu, le ciel de diverses religions et l'état de perfection du mysticisme religieux. Dans le cas de la société, non moins que dans celui de l'individu, le postulat d'une catégorie réellement existante de personnes idéales est donc religieux et non moral.

21. Mais malgré ces différences, les deux idéals sont étroitement apparentés. Leur trait commun est également fondamental pour l'un et pour l'autre; ce trait, c'est la relation du moi personnel à un autre moi considéré comme une personnalité idéale. Dans l'idéal moral, ces deux moi sont des membres concrets, actuels, de la société, qui vivent côte à côte ; mais l'idéal de leur relation n'existe que dans leur pensée. Dans l'idéal religieux, la seconde ou l' « autre » personne, la divinité, ne fait qu'un avec l'idéal, qui est ainsi rendu actuel, introduit dans la vie humaine et symbolisé d'une manière concrète dans l'emblème religieux qui représente Dieu.

L'idéal religieux ainsi compris possède certains attributs positifs essentiels.

1° Cet idéal comporte la réalisation de la personnalité tout entière, et non pas seulement celle de telle ou telle

---

(1) C'est sur la base de cette vérité que l'on peut reconstruire l'argument historique d'Anselme en faveur de l'existence de Dieu. Au lieu d'invoquer une idée dont l'infinité s'oppose à ce que son objet soit dépourvu de l'existence, on peut s'appuyer sur le postulat du moi idéal, dont l'intégrité n'est réalisée que s'il existe.

fonction ou capacité du moi. Le sauvage regarde la puissance qui se trouve derrière les mouvements de la nature comme mystérieuse et terrible parce qu'il ne peut pas escompter ni prévoir les ressources ni les décisions du Grand Esprit. Terrible paraît la voix de Jéhovah quand elle donne cet ordre : « Enlève les chaussures de tes pieds, car le lieu où tu es est un lieu saint ». Les confessions de foi de la théologie, où l'infinité et la personnalité se présentent si souvent et sous tant de formes, sont aussi incapables d'exprimer l'idéal religieux que le sont les gémissements du sauvage terrifié ou les génuflexions du croyant qui tremble d'une crainte religieuse au lieu saint où il est venu en pèlerinage. C'est à la crainte religieuse, singulière combinaison d'effroi, de respect et d'admiration, qu'est réservé le droit d'atteindre directement son objet. En tant que parfait, cet objet est admirable ; en tant que personnel, il commande le respect ; en tant que puissant, il est à craindre. Mais toutes ces attitudes sont colorées par la magie de l'idéal qui les suscite. Ce n'est pas une crainte ordinaire, mais la crainte de celui dont la puissance n'a pas de limite ; ni un respect ordinaire, mais un respect adressé à celui qui est moralement le plus haut, suprêmement excellent ; ni une admiration ordinaire, mais une soumission à la sagesse éternelle et une contemplation de la beauté divine. Ces sentiments se fondent en un seul intérêt, de même que dans l'objet les attributs se fondent en une seule personne idéale, en Dieu.

22. 2° Dans l'intérêt religieux, la relation sociale prend une forme analogue à celle de la relation entre le supérieur et l'inférieur dans la vie de tous les jours. L'idéal de la personnalité que nous concevons comme idéal moral, nous l'attribuons à Dieu comme étant à lui en vertu de sa nature actuelle. Bien qu'il soit une des personnes entre lesquelles existe la relation sociale, étant divin, il est en même temps idéal (1).

(1) Maintenant que nous avons discuté l'objet religieux, nous sommes en état de mieux dégager les éléments de l'émotion religieuse. La crainte religieuse (awe) est complexe. L'effroi s'y mêle d'admiration « l'effroi dominé par l'admiration » Leuba, *Revue philosophique*, oc-

Mais, en présupposant l'existence actuelle de son objet, la foi religieuse engendre une relation d'une grande portée et d'un effet réel. Dieu est réellement présent, comme le supérieur de l'enfant, comme son père, sa mère, son frère aîné, son conseiller, son ami, termes qui servent tous à désigner la divinité dans les confessions de foi religieuses. Ce ne sont pas là de simples figures de langage, mais des aspects sous lesquels la présence réelle se symbolise pour tel ou tel croyant dans telle ou telle conjoncture critique. L'individu éprouve que, par cette communion personnelle, ses forces se renouvellent, son courage se ranime, ses émotions se purifient, ses aspirations s'orientent, ses visions de la beauté et du bien se clarifient (1).

tobre 1913, p. 413). De même, l'autre élément dont elle se compose n'est pas simplement le respect, même personnel, ni la vénération (telle que celle qui est due à l'excellence, à l'âge, à l'expérience, à la sagesse, etc.) ; c'est un respect admiratif, une absorption et une appréciation esthétiques apparentées au sentiment du sublime. C'est ce que montrent bien les rapports qui ont toujours uni l'art et la technique religieuse. Les émotions intellectuelles comme telles — la curiosité, la satisfaction logique, etc. — sont très subordonnées, surtout aux stades primitifs, où la religion est prélogique et sociale. La prétendue curiosité du sauvage en présence du symbole, de l'augure ou du présage religieux est plutôt une attitude de vigilance et d'attention dictée par le désir de surprendre le premier signe de la volonté du dieu, et semblable à celle du joueur qui guette les dés, dont dépend le sort d'un gros enjeu. Et l'intérêt théorique comme tel, qui occupe le premier plan dans la théologie systématique, n'est pas tant une participation directe à la religion qu'un ensemble de réflexions à son sujet. Le développement dogmatique de la théologie n'implique pas la religion personnelle ; de fait, celle-ci implique que l'on renonce à l'attitude d'esprit critique et logique.

(1) Cela contraste avec le découragement que l'on ressent en songeant que l'on n'a pas atteint l'excellence éthique ou que l'on a manqué à accomplir une action morale. L'idéal religieux stimule et inspire. C'est sans doute ce facteur quelque peu latent qu'il renferme qui, en se développant, concrète la personne de Dieu et l'incarne sous la forme de sauveur, de médiateur, de madone, de saint, etc. Le besoin et l'effet de « L'imitation de Jésus-Christ » sont très réels. Le croyant qui la lit absorbe l'idéal en communiant avec lui.

23. La dépendance ressentie dans la conscience religieuse est donc de la nature de la dépendance où l'on est à l'égard d'un supérieur. Elle s'étend à toute espèce d'aide ou de secours, physique, moral, intellectuel. Et cette relation est également importante pour le supérieur. La dépendance est, en un sens, réciproque. Dans les sociétés primitives, l'homme protège l'animal totémique, comme le totem protège l'homme. Dans toutes les religions, les lieux et les objets sacrés sont confiés à la garde des prêtres, et les vérités sacrées sont défendues et imposées par les prophètes et les législateurs. Les dieux sont représentés comme jaloux de leurs droits, aimant les louanges et les offrandes, poursuivant la satisfaction de leurs propres intérêts et de leur gloire (1) par l'intermédiaire des hommes. Cela veut dire que la portée de la relation n'est pas unilatérale, pour ainsi dire, que ce n'est pas une relation à laquelle une des deux parties soit indifférente. Au contraire, la vie et l'intérêt de chaque dieu sont intimement liés à ceux de la tribu où il est adoré. Il poursuit d'une vengeance implacable et de châtiments terribles ceux qui adoptent des « dieux étrangers ». Il choisit un « peuple particulier », qui devient l'instrument spécial de sa révélation comme l'objet spécial de sa providence. Ce peuple représente ses intérêts.

24. Aux stades plus réfléchis du développement religieux, cet anthropomorphisme concret tend à disparaître, comme a disparu devant lui l'animisme plus grossier du culte primitif. L'idéal prend des formes de plus en plus raffinées. Mais il ne devient jamais une « idée de l'infini », si ce n'est dans notre interprétation logique, ni une formule de perfection dernière, si ce n'est dans notre théorie. Il reste un sentiment de quelque chose de futur, une « intention prospective », comme une force qui rentre dans l'organisation de l'intérêt et qui pousse à désirer la pleine réalisation de la personnalité parfaite. C'est pourquoi tous les symbolismes sont inadéquats, toutes les définitions logiques sont vaines quand il s'agit de la nature de Dieu. Sa nature reste tou-

(1) Comme, par exemple, dans la « Confession de Foi de Westminster ».

jours personnelle aux yeux de l'homme, mais à mesure que celui-ci se développe, le sentiment qu'il a de la personnalité divine se modifie. L'idéal divin est toujours une seconde expression du fait humain.

§ 5. — *Le développement de la signification religieuse : sa logique.*

Quand on cherche par quels processus se développe l'intérêt religieux, auquel est lié l'objet religieux, on constate certaines complications frappantes.

25. En exposant le développement de la fonction cognitive — sa logique génétique — les psychologues signalent les processus bien connus de la mémoire, de la représentation, de la conversion, de la généralisation, etc., par lesquels passe normalement un contenu ou un objet donné. Lorsqu'on étudie la logique de l'émotion et de l'intérêt, on découvre d'autres processus plus ou moins analogues à ceux-là, mais ayant en outre certains traits nouveaux (1). Dans cette logique, la généralisation effective, l'éjection et l'idéalisation sont les fonctions mentales les plus en évidence ; elles prennent la place tenue dans le développement de la connaissance proprement dite par les processus cognitifs que nous venons de mentionner et qui atteignent leur point culminant dans la conception, le jugement et le raisonnement.

26. Or on trouve dans la vie religieuse une union singulière de ces deux grands modes de développement mental, du mode logique et du mode téléologique, comme nous les

____

(1) L'étude de cette dernière logique, c'est-à-dire de la logique affective, n'est pas achevée. L'auteur a apporté sa contribution à cette étude dans le tome III de *Thought and Things*, qui a pour sous-titre « Interest and Art » (la logique de la connaissance est exposée dans les tomes I et II du même ouvrage).

avons appelés respectivement. Le mode logique érige des classes et établit des faits et des vérités par ses méthodes de démonstration ; le mode téléologique aboutit à des intérêts affectifs et définit des fins et des valeurs. Or, dans la vie religieuse, l'objet, c'est-à-dire Dieu, est regardé comme *existant réellement, comme si* cet objet était établi par des processus de la connaissance, et, en même temps, il est déterminé par l'intérêt religieux comme idéal ou comme fin. La religion prétend présenter à la fois un système de vérités et un système de valeurs personnelles et sociales. Dieu est *en même temps fait et idéal* ; et cet idéal s'attache à ce fait non pas simplement de la manière ordinaire, de celle dont une valeur s'attache à un fait ou à une vérité, dont, par exemple, une utilité s'attache à mon encrier, mais de la manière particulière dont une signification s'attache à ce qui la symbolise. Les valeurs attribuées ordinaires ne sont réelles qu'en tant que les choses auxquelles elles sont inhérentes sont elles-mêmes réelles ; quand ces choses ne sont pas réalisées, les valeurs sont idéales, non actuelles. La signification de divin, de sacré, de saint, n'est pas « attribuée » à l'objet dans ce sens ; au contraire, le symbole ou l'emblème objectif est attribué ou assigné à cette signification, de sorte qu'il la représente, en tient lieu. L'idéal existe et donne une nouvelle espèce de réalité à la chose prise comme symbole.

27. Quant à la logique de l'intérêt religieux, on peut dire que c'est celle de l'intérêt en général. Il semble être d'abord collectif, traditionnel, propagé par la société, l'individu étant simplement le canal par lequel il s'exprime, un lieu où les forces personnelles se combinent de façon à devenir le véhicule et l'instrument de la volonté sociale. L'intérêt religieux s'affine graduellement, à mesure que s'accroissent la compétence et l'indépendance du moi individuel. Mais c'est précisément dans les intérêts religieux de l'humanité que les formes traditionnelles affirment le mieux leur conservatisme. Les processus sociaux de l'imitation, de la contagion, de l'éjection, de la formulation dogmatique des confessions de foi, concourent à accroître la rigidité et la solidarité de la croyance et de la pratique religieuses. Les mythes et le

folklore sont les antécédents de la doctrine ; les cérémonies
mystiques annoncent des rites cultuels plus raisonnables. Un
charme légitime se répand sur le tout du fait de l'élaboration
des formes dans l'architecture, la peinture, la musique, élaboration qui développe le motif de l'admiration esthétique.
Bref, on voit ici des exemples de tous les processus de la
logique affective : la matière de l'intérêt religieux se généralise affectivement dans les inclinations et les modes d'action ; elle se convertit éjectivement en passant d'un esprit à
l'autre, et se propage par les institutions établies ; elle prend
corps dans les plus hauts produits esthétiques de l'art
humain. L'église présente les traits positifs essentiels de la
religion et de la morale, de même que leurs limitations.

§ 6. — *Caractère social de la religion.*

28. Le résultat de notre étude, au point où nous en sommes,
s'accorde d'une manière frappante avec ceux de la sociologie
et de l'anthropologie. Le caractère collectif de l'intérêt religi-
gieux, intérêt exprimé par tout ce qui contribue à former un
culte ou une église, est universellement reconnu. Mais les
recherches récemment effectuées au sujet de la culture primitive montrent qu'en outre l'organisation sociale elle-même
a été dominée, jusque dans ses détails les plus séculiers, par
des exigences et des distinctions dont la source est dans la
religion (1).

Ce fait a été utilisé de différentes manières dans les théories
de la religion. Avant même d'ailleurs qu'il eût été bien établi,
Auguste Comte avait avancé qu'il y a eu, dans l'évolution
générale de la pensée, un stade « théologique », un stade où
l'homme se plaçait au point de vue religieux pour s'expliquer
le monde en général. A ce stade, il était encore dominé par

(1) L'organisation du groupe d'après le système totémique en est un
exemple très frappant, ainsi que différents auteurs s'accordent à le
dire.

l'intérêt religieux ; son interprétation des choses était théologique. C'est seulement à des stades postérieurs du développement de la culture, aux stades « métaphysique » et « scientifique » qu'il s'est libéré. Mais pas entièrement, car dans la dernière période, celle de la pensée « positive » et scientifique, son besoin de religion trouve sa satisfaction dans le concept d'humanité ; à ce concept il élève un autel portant l'inscription : « Religion de l'Humanité ». Il conserve donc l'intérêt religieux, mais ses sentiments à l'égard de Dieu se bornent à une amitié très platonique, qui prend la forme d'une sorte de flatterie envers lui-même.

29. Une autre théorie, qui part de la même présupposition sociale — celle de l'union, aux époques primitives, de l'intérêt collectif et de l'intérêt religieux, — parvient à une conclusion différente. D'après elle, l'humanité, en se développant, en devenant scientifique et positiviste, se libère peu à peu de la religion. Elle progresse vers « l'irréligion de l'avenir (1) ». Cette progression se manifeste par la sécularisation graduelle de tous nos intérêts. Ni le divin, ni le sacré, ni même le profane ne persisteront, mais seulement le séculier (2).

Mais les faits sur lesquels s'appuient aujourd'hui les socio-

(1) Guyau, *L'irréligion de l'avenir.*

(2) La sécularisation graduelle des institutions sociales est, bien entendu, un fait très digne de remarque. Le « droit divin » des rois, le « pouvoir temporel », de l'Eglise, toutes les formes d'institutions mi-civiles mi-religieuses disparaissent devant la séparation radicale de l'Eglise et de l'Etat. De même, l'instruction, la loi, la conscience morale se sécularisent rapidement à mesure que s'accroît la liberté politique. Mais, à mon avis, tout cela n'indique pas que la sanction religieuse aille en s'affaiblissant, mais que l'autorité religieuse se déplace et passe d'une source politique et sociale à une source spirituelle et personnelle. C'est par une semblable évolution que la sanction civile comme telle a passé de la théocratie à la démocratie. La libération de l'individu entraîne à la fois celle de la religion et celle de l'Etat. En déterminant une véritable démocratie de la conscience, les progrès de l'individu en autonomie de jugement affinent l'intérêt religieux, mais ne l'amoindrissent ni ne l'altèrent nécessairement. Il est peut-être plus menacé par le déclin des pratiques religieuses, où agissent les facteurs sociaux représentés par la communion, le « réveil » et l'enthousiasme commun, qui confirment et fortifient la foi de l'individu.

logues confirment les conclusions auxquelles nous sommes
arrivés plus haut, et montrent que les motifs sociaux impliqués dans la religion sont profondément enracinés et essentiels. Ils ne sont pas autres que ceux par lesquels est formée
la conscience du moi individuel. Dire, avec Clifford et
Romanes, que Dieu est un « éject mondial », un « autre
moi » socialisé et idéalisé, c'est dire que Dieu est reconnu
naturellement et inévitablement par chacun de nous dans le
sens où le sont les hommes, d'une part, et la société comme
telle, d'autre part. La différenciation de l'objet personnel en
moi-même et en un autre moi, en *ego* et *alter*, prend forme
graduellement dans un ensemble plus vaste de valeurs personnelles qui sont d'origine sociale. C'est cet ensemble de
valeurs personnelles du moi, collectives, idéales, mystiques,
qui s'incarne éjectivement en Dieu.

30. Si cela est exact, la religion persistera dans la vie de
l'humanité, et, en interprétant l'intérêt religieux, on doit
reconnaître l'existence de ces mobiles humains. C'est ce
que fait une théorie intéressante, où la société elle-même —
l' « autre » originel par rapport à l'individu, auquel il est in-
dissolublement uni — est considérée comme le véritable objet
religieux. D'après Durkheim, qui a tant contribué à établir
l'origine sociale de la religion, le groupe social, que ce soit
un clan, une tribu ou une nation, est l'objet, comme il est
la cause originelle, de l'intérêt religieux de l'individu. Cet
intérêt se forme un Dieu personnel parce qu'il n'a pas connaissance, ou n'a qu'une vague connaissance, de ses obliga-
tions sociales. Ce qu'en réalité il entend reconnaître et adorer,
c'est le moi, l'esprit, le principe immanent de la société.

Nous constatons là, en fait, une renaissance raisonnée
d'une sorte de religion de l'humanité, un retour intéressant
aux traditions du positivisme français. Cette théorie est
sociologique dans son esprit ; elle dérive d'une conception
comtiste. La société « sauve la face », pour ainsi dire, en
présence de l'individu chez lequel elle a fait naître le besoin
religieux, en s'attribuant, d'une façon à peine déguisée, le
caractère de divinité (1).

(1) Voir Durkheim, *La Vie religieuse*, p. 611 et suiv.

31. L'auteur du présent ouvrage a signalé dans un écrit précédent la relation étroite qui existe entre le dieu d'un groupe social et l'esprit national de ce groupe. Il se permet de reproduire ici les termes mêmes dont il s'est servi dans cet écrit (1).

« Cela apparaît de la façon suivante : ce qui constitue le moi idéal ou la divinité aux yeux de l'individu résulte de la réalisation plus complète, dans l'imagination, de la signification du moi, et le moi comprend, outre le moi personnel, d'autres individus encore. Cet idéal est celui d'un groupe, d'une série de relations sociales ; il présente, sous le rapport pratique et sous le rapport moral, des oppositions, des complications et des éléments achevés. Ce n'est pas l'idéal d'autres tribus et d'autres races. La divinité indique le degré de développement des relations sociales normales et reflète leur caractère, parce qu'elle est l'idéal personnel projeté du groupe. Si les individus qui composent le groupe doivent la regarder comme distincte d'eux puisqu'elle est personnelle, elle est cependant l'être spirituel qui dirige le groupe, sa voix, son oracle, et, en recourant à la médiation appropriée, on peut accéder auprès d'elle au moyen de rites et de cérémonies. La divinité de la tribu est donc, en ce sens, l'esprit de la tribu ; elle est conçue en termes du moi de la tribu (2). L'idéal qui plane sur le moi personnel de l'individu et imprègne sa vie spirituelle ne fait qu'un avec celui de la conscience du moi de la tribu ou de la nation. « Grande est la Diane des Éphésiens » n'est pas seulement une formule dictée par l'expérience religieuse personnelle ; c'est aussi une

(1) *Proc. Fourth Inter. Cong. Hist. of Religion*, Oxford, août 1908 ; réimprimé dans *Darwin and the Humanities*, 1re éd., 1909, p. 101 et suiv.

(2) Cf. ce passage d'Espinas, dans *Les origines de la technologie*, 1897, p. 34 et suiv. « Le Dieu d'un peuple n'est pas autre chose que sa propre conscience morale objectivée. Zeus, c'est ce qu'il y a de commun dans l'idéal des Grecs disséminés depuis le Pont-Euxin jusqu'aux Colonnes d'Hercule. Plus tard, quand la réflexion fut devenue possible, Héraclite a paru le comprendre. « La raison commune, dit-il, qui est la raison divine, et par laquelle nous devenons raisonnables, est la mesure de la vérité. »

proclamation d'unité civique ou nationale; et si cette phrase peut avoir cette double portée, c'est parce que, dans le processus par lequel l'individu idéalise sa vie conjointement avec d'autres, il érige du même coup, conjointement avec eux, un idéal corporatif ou national. « Le moi parfait, pourrait-il dire, auquel je devrais atteindre est identique à celui auquel vous constatez vous aussi que vous devriez atteindre, et à celui que vous et moi nous imaginons comme étant notre esprit, notre patron, notre Dieu national. » La divinité peut donc toujours être regardée comme révélant l'idéal corporatif ou national de la personnalité, car cet idéal se développe d'une façon continue, tout en fournissant l'objet approprié à l'adoration personnelle de l'individu. Le Jéhovah des Hébreux reflète à la fois les aspirations nationales, telles qu'elles sont exprimées dans la religion des prophètes, et les qualités morales des Juifs. Quel contraste avec le polythéisme national des Grecs !

Mais il ne s'ensuit pas que le groupe, *tel qu'il existe*, soit l'objet de la religion. Le groupe qui existe, le groupe sociologique, n'est pas ce qu'indique l'idéal religieux ni ce que célèbrent les aspirations nationales. Je ne chante pas l'Amérique *telle qu'elle est* quand je chante l'hymne « America », mais l'Amérique *telle qu'elle devrait être*, telle qu'elle serait si ses idéals étaient accomplis, et si les espérances conçues à son endroit étaient réalisées.

« Ma patrie, c'est toi, — pays de la liberté, — toi que je chante ! — pays où nos pères sont morts, — pays des fiers Pèlerins ; que des flancs de chaque montagne — retentisse le cri de liberté ! (1) »

C'est là un hymne à la liberté, dont l'Amérique est regardée comme le symbole. L'idéal social est symbolisé par

----

(1)
    « My country, 'tis of thee,
    Thou land of liberty —
      Of thee I sing !
    Land where our fathers died,
    Land of the Pilgrims' pride,
    From every mountain side
      Let freedom ring ! »

le groupe, tout comme le moi idéal ou le dieu de l'individu
est symbolisé par l'objet concret de la vénération religieuse.
Les deux idéals se fondent en un seul du fait des processus
ous l'action desquels la personnalité, comme nous l'avons
vu, se socialise et s'idéalise tout à la fois. Mais entre l'individu
concret et le groupe concret se manifestent toute sorte d'oppositions et de désharmonies dans les questions qui touchent
à cet idéal commun, également imposé à l'un et à l'autre.

Pour être une religion, la religion de l'humanité doit donc
signifier la religion de l'humanité idéale ; mais c'est ce que
signifie aussi la religion de la divinité. Car la divinité est
l'humanité idéalisée sous ses deux aspects, individuel et
social (1).

32. La fusion des deux idéals, social et religieux, est due
en partie, comme nous l'avons fait remarquer, aux facteurs
par lesquels ils sont établis conjointement, aux facteurs
intrinsèques du développement de la personnalité. Mais
l'action de ces facteurs ne suffit pas à l'expliquer. Le produit
de l'idéalisation, dans le domaine social, n'est pas une personnalité suprême, mais un groupe idéal, un ordre social
utopique, auquel tous les individus doivent être également
adaptés (2). Ce groupe idéal, nous l'avons vu, a un caractère
moral, et non religieux. En fait, il ne se réalise qu'en partie
et progressivement par le reflet qu'il reçoit de la moralisa-
tion de ses membres. Pourquoi donc cet idéal en arrive-t-il à
se fondre dans celui de la vie religieuse ?

(1) Par conséquent, pour pouvoir identifier l'objet religieux avec la
société, il faut choisir en elle ce qui, étant marqué d'un haut patrio-
tisme, exprime des idéals : la drapeau, le héros national, le trait de
vertu patriotique, la guerre sainte, la croisade, etc. Ces idéals paraissent
se fondre dans celui de la religion. Si, au contraire, nous envisageons
la société dans sa vie prosaïque, dans sa vie de tous les jours, sous son
aspect *de facto*, non idéal, terre-à-terre, comme nous la trouvons
éloignée de l'idéal religieux ! La tradition, le goût public, l'art, la
justice, les institutions de toute sorte, où se manifeste l'ensemble de la
vie du groupe, peuvent être non idéals et non religieux, et souvent
pires encore.

(2) Ici se pose une question intéressante, celle de savoir si tous les
membres d'une société idéale devraient être des individus idéals.

A parler téléologiquement, on peut, semble-t-il, conjecturer que c'est pour acquérir une expression concrète (1). La société utopique est conçue en termes de son unité parfaite.

(1) Il y a un désaccord quelque peu marqué entre cette conjecture et l'opinion de M. Durkheim, qui, après avoir admis que c'est la société idéale qui est symbolisée dans la religion, soutient que les idéals sociaux sont actuellement présents, d'une manière ou d'une autre, dans la réalité sociale, et sont absorbés par l'individu dans les moments d' « effervescence sociale ». Le « quelque chose de plus » présenté à l'individu dans ces circonstances (c'est-à-dire de plus que le rapport social habituel) serait identique au « quelque chose de plus » par quoi l'idéal social surpasse le fait social aux yeux de l'individu. C'est là une façon extraordinairement sommaire de régler la question des idéals ! Qu'est-ce que des idéals, sinon des fins imaginées ou désirées qui sont posées dans quelque conscience ? Ils ne sauraient donc être présents dans la société avant que quelque individu les ait conçus ou imaginés — à moins, à la vérité, de supposer que la société a une véritable conscience, une conscience collective. L'idéal présent dans une société ne peut être que le principe qui semble à quelque penseur expliquer le caractère et les tendances de cette société, mais, en tant qu'il est idéal, *il n'est pas encore réalisé dans la société.*

En outre, est-il psychologiquement vrai que nous concevions nos idéals quand nous participons à un accès de frénésie sociale, quand nous nous laissons gagner par une « effervescence sociale ? » S'il en était ainsi, les rassemblements tumultueux de la populace détermineraient l'éclosion d'idéals sociaux et religieux ! Une pareille théorie n'est rien de moins, à mon avis, qu'un affront à ce beau et noble mouvement de la conscience en vertu duquel, envisageant, dans l'interprétation de ses données, leur futurition, elle leur attribue leur signification la plus pleine et la plus riche. Il est hors de propos de nier, comme fait M. Durkheim, une faculté mystique d'idéalisation, car l'idéalisation n'a rien de mystique et ne procède pas d'une faculté spéciale. C'est, au contraire, la contre-partie du jugement de fait : c'est une assomption de valeurs, aboutissant à des hypothèses confirmées d'où résultent l'établissement et le choix de nouveaux jugements. Ce mouvement d'assomption, d'idéalisation de l'imagination est tout aussi normal que le mouvement de jugement, de croyance ; et il est aussi essentiel que lui au développement de la connaissance. Voir l'étude consacrée à tout ce sujet par Meinong, *Über Annahmen,* 2ᵉ éd., et *La pensée et les choses,* de l'auteur, t. I, chap. viii, § 6 et suiv., et chap. x, § 8 ; voir aussi t. III de *Thought and Things,* chap. viii, § 3.

L'obligation formelle de la morale ne suffit pas aux fins de la société idéale, non plus qu'à celles de la vie individuelle. Le postulat du groupe idéal, plus encore que celui de l'individualité idéale, doit être renforcé par l'assomption de l'existence d'un être en qui tous deux s'incarnent.

Là aussi la religion parvient à unir l'actuel et l'idéal. De même que, dans le cas de l'individu, la réalité de Dieu substitue une relation personnelle au simple postulat formel de l'idéal, de même, dans le cas de la société, elle substitue à un ordre moral utopique une fin concrète réelle. Cette injonction : « Soyez parfaits comme votre Père qui est aux cieux est parfait » a une signification plus pleine et pour l'individu et pour la société que la suivante : « Soyez parfaits comme individus moraux et dans vos relations sociales ». Si, par exemple, l'élément de justice contenu dans l'idéal social a progressé, en passant par des stades historiques concrets, et prend aujourd'hui des formes internationales spécifiques, celles de lois, d'arbitrages, de traités, etc., c'est à cause des progrès accomplis par les idéaux du droit individuel ; mais ces derniers idéaux eux-mêmes se trouvent confirmés et représentent un motif plus fort lorsque, quittant le domaine de la morale pure, ils entrent dans la sphère de la religion. « Tu aimeras le Seigneur ton Dieu de tout ton cœur et ton prochain comme toi-même », voilà sous quelle forme l'idéal religieux conseille la pratique de la justice, de l'égalité et du droit.

33. Nous sommes donc amenés à conclure qu'au lieu de disparaître la religion demeurera, sous une forme ou sous une autre. De la fusion des facteurs de l'intérêt personnel et de l'intérêt social dans celui de la religion résulte un retour, effectué sur un plan plus élevé, à l'état de choses noté par les sociologues dans la culture primitive, où la religion domine à la fois la vie individuelle et la vie sociale. Le symbole sacré était l'emblème du clan et de la tribu, et aussi la marque de l'individualité et de la parenté. Il est intéressant de voir que, après les différenciations successives des motifs, différenciations liées à la spécialisation des intérêts de la vie civilisée et de la pensée réfléchie, les idéaux fusionnent dans le postulat de la Divinité.

Mais jusqu'à quel point ce postulat se justifie-t-il, soit sous le rapport de la pratique, soit sous celui de la réflexion ? Cette question demande une étude détaillée. C'est la question philosophique de savoir si la conscience religieuse est réellement l'organe de l'appréhension de la réalité sous la forme de Dieu, et, si oui, dans quelle mesure elle l'est (1).

(1) Ce que nous avons dit suffit toutefois à démontrer que la religion primitive n'a pas été, comme on le soutient souvent, une première tentative d'explication logique du monde. Elle a été, au contraire, une interprétation émotive et sociale, d'où les points de vue logique et scientifique ne se sont dégagés que peu à peu.

CHAPITRE VII

LA RÉALITÉ RELIGIEUSE ET LA NÉGATION RELIGIEUSE

§ 1. — *L'objet religieux en tant qu'existant.*

Quand on examine de plus près le facteur de l'idéalisation, tel qu'il se manifeste dans l'organisation de l'intérêt religieux, on constate certaines particularités.

1. Comme nous l'avons vu, l'idéal affectif est une valeur limite à laquelle aboutirait, à l'infini, le processus par lequel des fins sont atteintes par l'intermédiaire de faits. L'homme idéal, par exemple, est l'homme final hypothétique, l'homme tel qu'il serait s'il terminait une série composée d'hommes actuels dont chacun serait meilleur que le précédent, et se poursuivant jusqu'à l'infini, jusqu'à l'idéal. Il faut passer par les hommes actuels pour arriver, progressivement, à l'homme idéal ou parfait. Mais, à la limite, les intermédiaires, les cas réels, disparaissent, de sorte que l'idéal se trouve libéré des liens qui l'unissaient à eux. La postulation ou l'assomption d'une valeur morale idéale ne repose pas sur des actions vertueuses hypothétiques, mais s'impose comme inconditionnelle et absolue. Cela signifie, naturellement, qu'il s'agit réellement d'une valeur postulée, et non d'une valeur actuelle. Autant qu'une valeur analogue se réalise, elle fait partie de la pleine réalité de la chose à laquelle elle est attribuée.

Comme idéal, le plus qu'on puisse en dire, c'est qu'elle est possible et désirable (1).

Si le mouvement de la connaissance proprement dite par vient à un résultat semblable, c'est par un processus tout contraire ; l'idée ou la vérité posée comme moyen est isolée de la valeur qu'elle permet d'atteindre, et est regardée elle-même comme une donnée nue et neutre de la raison. Elle est supposée valoir indépendamment de l'intérêt qui l'appréhende. L'idéal cognitif est désintéressé, personnellement neutre (2).

Dans le cas de la religion, ces processus semblent se modifier l'un et l'autre.

2. En premier lieu, l'idéal même de l'intérêt religieux — la personnalité idéale de Dieu — est posé non pas comme simplement idéal, simplement désirable et possible, mais comme existant réellement. La chose objective ou l'idée par l'intermédiaire de laquelle la valeur est atteinte ne s'élimine pas, comme dans d'autres cas, dans le processus par lequel l'idéal est postulé. Au contraire, elle reste, et l'idéal prend la forme d'une valeur véritablement réalisée. « Dieu existe et possède les attributs idéals ; par rapport à lui, ces attributs ne sont pas idéals, mais réels ; c'est seulement par rapport à nous qu'ils sont idéals » ; ainsi s'exprime la conscience religieuse. Il semble y avoir là une tentative pour échapper au dualisme caractéristique de la vie pratique, au dualisme entre le fait ou l'idée et la fin, pour trouver dans une seule expérience à la fois la personne réelle et le bien absolu (3).

3. En second lieu, l'intégrité du mouvement logique n'est pas non plus conservée. L'objet religieux, bien que regardé comme existant, n'est pas le résultat de processus cognitifs d'espèce logique — de la généralisation, de l'implication, du raisonnement. Dieu n'est pas un « général » ni un universel

______

(1) C'est là l'origine des normes résultantes de la « raison pratique » : voir *Thought and Things*, t. III, chap. vii.

(2) Il en est de même des catégories de la raison pure : voir *Thought and Things*, t. II, chap. vii, § 4, et t. III, chap. ii, § 5.

(3) L'histoire de la réflexion nous montre quelque chose de semblable dans les tentatives pour trouver en Dieu à la fois le *summum bonum* et l'idée infinie (ainsi que s'exprime Platon, qui le premier a exposé cette doctrine).

logique résultant de données concrètes par une implication nécessaire, il n'est nullement un concept, mais un postulat ou une assomption de l'imagination. On ne trouve pas dans le contenu de la signification religieuse un système de termes relationnels traité comme un système découvert par la pensée neutre et désintéressée. Loin de là, Dieu est une personne, une vraie personnalité (1), qui impose directement au croyant l'obligation du respect et le devoir de pratiquer les rites religieux. Les sanctions sont d'ordre émotionnel et social et non d'ordre physique ou intellectuel. Dans le langage des fidèles, Dieu est un besoin, un recours, une inspiration, un sauveur, un refuge et une aide ; il n'est pas principalement une vérité ou une conclusion. Quant aux raisonnements par lesquels on a tenté de prouver logiquement l'existence de Dieu, ils n'ont jamais été convaincants que dans la mesure où peuvent l'être les argumentations du genre apologétique.

Ainsi, loin de constater que l'échafaudage intellectuel donne du corps à l'idéal religieux, nous constatons au contraire que cet échafaudage ne peut pas se soutenir par lui-même. Le Dieu personnel n'est pas même un objet avec lequel l'homme puisse entrer en contact direct, comme avec ses semblables, par les voies ordinaires des relations inter-subjectives. Dans la religion, considérée d'une façon générale, les manifestations physiques de la présence de la divinité, prenant la forme de miracles, servent d'aliment aux sentiments d'étonnement, de crainte respectueuse et de mystère, mais elles ne constituent pas les moyens normaux qui permettent de l'appréhender ou d'avoir accès auprès d'elle. A mesure que progressent les modes logiques de la pensée, le facteur miraculeux contenu dans l'expérience religieuse se réduit considérablement. En même temps disparaît la prétention de la religion d'expliquer l'univers par une cosmologie et une psychologie spéciales, de découvrir les lois des choses et les règles de la vie par un système spécial de formules magiques ou par une série de révélations spéciales (2).

(1) Même dans le polythéisme, les dieux diffèrent les uns des autres ; chacun a sa province, son domaine à lui.

(2) Dans le christianisme, la révélation et l'inspiration en sont venues

4. Alors pourquoi, demandera-t-on, l'idéal religieux, à la différence d'autres valeurs non intellectuelles, s'impose-t-il à la conscience comme quelque chose d'existant réellement ?

Cela ne peut pas être parce qu'il est un idéal de personnalité, car l'idéal moral, qui en est aussi un, ne s'impose pas à nous comme quelque chose d'actuel ; ni parce qu'il est un idéal de vérité, parce qu'il n'est pas établi ; par les processus cognitifs qui découvrent et confirment le vrai.

C'est, d'après nous, *parce qu'il reste toujours un idéal social*, un idéal de véritables relations entre personnes. A la différence des idéals moral et intellectuel, il n'arrive jamais à la phase d'autonomie interne à l'égard de l'individu à laquelle nous avons appliqué, dans les deux autres cas, le terme « synnomique ». Considérée tant comme intérêt personnel que comme contenu objectif, la religion garde un caractère « syndoxique » ou collectif ; elle est un ensemble de faits admis par l'individu, de consentements personnels ; elle ne passe pas dans le domaine des normes ou des impératifs impersonnels. Cela la distingue à la fois du moral et du rationnel.

5. Le contraste que présentent à cet égard la religion et la morale est particulièrement instructif. Le moral passe de la forme d'une obligation mutuelle imposée aux hommes à celle d'un devoir envers Dieu considéré comme une personne placée sur un plan plus élevé que les autres, et finit par devenir purement et simplement un devoir envers la loi morale, envers l'idéal moral lui-même, envers la lumière qu'on porte en soi et envers soi-même.

« Sois fidèle à toi-même, — et tu n'auras plus rien à craindre ; — L'homme ne trouvera pas d'autre loi. -- Quand il chercherait pendant mille ans » (1).

graduellement à ne plus s'appliquer qu'aux choses spirituelles ; bien plus, l'infaillibilité de l'autorité religieuse a cessé de s'étendre aux questions séculières.

(1)
    To thine own self be true,
    And thou hast done with fears ;
    Man knows no other law, .
    Search he a thousand years. »
                SWINBURNE.

Ainsi la loi morale s'impose d'elle-même et trouve en elle-même sa sanction, tout comme l'idéal de vérité est consistant par lui-même et se soutient par lui-même. Aucun des deux n'a besoin d'une autre existence, d'une personne extérieure, pour l'étayer. Rien que par sa présence dans la conscience d'un seul individu, la loi morale montre qu'elle est universelle et nécessaire, qu'elle a une signification « synnomique ».

L'idéal religieux est d'un autre caractère. Il n'est pas et ne peut pas être universalisé dans des jugements d'une valeur synnomique. En vertu de son essence, comme expérience directe, il exige la présence réelle de l'Autre : il faut que Dieu soit réellement proche. Il ne suffit pas un à individu que Dieu soit présent pour un autre, et le caractère intime de la relation ne peut pas se généraliser. Dans la religion, on ne sent pas le pouvoir d'un impératif formel établissant à lui seul la loi.

§ 2. -- *L'union de l'idéal et de l'actuel dans la réalité religieuse.*

6. Considérée comme une manière d'interpréter le monde, la religion est historiquement de première importance. C'est une première interprétation, une forme de l'intérêt concentrée directement sur certaines choses, sur des choses sacrées, saintes, divines. Sous cette forme spontanée, en tant qu'intérêt direct, elle ne doit pas être confondue avec la théorie de la religion, ni avec la philosophie (1) qui défend l'interprétation religieuse de préférence aux autres.

(1) Cette philosophie sera exposée plus loin. La science des religions objectives, cela est évident, ne peut pas épuiser la sphère de la religion, de même que la « science des mœurs » ne peut pas remplacer la morale, car l'attitude personnelle de l'agent n'est pas pleinement exprimée dans les faits extérieurs ni dans les institutions étudiés par ces deux sciences. Dans la « science des mœurs », on ne peut observer que les formes générales de la conduite, son écorce, pour ainsi dire, et

Si nous avons eu raison de conclure que l'objet religieux, le dieu, n'est pas seulement idéal, mais encore, en un sens, personnel, nous pouvons dire que la réalité à laquelle il aboutit est de la nature d'un postulat, qu'elle est quelque chose de supposé, d'imaginé, d'attendu, et non quelque chose de donné. d'éprouvé ou de démontré directement (1). Ce n'est pas que la personnalité chez autrui ne puisse, quand il s'agit de connaître, constituer un objet d'expérience directe et être prouvée directement d'une certaine manière ; loin de là ; mais il en va autrement de la personnalité idéale. Tous les idéals sont, en ce qui touche leur nature, des produits de l'imagination, reposant sur la connaissance, mais la dépassant. Cela est vrai de la personne idéale de Dieu. Comme les idéals éthique et esthétique, l'idéal religieux est un postulat.

Mais, ainsi que le montre l'histoire du développement ethnique, le postulat religieux a précédé les autres. Il était présent alors que la morale était constituée simplement par des habitudes et des coutumes sanctionnées par la société, et où n'avait pas encore apparu l'impératif proprement moral, la lumière intérieure de la conscience. L'autorité dont les agents et les pénalités conservaient à la société une organisation solide fut d'abord religieuse. Il est probable que c'est à la religion qu'on doit la première interprétation du monde, que c'est elle qui la première a reconnu l'existence d'une force dans et derrière les apparences de la nature. En ce sens, l'âge théologique, comme l'a dit Comte, a précédé les âges métaphysique et positif.

non l'impératif intérieur ou l'idéal en vertu duquel l'individu prend ses décisions. Il en est à cet égard de la religion comme de la morale ; les institutions religieuses et les cultes, étudiés historiquement et comparativement, comportent des valeurs qui doivent, dans chaque cas, être interprétées par l'individu en termes d'une communion ou d'une absorption personnelles. Mais les deux expériences subjectives demeurent à des niveaux différents, puisque le jugement moral a la qualité synnonomique ou législative, et que la foi religieuse ne l'a pas.

(1) Au sujet de cette distinction, envisagée du point de vue génétique, voir *Thought and Things*, t. III, « Interest and Art », chap. i, et t. II, « Experimental Logic », chap. v.

Dans toutes les différenciations qui se produisent ensuite, tant dans le développement ethnique que dans le développement individuel, l'intérêt religieux garde son caractère propre. Issus de lui comme d'une souche commune, l'intérêt pratique et l'intérêt théorique se développent chacun à sa manière, mais le tronc reste droit, et produit un autre arbre, l'arbre de la religion elle-même.

7. La singularité constante de cet intérêt, c'est qu'il idéalise son objet dans le domaine moral et l'actualise dans le domaine intellectuel (1). En cela, comme nous l'avons vu, il semble participer à la fois des idéals de la vie pratique et de ceux de la vie rationnelle, pourtant bien différents entre eux, car la pratique idéalise en érigeant des fins, et la connaissance actualise en découvrant la vérité. Nous sommes donc amenés à nous poser la question suivante, que suggère cet état de choses : Est-il vrai que la religion offre un mode d'expérience où l'opposition entre l'actuel et l'idéal disparaît ? Les intérêts théoriques et les intérêts pratiques de l'humanité parviennent-ils à se réconcilier et à s'unir réellement dans le postulat religieux de Dieu ?

8. Pour deux raisons essentielles, nous devons répondre à cette question par la négative.

En premier lieu, aucun postulat comme tel ne peut de lui-même satisfaire d'une manière permanente l'intérêt théorique, l'intérêt qui veut des preuves. L'absence de preuve torturera toujours la pensée, et les catégories de la raison aux exigences desquelles il ne sera pas fait droit protesteront toujours. Témoin les controverses logiques au sujet de l'existence et de la nature de Dieu, et les tentatives philosophiques pour traduire les catégories de la cause, de l'identité, de la raison suffisante, de la loi, en termes de dessein, de personnalité, de providence, de liberté. La simple assomption d'une personnalité divine ayant pour rôle d'accomplir cette réconciliation ne montre aucunement comment elle peut être effectuée logiquement.

(1) Voir *Le Darwinisme dans les sciences morales*, de l'auteur, p. 137-138. Cet ouvrage (chap. vi) fait ressortir le caractère social de la religion, que démontrent également les données de l'anthropologie et celles de la psychologie.

Quelle que puisse être la valeur de la religion comme auxiliaire ou comme substitut de la raison ou même comme arme pour la réfuter, on ne peut pas dire qu'elle accomplisse l'idéal de la raison, qui demande un ensemble de vérités neutres, indépendantes de la vie et des intérêts personnels de l'individu.

9. Une seconde objection, plus positive, ressort de la nature de l'expérience religieuse elle-même. Cette expérience ne révèle pas une organisation régulière des facteurs de nos différents intérêts, mais un mélange de motifs incoordonnés, dont chacun, à l'occasion, se pousse au premier plan (1). C'est dans l'émotion religieuse intense, extatique, invincible, que la réalité de la divinité, la présence même de Dieu, est vivement sentie; mais c'est précisément dans cette expérience que l'idéalité, tant rationnelle que pratique, de la nature humaine, semble disparaître en grande partie. Dieu, le saint, le terrible, l'ineffable, est, en raison de son idéalité même, inaccessible, éloigné de la vie et de l'appréhension humaines. En tant qu'idéal, il ne peut être contemplé que de loin; c'est seulement en tant qu'actuel qu'il peut être humanisé. De là vient qu'un médiateur, un prêtre, un intercesseur, une madone, un saint, interpose sa présence réelle entre Dieu, l'ineffable, et l'homme fini. Ce fait, qui est commun à différentes religions, cette substitution d'une personne plus humaine à Dieu ou d'une personne plus sainte à l'homme, démontre clairement que l'intérêt religieux ne suffit pas à atteindre de lui-même un objet à la fois actuel et idéal (2).

Ce qui pourrait paraître manquer, c'est un « impératif » religieux, une intuition de la raison religieuse, imposant la

(1) Les conflits et les oppositions de la vie religieuse ont été bien exposés par Stratton (G. M. Stratton, *The Psychology of the Religious Life*, 1911).

(2) C'est à juste titre que l'union de la personnalité divine et de la personnalité humaine, l'incarnation, la naissance virginale, la résurrection corporelle, sont appelés les « mystères de la religion ». Tous les mystères de cette sorte, dont plusieurs sont communs à différentes religions, proclament la présence de l'infini et de l'idéal dans le surnaturel ; mais ils s'adressent seulement à la foi ; ce qu'ils présentent aux yeux est fini et actuel. Ils n'apportent de certitude qu'à la foi.

croyance en l'existence d'un Dieu personnel. Mais si la religion prenait cette forme, si elle devenait synnomique comme la pensée et la conscience, elle perdrait, par cela même, le caractère social en vertu duquel elle est concrète et actuelle. Dieu serait alors, comme l'identité rationnelle et la loi morale, une forme vide, le postulat de la valeur dans un domaine abstrait, une norme de la raison, au lieu de la personne actuelle qui est pour le dévot « une aide très proche dans la peine ». La chaleur et l'intensité que comporte la religion personnelle disparaîtraient, et l'humanité la regretterait comme on regrette les conseils affectueux d'un père ou d'une mère quand, parvenu à la maturité, on n'obéit plus, ainsi qu'il convient, à d'autres lois morales que celles que l'on s'est imposées soi-même (1). Ces attributs divins : la pitié, la miséricorde, le pardon, l'amour, sont personnels, et, en un sens, facultatifs pour la divinité. Dans les religions inférieures, ils sont représentés comme dépendant du caprice ou de l'intérêt personnel ; de même que les hommes, les dieux ont l'humeur changeante, sont sujets à la fatigue, à l'ennui et à la colère. On a beau raffiner ces attributs personnels, on ne peut pas les universaliser dans des énonciations formelles.

10. En effet, la réalité de l'objet religieux n'est pas garantie par la connaissance ni prouvée par la raison : elle doit être acceptée par la foi. C'est une affaire d'expérience personnelle, expérience sociale d'origine et de nature. La relation sociale entre l'homme et Dieu, qui est de dépendance, d'aide, de communion, apparait nettement à chaque page des récits religieux. Le dualisme de moi et autrui est d'autant plus accentué que l'individualité du croyant est plus accusée par rapport à celle de Dieu, et quand, dans l'extase

____

(1) L'instinct religieux qui pousse les hommes à invoquer Dieu au moment du danger ou d'une crise de nature quelconque ne doit pas être attribué, je crois, à une forme d'impératif religieux proprement dit, mais à une forme de dépendance sociale où les éléments de la vie religieuse sont en évidence. Pareille invocation ressemble à l'appel qu'un prisonnier adresse à la clémence ou à la miséricorde de son juge, et où il ne fait intervenir aucune considération de justice ni de raison

religieuse, l'homme perd conscience de son individualité en participant à celle de la Divinité, l'intérêt religieux proprement dit s'évanouit à son tour par suite de la fusion générale des éléments de la personnalité.

§ 3. — *L'antinomie religieuse.*

11. Mais si l'élément de réalité religieuse est immédiat, celui d'idéalité religieuse est médial. Un idéal est toujours le terme final d'un processus de médiation, que ce processus soit théorique ou pratique. La vérité idéale est une extension supposée de la vérité actuelle ; c'est un résultat, obtenu par l'intermédiaire d'idées, de sentiments, d'expériences actuelles. De même, la valeur idéale est quelque chose qui dépasse la valeur actuelle présente que nous possédons. On aboutit à celle-là par l'intermédiaire de celle-ci.

En conséquence, il est clair que, si l'on veut insister sur l'idéalité de Dieu, on doit le faire en faisant ressortir la nature finie et l'incomplétude des intermédiaires, c'est-à-dire des symboles et des emblèmes de la vie religieuse — au moyen desquels cette idéalité est atteinte. De là la force et le succès des réformes historiques qui protestent contre la tendance à l' « idolâtrie » et à l'adoration des images », c'est-à-dire contre la tendance à identifier Dieu avec l'image ou l'idole qui symbolise sa présence. La pureté de l'idéal est constamment en danger d'être altérée par un retour à la réalité telle qu'elle est représentée dans le symbole.

Mais la tendance inverse est également réelle, et elle aboutit à un mouvement qui, lui aussi, apparaît nettement dans l'histoire de la religion ; ce mouvement, c'est la protestation de la vie religieuse pratique contre le caractère abstrait des confessions de foi et le vague des définitions philosophiques. Le déisme et le panthéisme ont de grands défauts du point de vue de l'intérêt religieux : l'éloignement et l'impersonnalité de la Divinité. En outre, il trouve artificielle l'intervention d'un médiateur ou d'un intercesseur ayant pour rôle de garantir et d'actualiser une relation qui devrait être établie par l'expérience et la communion directes.

12. Ces deux tendances historiques prises ensemble montrent les facteurs essentiels de l'idéal religieux — son actualité protestant contre son idéalité, et son idéalité écartant son actualité. Elles illustrent, mieux qu'aucune proposition théorique ne pourrait faire, la difficulté inhérente de maintenir l'actualité d'un idéal érigé comme postulat par les processus de la logique et de l'intérêt affectifs. Elles illustrent aussi la difficulté d'interpréter une expérience concrète quelconque dans les termes d'une valeur ou d'une idéalité achevée. Un idéal ne résulte pas d'une découverte, c'est ce que nous désirons ; une réalité, au contraire, est ce que nous découvrons, elle peut être ou ne pas être désirable pour nous.

Par suite de cette antinomie nettement marquée que présente la signification de l'objet religieux, la réalité qu'il postule est peu satisfaisante comme mode synthétique d'expérience. Les dualismes contre lesquels la conscience se débat, dans ses diverses interprétations du réel, ne sont pas éliminés, les embarras de la vie pratique ne sont pas supprimés. Le développement de l'intérêt religieux conduit nécessairement à recourir au surnaturel ; mais, d'après les conditions de ce postulat, le surnaturel n'entre dans le naturel que comme un *deus ex machina*, par une intervention miraculeuse. Il est une supposition motivée par les exigences fondamentales de la vie morale et de la vie religieuse ; mais il n'est pas établi comme partie du système des réalités existantes. Les oppositions entre l'idéal et l'actuel, le postulat et l'implication, l'assomption et la présupposition, sont atténuées, il est vrai, mais ne sont pas complètement résolues.

§ 4. — *La négation religieuse. 1° Le non-religieux ou séculier.*

Quand on envisage les divers modes de fonction psychique, il y a avantage à étudier l'aspect négatif de la « signification » aussi bien que son aspect positif (1). Nous allons pousser plus loin nos recherches sur l'existence de la négation dans le mouvement de l'intérêt religieux (2).

13. On se rappelle que nous avons établi une distinction assez radicale entre l'attitude de négation et l'attitude de rejet (3). La négation — de même que l'affirmation — s'attache à une liaison proposée comme se trouvant dans le contenu de la connaissance ou de la pensée ; cette liaison est niée quand elle manque à s'établir dans le jugement. Une chose, le prédicat, est niée d'une autre, le sujet. La négation logique est un stade avancé de cette sorte d'opposition entre une connaissance et une autre.

Le rejet, auquel s'oppose l'acceptation, constitue une attitude différente. Il consiste à refuser, à repousser, à retirer, à exclure une chose de la sphère de contrôle ou d'existence où elle aurait pu trouver place. C'est un mouvement d'intérêt et de choix, et non de simple reconnaissance de faits ou de vérités. La négation se borne à reconnaître une exclusion qui vaut entre des limites ; le rejet est sélectif et personnel, il indique l'intérêt exclusif du sujet connaissant lui-même. La négation traduit l'incapacité de croire, le rejet exprime le refus de tolérer (4).

Mais la négation découlant d'un choix comporte deux cas

(1) Cf. *Thought and Things*, t. I-III, où sont étudiés le rejet et la négation prélogiques, logiques, affectifs et esthétiques.

(2) La négation dans l'interprétation ethnique primitive a été étudiée plus haut, chap. IV, sect. 8-10.

(3) Voir ci-dessus, chap. IV, sections 8 et 9.

(4) Voir *La pensée et les choses*, tome I, chap. IX, et *Thought and Things*, t. II, chap. VIII.

distincts, comme nous l'avons vu. Quand nous choisissons
quelque chose que nous trouvons bon, beau, satisfaisant,
cela peut être simplement parce que nous négligeons, ou-
blions, ou voulons ignorer, et de cette manière excluons tout,
sauf ce sur quoi notre intérêt est dirigé. Lorsque notre intérêt exclusif choisit quelque chose, il rejette pour le moment
tout le reste du monde. Il en va ainsi notamment de la
jouissance esthétique : elle est absorbante et exclusive. C'est
ce que nous avons appelé l'exclusion ou la négation « privative » (1).

Mais il y a un rejet plus positif, une exclusion intentionnelle, qui est plus que le simple fait de négliger des choses.
Celles qui sont mauvaises au point de vue moral ou laides au
point de vue esthétique sont l'objet d'un véritable rejet,
d'une condamnation et d'une désapprobation positives.

Sous ces deux formes, qui sont l'une et l'autre caractéristiques de la vie de l'intérêt, l'exclusion sélective contraste
d'une manière frappante avec l'opposition cognitive et la négation logique.

14. Il suffit d'un examen superficiel pour voir que, dans
son mode de rejet, l'intérêt religieux reste fidèle à sa nature ;
il établit les deux formes d'exclusion sélective, mais il n'aboutit pas à la négation logique.

Cela apparait nettement dans le cas des religions primitives.
Dans le système totémique, le totem animal tient tout le
groupe sous sa dépendance ; celui-ci exclut les membres des
autres groupes totémiques. Ce n'est pas en raison de qualités
ou de caractères individuels différents que cette exclusion a
lieu ; c'est en raison du nom totémique et de la parenté qu'il
indique. L'intérêt affectif par lequel est établie la classe sociale et mystique élimine tous ceux qui ne sont pas membres
de cette classe, quelles que puissent être autrement leurs
qualifications.

C'est là une exclusion privative ; elle se constitue par l'établissement d'une classe au moyen d'un mouvement d'inté-

---

(1) *La pensée et les choses*, tome I, chap. ix, § 4 ; *Thought and Things*,
t. III, chap. ix et chap. x, § 5 et suiv.

rêt ; tout ce qui ne rentre pas dans cette classe est négatif pour cet intérêt.

A l'intérieur des mêmes phratries (c'est-à-dire des grandes divisions d'une tribu), il peut exister côte à côte divers clans ayant chacun leur symbole totémique. Dans certains de leurs intérêts et certaines de leurs pratiques, comme, par exemple, le mariage entre personnes appartenant à des clans différents, ces groupes se recouvrent partiellement les uns les autres et se pénètrent mutuellement ; dans d'autres (comme le fait de manger de la chair des animaux totémiques), ils sont strictement exclusifs. Mais dans aucun de ces deux cas l'exclusion n'est de la nature d'une opposition logique fondée sur une généralisation ou sur une induction (1). Elle n'est pas due à la connaissance de différences, mais aux choix et aux exclusions de l'intérêt.

L'état des choses est le même pour les rapports des membres d'une même famille entre eux, pour l'organisation tribale dans le temps et dans l'espace, bref partout où le totem représente le groupe. L'autre classe, celle du totem étranger, n'est pas considérée comme profane, comme nécessairement hostile ; son adhésion à son totem n'est nullement blâmée ; on se contente de ne pas s'occuper des affaires qui la concernent, de ne pas les comprendre dans l'intérêt du groupe dont on fait partie. Du point de vue du sacré, elle est séculière. Mais elle a son propre système de choses sacrées ; chacun permet cela à tous. L'intolérance comme telle ne commence pas dans la sphère du séculier, mais seulement là où apparaît le genre plus positif d'exclusion qui caractérise le « profane ».

Le séculier, ou le non-religieux, considéré d'une façon générale, se définit ainsi : c'est tout ce qui se trouve en dehors de l'intérêt religieux, tout ce qui ne lui appartient pas, sans lui être opposé. C'est ce qui est indifférent sous le rapport religieux. Quant aux choses opposées à l'intérêt reli-

____

(1) M. Durkeim paraît confondre les deux cas, ou du moins ne pas les distinguer, lorsqu'il dit (*La vie religieuse*, p. 342) que les négations du sauvage sont simplement des négations logiques « excessives ».

gieux, elles ne sont pas séculières, puisqu'elles ne sont pas indifférentes, elles sont profanes (1).

§ 5. — *La négation religieuse. 2° L'irréligieux ou le profane.*

15. Outre la simple indifférence de l'intérêt religieux, qui définit le séculier, il y a un mouvement positif d'exclusion ou de rejet, qui définit le profane, l'irréligieux, ce qui est mal sous le rapport religieux. Toute la vie du clan primitif — pour invoquer encore l'exemple de la religion primitive — est affectée par un système de prohibitions positives. Des actes innombrables — le mariage entre personnes appartenant au même clan, le fait de s'introduire dans un lieu sacré, de manger de la chair des animaux sacrés, de toucher à quelque chose de tabou — sont l'objet de réglementations ou d'interdictions rigoureuses. Ce qui est mal au point de vue religieux est (comme le sera plus tard ce qui est mal au point de vue moral) quelque chose qu'on doit éviter, à quoi on doit résister, qu'on doit combattre et détruire. Les mobiles sociaux organisés dans l'intérêt religieux rejettent la chose profane, et en ce faisant la définissent.

Il en est ainsi de toutes les religions : pour toutes, il y a des choses profanes aussi bien que des choses sacrées, et aucune ne se borne à définir logiquement les unes et les autres. En général, la religion incarne le mal ou le profane dans des démons, des esprits malins, des diables, ce qui le rend plus positif et plus concret. De même qu'elle personnifie le sacré, elle personnifie le profane. Satan est le grand ennemi de Dieu, la source de toutes les profanations, le mal suprême, qui, sous toutes ses formes, doit être rejeté par la société et par l'individu.

(1) Je ne trouve nulle part de distinction claire entre ce qui est simplement séculier et ce qui est profane ; généralement on oppose au sacré le séculier et le profane pris ensemble.

Nous avons discuté ailleurs (1), à propos du mode de négation moral, le sujet du mal suprême ou « idéal », du
summum malum. Nous avons vu que le processus d'idéalisation, suivant son cours normal, imagine le mal absolu.
C'est « l'idéal à éviter », quelque chose qui est posé pour
établir un contraste avec le bien idéal, mais qui n'existe
nulle part si ce n'est dans le postulat religieux d'un diable
suprême, de Satan. L'assomption d'un idéal moral, imposé
par la raison pratique, n'implique pas la réalité d'un idéal
négatif, du mal suprême ; il ne fait que le définir en opposition avec le bien idéal.

16. Mais, dans la religion, la postulation de l'idéal entraîne,
comme nous l'avons vu, l'assomption de l'existence réelle :
Dieu existe. Et de cette assomption résulte l'existence réelle
de l'homme bon et de l'ordre moral ou social parfait ré-
clamés par la morale. Dieu est une personne, et par suite il
existe un « royaume des cieux », peuplé de saints et d'esprits
saints. Il est intéressant de noter maintenant que les impulsions de l'exclusion religieuse qui se manifeste par la définition du profane impliquent également l'existence réelle. Non
seulement il existe un diable, un être infernal, mais encore
il y a un royaume du mal, un lieu plein d'esprits, personnels
mais méchants, qui violent de toutes les manières possibles
les idéals de la religion et de la morale. A la hiérarchie des
saints, des anges, des séraphins, des archanges correspond
celle des démons, des diables de divers rangs, dont Satan est
le chef. Ces êtres existent en vertu d'un droit à l'existence
réelle tout semblable à celui des esprits bienfaisants et de
Dieu, c'est-à-dire du droit à l'existence qui découle pour
le *socius* de celle de son associé.

Si l'histoire de la religion prouve indiscutablement que ce
qui précède est exact, il y a néanmoins des raisons de croire
qu'en postulant la réalité de tous ces êtres, la religion à ses
stades inférieurs émet une prétention qui plus tard sera
abandonnée, ou du moins passera à l'arrière-plan. Nous
avons admis que l'existence réelle de Dieu est impliquée
dans le caractère social et concret de l'idéal ; mais s'ensuit-il

_____

(1) *Thought and Things*, t. III, chap. ix.

que cela soit vrai de personnalités moindres, soit bonnes,
soit méchantes ? et cela est-il vrai de la personnalité suprêmement méchante, du diable suprême ?

§ 6. — *La réalité profane : le diable suprême.*

Nous devons répondre négativement à cette question dans
les deux cas. Les personnages subordonnés de tout genre
manquent de l'idéalité que demande l'intérêt religieux ; ils
tirent leur semblant d'existence de celle de Dieu, par une
diffusion du sacré, phénomène très commun dans la sphère
de la religion. D'autre part, le diable ne satisfait pas aux
exigences de la religion au point de vue social ; il est antisocial comme il est antimoral (1).

17. Quant aux anges et aux démons — créatures qui approchent de la divinité sans l'atteindre — leur incomplétude
et leur subordination mêmes font qu'ils ne peuvent servir de
fins indépendantes à un véritable intérêt religieux. Dès que
le postulat d'une divinité suprême, le moi idéal de la conscience religieuse affinée, se dégage des conditions sociales
de son origine, cet idéal se trouve isolé. Des stades rudimentaires, à l'un des premiers desquels il se personnifie, il passe
dans la région de la perfection spirituelle. Les êtres subordonnés restent comme vestiges ; ils sont devenus une sorte
de dieux amoindris ou d'hommes agrandis, des héros ou des
ancêtres épiques dont les mythes perpétuent la gloire, des
êtres possédant toute espèce d'attributs semi-divins et

(1) Toute considération d'origine mise à part, on pourrait dire que
le rapport religieux essentiel entre une personne et Dieu pourrait subsister indépendamment de l'existence dans l'univers d'aucune autre personne ; et aussi, au contraire, que, si elles ne sont pas nécessaires, les
personnalités telles que les anges et les démons, qui approchent de la
divinité sans l'atteindre, peuvent exister, y ayant le même droit — quel
qu'il soit — que les personnes bonnes ou méchantes qui peuplent le
monde.

semi-sataniques. Ils constituent une sorte de remplissage de la série des termes intermédiaires entre l'homme et Dieu, série que l'intérêt religieux cherche continuellement à former, afin de combler l'intervalle entre le fini et l'infini, entre l'actuel et l'idéal. Mais cela n'est pas essentiel au postulat de Dieu. Dans le développement de la théologie chrétienne, par exemple, la théorie des anges a toujours été une sorte d'appendice fantaisiste à la doctrine sérieuse, une concession à une foi plus robuste en même temps qu'à un mysticisme de teinte esthétique (1) ; et les démons sont les gargouilles, pour ainsi dire, du temple de la vérité sacrée. Ni les uns ni les autres ne sont pris tout à fait au sérieux une fois que la religion est sortie des langes de la participation mystique et des mythes, et a substitué les vérités de la psychologie et de la science aux pratiques de la psychosophie et de la magie.

18. Le cas du diable, c'est-à-dire du prince des démons, est plus instructif, tant à cause de la « semblance » de réalité dont le revêt la religion que parce que la religion, une fois devenue réfléchie et critique, comprend elle-même que son existence sous une forme personnelle n'est que « semblante ». Comme nous l'avons dit, le fait de vouloir que la relation de Dieu à l'homme soit concrète et ait une réalité sociale conduit à admettre la réalité de Dieu ; et l'on arrive par le même processus et pour la même raison à admettre la réalité du diable. De même qu'on peut adorer Dieu avec plus de ferveur s'il est vivant, de même on peut lutter avec plus d'efficacité contre le diable s'il est doué de vie. Ainsi le « mal suprême » de la morale devient l' « être infernal » de la religion.

Mais le mal suprême et l'être infernal représentent tous deux dans l'imagination non pas des idéals à accepter, à désirer, mais des idéals à rejeter, à craindre. Ce sont des choses à éviter, à repousser loin de soi. Ils sont incompatibles avec la réalité du bien suprême, de la valeur idéale, de la personne divine. Le *summum malum* est en opposition avec le *summum bonum*. Dans la morale elle-même, qui ne com-

____

(1) Combien est important le rôle joué par les anges dans l'art sacré !

porte pas le postulat de la réalité, une seule de ces valeurs, la bonne ou la mauvaise, peut être considérée comme suprême.

Transportée dans le domaine de la religion, cette opposition devient un véritable conflit. Le monde devient le théâtre d'un combat mortel. Le diable est l'incarnation du principe du désordre, du mal et du péché; il est l'idéal antisocial et antimoral. Il amène ses cohortes avec lui et établit dans le monde une annexe de l'enfer, le royaume du mal. Mais il n'est pas l'égal de Dieu, il n'est pas au même rang que la Divinité; c'est un être qui a été mainte fois mis en déroute et qui finira par être écrasé, comme il l'est dans la splendide vision apocalyptique de saint Jean. Le diable est une sorte de parti d'opposition cosmique qui doit être maintenu fort et actif, une épine dans le flanc du bien, mais, si près qu'il s'approche de la suprématie, il ne peut jamais y atteindre.

Nous voyons donc qu'on n'admet pas et qu'on ne peut pas admettre que l'idéal négatif, c'est-à-dire un personnage absolument méchant, un dieu diabolique, existe en fait; ce n'est qu'un simulacre, un être « semblant »; en remportant sur lui une victoire définitive, on détruirait les mauvaises valeurs de toute espèce. Mais les mauvaises valeurs subsistent, et l'on regarde le diable comme les personnifiant.

En d'autres termes, en termes techniques, l'existence de la personnalité idéale de Dieu détruit la prétendue réalité de l'idéal opposé, de l'esprit malin, du diable personnel.

19. C'est seulement dans un état de développement religieux proche du polythéisme, ou dans une atmosphère de dogmatisme religieux qui étouffe la réflexion que l'on trouve la croyance à l'existence réelle d'un diable de cette espèce, d'un diable semi-divin (1). Le dieu de chaque tribu primitive

(1) Nous avons signalé plus haut, en passant, la « diffusion du sacré », en vertu de laquelle un grand nombre de choses ayant rapport à la religion prennent un caractère sacré. C'est un phénomène de transfert de l'intérêt qui a lieu quand les facteurs émotionnels et imaginatifs sont dominants. Dans la vie primitive, il est très accusé : tout ce qui se rattache le moins du monde à la religion en vient à refléter ses valeurs. Il se voit dans le christianisme lui-même : le « livre sacré » est baisé devant les tribunaux, des récits bibliques sont lus, à titre de

est représenté comme protégeant les intérêts de cette tribu et comme protégé par elle ; elle le regarde comme sacré et lui reconnaît une autorité suprême ; pour les autres tribus, c'est un faux dieu, un rival, et la croyance en ce dieu est profane. Lorsque la culture est plus avancée, Dieu devient une personnalité d'une nature si concrète et si humaine que l'on regarde sa vie comme une lutte, où il combat pour et avec son peuple, et où la victoire alterne avec la défaite. Dans ce cas, l'ennemi, c'est le diable ; ce n'est plus simplement le dieu d'une autre tribu, mais un être méchant, qui possède un grand nombre des attributs de la divinité, et qui est capable de se mesurer avec Dieu lui-même, tout en étant moins puissant que lui. Dans l'un et l'autre cas, l'idéal n'a pas encore atteint l'expression exclusive qui interdit l'hypothèse d'une personne divine ou semi-divine, rivale de la divinité.

20. Le concept récurrent du diable fait apparaître de la façon la plus nette l'antinomie entre l'idéal et l'actuel qui est inhérente au postulat religieux comme tel. Si le postulat de la réalité est pris littéralement, assez littéralement pour qu'il entraîne l'assomption de l'existence du diable, l'idéal se trouve mutilé : le mal devient le compagnon actuel du bien. Si, d'autre part, l'idéalité de Dieu est affirmée d'une façon conséquente, les marques de l'actualité s'effacent une à une. Le postulat essentiel trouve son appui dans la région de la foi, qui accepte le divin comme tout ensemble actuel et idéal. Mais la contradiction devient moindre et l'antinomie moins embarrassante pour la réflexion, si, tout en admettant la possibilité de l'existence d'esprits inférieurs des deux espèces, on nie celle de l'existence du prince des démons. Le semi-divin et le semi-diabolique peuvent exister, mais non le mal suprême, coordonné au bien suprême.

« leçons sacrées », aux offices religieux, même quand ils sont immoraux, des chapitres de l'histoire des Juifs qui relatent des choses profanes et triviales sont incorporés au « texte sacré », et, qui plus est, le diable est traité avec un respect marqué, comme appartenant au domaine des choses sacrées Il n'est pas plus licite de jurer par le diable que par Dieu !

§ 7. — *La philosophie de la religion : la religion comme organe de la valeur.*

21. Il semble, en fin de compte, que les vues philosophiques connues respectivement sous les noms de réalisme religieux, de moralisme et de théisme ne peuvent pas être pluralistes, en tant qu'elles reconnaissent comme valide le postulat d'un Dieu personnel suprême et idéal. Si nous adhérons à ce postulat, nous devons reconnaître la condition qu'il implique, à savoir l'existence d'un idéal qui s'affirme par *exclusion sélective*. D'autres personnalités, bonnes et mauvaises, d'autres choses, séculières et profanes, peuvent exister dans le même univers que Dieu, mais non d'autres idéals spirituels égaux à lui. Ce n'est que sur cette base moniste que peut être construite une philosophie spiritualiste de la religion.

D'autre part, accepter un pluralisme religieux ou un polythéisme — une forme quelconque de pluralité d'esprits bons et mauvais, adversaires ou alliés — c'est retourner aux premiers stades anthropomorphiques, où l'idéal religieux lui-même impliquait une pluralité de puissances personnelles, existant les unes par rapport aux autres. C'est là la base d'une théorie du réalisme ou du moralisme pluralistes.

Ces deux alternatives reflètent respectivement les termes de l'antinomie religieuse essentielle dont il a été question plus haut, à savoir l'idéalité et la réalité.

22. Nous voyons maintenant assez clairement la signification que nous devrons désormais attacher à la religion. C'est un intérêt où les valeurs collectives et personnelles les plus anciennes de la vie humaine se sont organisées, et où, de plus, les valeurs humaines ultérieures sont l'objet d'une énonciation synthétique et idéale (1). Dieu est la valeur finale et compréhensive de la vie de sentiment et de volonté ; et, par son caractère de réalité, ce postulat donne quelque

(1) Cf. Höffding, *Philosophie de la Religion* (Paris, F. Alcan.)

chose de concret à l'idéal contenu dans toute la série des valeurs sociales et morales. Là-dessus repose la prétention de la religion — prétention dont la légitimité n'est pas complètement établie, comme nous l'avons vu — d'être l'organe de l'appréhension la plus profonde de la nature des choses. Mais, cette prétention mise à part, on peut dire qu'elle représente le type de réalité, porté à l'infini, qui se trouve dans la valeur.

CHAPITRE VIII

L'INTERPRÉTATION LOGIQUE

§ 1. — *La transition à la logique :*
le rôle de l'imagination.

Nous avons déjà dit un mot de la transition, dans le développement individuel, de l'interprétation prélogique à l'interprétation logique, de l'interprétation émotionnelle à l'interprétation théorique. C'est un mouvement où les facteurs de l'intérêt émotionnel et collectif s'effacent graduellement devant ceux de la pensée. L'observation exacte, le jugement, la recherche des preuves, se développent plus ou moins.

1. Nous devons rappeler ici deux points qui sont nécessaires à l'intelligence du mouvement historique correspondant.

1° Le passage du type prélogique de connaissance au type logique s'effectue, dans toutes ses phases, par le moyen de l'imagination. Elle établit des combinaisons « semblantes », des programmes schématiques, des constructions de fantaisie présentant les contours incertains d'où procéderont les jugements confirmés de fait et de vérité. Sous l'action de l'imagination schématisante, les matériaux de la connaissance se dégagent de l'étreinte du contrôle externe et social, et deviennent utilisables pour des reconstructions sous forme d'hypothèses expérimentales et d'unités esthétiques.

Celte « semblance » imaginative apparaît notamment chez l'enfant dans la fonction du jeu. L'impulsion au jeu se montre chez lui dans l'exercice d'une imagination libre d'entraves. Les légendes, les contes de fées, les incidents dramatiques survenus à l'école ou pendant un voyage, la manifestation d'une particularité de caractère, un trait de fierté patriotique, tout cela provoque chez l'enfant un jeu de l'imagination, d'où émergera une chose nouvelle pour lui, la liberté de la pensée. La création de l'imagination qui se joue fait place à la supposition qui jaillit de source ; à celle-ci succède l'hypothèse réfléchie, laquelle est remplacée à son tour par la proposition fondée sur des faits et par la théorie soigneusement élaborée. Ainsi les gains de la connaissance deviennent les points de départ successifs de l'imagination. Finalement, les idéals du vrai, du bien et du beau se projettent en avant dans les postulats de la raison, du devoir et de Dieu.

2° Ces processus aboutissent à l'établissement du grand dualisme de la sphère intérieure et de la sphère extérieure, où ces programmes de l'imagination se trouvent tour à tour réglés, corrigés et confirmés. L'esprit et le corps, le monde spirituel et le monde physique, se dressent l'un en face de l'autre comme substances opposées.

2. Les mêmes processus typiques sont en évidence dans le mouvement de l'interprétation ethnique (1).

1° La pensée ethnique primitive ou prélogique se caractérise principalement, comme nous l'avons vu, par la prédominance de l'intérêt collectif ou émotionnel, et par le rôle de première importance joué par les motifs mystiques et religieux dans l'interprétation des choses en général. C'est sur ces intérêts, sur les affaires et les observances sociales et religieuses que s'exerce l'imagination ethnique, cela au profit de la connaissance, qui en devient plus certaine et plus exacte. Les fêtes sociales, avec leurs danses, leurs jeux, leurs cérémonies, leur musique, permettent au sauvage de donner libre cours à ses émotions et à ses caprices. Dans la licence des fêtes religieuses, son asservissement aux formes sociales,

____

(1) Cf. pour les détails l'interprétation contenue dans *History of Psychology*, de l'auteur, t. I et II.

qui pèse si lourdement sur lui dans chacun des détails de sa vie de tous les jours, est interrompu pour un moment. Dans ces occasions, les règlements les plus stricts peuvent se relâcher, les écarts de conduite les plus graves (1) peuvent être pardonnés, les actes ordinairement interdits peuvent être permis ou même ordonnés.

3. 2° En outre, l'imagination joue alors, par ses inventions, un rôle d'une certaine importance. Elle élabore des histoires dramatiques, des récits où se succèdent des événements cosmiques ou épiques. Elle organise d'une manière fantaisiste, symbolique ou dramatique une multitude de données symboliques, tout comme l'imagination des enfants civilisés quand ils jouent.

Dans ces processus, les motifs de l'individualisme se trouvent libérés. La pensée et l'imagination individuelles s'exercent plus librement ; il se manifeste une impulsion à expliquer toutes les choses renfermées dans le domaine de la nature et dans celui de l'esprit.

4. Dans la religion, ces mouvements prennent une forme permanente et semi-logique. La vie religieuse cherche des expressions symboliques, parce qu'elle porte en elle les commencements de la cosmologie et de la théologie. De là la naissance de mythes et d'interprétations mythiques de la nature en termes de religion : mythes relatifs à des événements cosmiques et célébrant des héros religieux ou nationaux, récits mythiques de situations surnaturelles par lesquelles on explique les situations naturelles. Dans la mythologie de beaucoup de religions et dans les livres sacrés de beaucoup d'autres, on voit l'imagination ethnique établir des programmes, arranger des schémas, présenter des explications qui prétendent conduire à une conception logique et raisonnable du monde. De même que l'imagination individuelle, l'imagination ethnique traite comme plausible, comme probable, comme susceptible de devenir actuel ce qui peut être se trouvera logiquement déraisonnable ou physiquement impossible. Car, dans ce rôle, l'interprétation imaginative primitive continue à servir aux fins de la tradition sociale et

____

(1) Ceux, par exemple, qui sont relatifs aux rapports sexuels.

du dogme religieux. Les mythes font l'apologie de la foi alors même qu'ils expliquent la nature. Les grands événements du monde s'expliquent par l'existence d'êtres et de forces dont la religion révèle les caractères véritables. La promesse de Dieu après le déluge explique l'arc-en-ciel, comme le repos de Dieu le septième jour explique le sabbat juif et en même temps le fait que la semaine se compose de sept jours (1).

5. Si imaginatif et si peu dirigé que soit ce premier mode de pensée individuelle, son apparition marque un progrès notable. Outre qu'il a de la valeur comme instrument, comme moyen de parvenir aux processus logiques, il réunit les matières représentées en des ensembles esthétiques et poétiques. Même une fois qu'il a été remplacé, en tant qu'instrument d'une cosmologie ou d'une psychologie, par l'observation scientifique exacte, il ne disparaît pas : il se maintient comme libre fantaisie, comme source de créations poétiques. Les mythes relatifs aux saisons, à différents phénomènes périodiques, tels que le lever et le coucher du soleil, aux mouvements des corps célestes, à l'origine du ciel et de la terre, à la musique des sphères, constituent des poèmes épiques où les personnages sont des forces cosmiques personnifiées par des dieux et des héros. Quoi de plus beau que le mythe de l'arc-en-ciel, cet arc merveilleux qui, étalé au-dessus des nuages, rappelle, en présence du soleil réapparu dans toute sa splendeur pour répandre à nouveau sur la terre les joyeux trésors de sa lumière et de sa chaleur, la promesse divine de dissiper les nuées et de mettre un terme au déluge ! Ou que le mythe de la création, d'après lequel le

(1) Dans les différents volumes que comprend la troisième édition du grand ouvrage de Frazer, *The Golden Bough*, on trouve certains motifs typiques qui reviennent souvent dans les mythes et les récits religieux (par exemple, le sacrifice où une victime est substituée à une autre; ce motif figure dans la 6ᵉ partie, intitulée « The Scape-Goat »). Ces interprétations imaginatives des règles sociales et des usages religieux, interprétations qui, en revêtant une forme semi-logique et en se modelant sur les faits extérieurs, satisfont la curiosité d'une foi trop inquisitive, constituent un chapitre merveilleux de « l'histoire romanesque » de la pensée.

Seigneur, après avoir créé toutes les choses en six jours, s'est reposé le septième, et a contemplé l'œuvre de ses mains, ce monde parfait où il avait incarné sa sagesse et sa volonté infinies ! La mythologie grecque offre un ensemble de matériaux symboliques où les plus grands génies artistiques de tous les âges ont choisi leurs plus beaux thèmes.

On n'a pas rendu pleine justice à la valeur esthétique intrinsèque des mythes. S'il est vrai que l'imagination sert d'instrument de connaissance, en libérant les motifs de la pensée individuelle et en s'efforçant de découvrir l'objectif et le réel, il est également vrai que ses constructions *peuvent n'avoir pas en vue de pareilles fins*, mais constituer un mode d'interprétation ayant une signification indépendante.

Il y a ici, pour la race comme pour l'individu, un domaine où l'esprit échappe en une certaine mesure au contrôle des faits ainsi qu'aux contrôles sociaux et moraux de la vie sérieuse et prosaïque, et se sent allié aux forces et aux êtres mystiques et « romanesques » d'un autre monde. La signification morale de l'arc-en-ciel n'est pas devenue moins haute ni la leçon qui découle de sa présence moins émouvante parce que les lois de l'optique scientifique ont remplacé le *fiat* d'un créateur personnel. L'interprétation due à la vision poétique se reconstitue chaque fois qu'une nouvelle découverte est venue disloquer la vérité scientifique pour la réarticuler aussitôt. La substitution de longues périodes géologiques aux six jours de la création ne rend pas la création moins merveilleuse aux regards de la contemplation. Le ciel étoilé éveillait la même admiration chez Emmanuel Kant que chez Pythagore. Les légendes de la chute et de la rédemption de l'homme sont des peintures « semblantes », des figures esthétiques, représentant des choses inexprimables, comme les cathédrales gothiques et les solennelles confessions de foi. La religion demande à l'art, dont le mythe est une des premières formes, de présenter aux yeux de l'homme le drame divin-humain. Et cette peinture « semblante », présentée à la foi et à la contemplation, n'est pas simplement un substitut temporaire d'un compte rendu pleinement rationnel ; c'est une traduction permanente d'idéals sous des formes dont les processus logiques se passent, mais qui néanmoins se maintiennent dans la pensée humaine.

6. Le résultat de ces opérations mentales, au point de vue de l'interprétation théorique, est le dualisme de l'esprit et du corps, énoncé consciemment comme une opposition entre l'immatériel ou le spirituel et le matériel ou le physique. L'idée que les primitifs se faisaient de l'âme ne comportait pas la pleine reconnaissance de cette distinction. La notion d'un principe spirituel conscient, la raison, différent en nature de la matière, n'existe pas dans la philosophie grecque ; elle n'apparaît nettement que dans les écrits de saint Augustin. Descartes le premier en fit la présupposition d'une interprétation logique du monde.

Cette brève esquisse pouvant suffire ici, eu égard aux buts que nous poursuivons en ce moment, nous allons étudier le caractère de l'interprétation logique qui naît en même temps que la réflexion consciente.

§ 2. — *Le problème de la réflexion.*

7. Lorsque se termina la période expressément théologique de l'intérêt humain, le point de vue religieux, qui, dans les temps primitifs, n'allait pas sans les points de vue collectif et émotionnel, disparut dans telle ou telle sphère devant les points de vue séculier et intellectuel. L'industrie, la politique, la science, l'art, chacune de ces branches de l'activité humaine dut se créer une indépendance relative parce qu'elle représente un intérêt vital de l'humanité. Et si ces intérêts n'ont jamais remplacé complètement l'intérêt religieux dans sa propre sphère, ils ont réussi à établir des divisions telles que les conflits sont évités et que les problèmes sont traités au moyen de méthodes distinctes et appropriées. Les méthodes industrielles ne comportent plus de sacrifices aux dieux qui commandent aux vents, et les méthodes politiques ne reconnaissent plus la théocratie ni le droit d'intervention de la Divinité. Il fallut également élaborer une technologie

dans le domaine de la connaissance et de la pratique, pour remplacer celle qui consistait en rites religieux et en cérémonies magiques (1).

8. La période grecque a eu une grande importance à cet égard. Elle a vu l'évolution graduelle des problèmes de la réflexion, notamment de ceux que soulève la relation entre l'esprit et le corps. Les Grecs apprirent à l'humanité avec quels instruments l'esprit pouvait s'attaquer au monde de façon à le comprendre et à le subjuguer. La prudence dans la pratique, la logique formelle, la résignation, la modération, l'ironie dédaigneuse, la spéculation subtile, l'intuition esthétique, voilà, en outre de la vénération religieuse et de la piété collective, les moyens dont l'individu se servit tour à tour pour nourrir les espérances qu'il concevait et renouveler le courage qu'il devait déployer dans ses luttes pour se rendre maître du monde.

Bénéficiant des progrès antérieurs, la philosophie moderne débuta avec un programme assez net. Les alternatives de la pensée furent données dans les termes du dualisme cartésien (2), et, si celles de la méthode ne furent pas formulées

----

(1) Il serait difficile d'estimer trop haut l'importance, en toutes choses, de la méthode et de la technique, ainsi que la difficulté de détruire une technique erronée quand elle est retranchée dans les intérêts sociaux et pratiques, et qu'on ne dispose pas de procédés adéquats pour la remplacer. Plutôt que de ne rien faire pour écarter un désastre ou s'assurer la faveur de la fortune, les hommes emploient à cet effet des procédés à l'efficacité desquels ils ne croient plus.

(2) Dans l'ouvrage déjà cité (*History of Psychology*, t. I, édition de Londres, p. 95 et suiv.), le rapport entre la spéculation cartésienne et la spéculation ultérieure est exposé de la manière suivante : « Maintenant que l'on comprend ce qui constitue la distinction entre l'esprit et le corps .. la spéculation prend la forme d'une interprétation de ce dualisme lui-même. Si nous regardons la pensée antérieure comme une étude spontanée ou directe de la nature et de l'homme, nous pouvons regarder la pensée ultérieure comme une suite de réflexions sur le résultat de cette pensée antérieure. Le dualisme lui-même devient une présupposition ou une donnée ; ses termes conditionnent le problème subséquent. Comment se fait-il que l'esprit et la matière existent tous les deux et paraissent agir l'un sur l'autre ? Lequel des deux est

clairement, elles se trouvèrent du moins indiquées par les grandes lignes des sciences physiques, d'une part, et de la spéculation philosophique, d'autre part. Le corps et l'esprit étaient les deux domaines où la science, en se développant, devait se différencier en sciences distinctes, et ils étaient aussi les sortes d'existence ou de réalité que l'on demandait à la philosophie d'interpréter.

Dans ces résultats la pensée de l'humanité a formulé l'opposition entre les deux substances ou espèces de réalité, à peu près comme l'individu la formule, c'est-à-dire en se fondant sur les deux contrôles, intérieur et extérieur, que l'on trouve toujours agissants dans l'expérience.

9. De plus, il est clair que les mouvements de la pensée individuelle qui aboutissent à ces deux types d'existence suggèrent les méthodes que la réflexion emploie pour les interpréter. Le mouvement de la connaissance proprement dite est expérimental, positif, confirmatif ; il établit et étend la sphère de l'actuel. Il devient la méthode de la science, si l'on veut définir cette méthode d'une façon générale. D'autre part, le mouvement par lequel la pratique se développe, assurant des satisfactions, définissant des valeurs, érigeant des idéals, reste celui de l'intérêt et du sentiment, qui est motivé par l'utilité et la satisfaction. Ces deux mouvements deviennent objets de réflexion et sont développés dans des théories qui définissent respectivement la réalité en termes d'actualité, sous la forme de faits, de vérités, de cohérence rationnelle, et en termes d'idéalité, sous la forme du bien, du beau, de Dieu. L'un de ces deux types de théorie roule sur la vérité, l'autre sur la valeur.

antérieur à l'autre ? Ces questions, telles qu'elles sont formulées maintenant, montrent que la pensée ultérieure est une *interprétation du dualisme*, comme la pensée antérieure était une *interprétation du monde aboutissant au dualisme*. Tandis que les philosophies anciennes et médiévales ont établi une distinction de plus en plus marquée entre l'esprit et le corps, pour finir par en opérer le divorce, la philosophie moderne aboutit à une série de tentatives pour les réajuster l'un à l'autre et les associer à nouveau ».

§ 3. — *Les théories logiques : ordre dans lequel elles seront étudiées.*

10. Dans ces divers types de réflexion, les méthodes et les résultats de la pensée spontanée sont considérés et justifiés. L'actuel est atteint par la reconnaissance réfléchie du contrôle, externe ou interne, où la pensée spontanée trouve sa référence transsubjective. Les sphères de la référence externe et de la référence interne des idées, les domaines atteints par l'intermédiaire de telle et telle expérience, deviennent les réalités des modes correspondants de réflexion. Ainsi l'actuel est divers : il est physique, mental, conceptuel, relationnel, et autre. Tous ces modes de l'actuel sont confirmés par la réflexion, après avoir été établis par les processus de l'interprétation prélogique.

Il en est de même de la réalité du type idéal ; elle a ses formes réfléchies, consécutives aux formes prélogiques. L'idéal est une valeur additionnelle suggérée par l'idée ou le fait présent, et conçue par son intermédiaire. Il devient le but réfléchi, comme précédemment il était le but lointain et peut-être inconscient. Il y a, en conséquence, des idéals physiques, mentaux, moraux, sociaux, religieux. La réalité atteinte par l'idéalisation a beaucoup de formes, de même que celle qui est atteinte par les processus d'actualisation.

11. Dans l'histoire de la réflexion, on voit naître de grands systèmes de pensée, fondés respectivement sur l'une ou l'autre de ces alternatives. Les théories qui restreignent la réalité à l'actuel sont le matérialisme, le spiritualisme réaliste, le rationalisme (sous quelques-unes de ses formes), le positivisme et le naturalisme. Ce sont les théories « d'actualité », qui sont foncièrement intellectualistes. Celles dont la pierre angulaire repose sur l'idéalité sont le volontarisme, le théisme, le pragmatisme, le moralisme, l'esthéticisme (1). Ce sont les théories d'idéalité, qui sont volontaristes.

(1) Il serait naturel de désigner tout ce groupe de théories par le

12. Mais il peut se faire qu'au lieu de reconnaitre comme valables les résultats et les méthodes de la pensée spontanée, la réflexion les critique ou les modifie de quelque manière par ses interprétations. De fait, en reconnaissant et en justifiant les deux grands modes de médiation — la médiation de la vérité et la médiation de la valeur — la réflexion fait déjà une critique, qui d'ailleurs est favorable en ce qui touche le premier de ces modes. Mais de pareilles critiques peuvent, pour différentes causes, aboutir à la négation de la validité de l'une ou de l'autre de ces médiations, ou de toutes les deux, et tenter d'ajuster leurs résultats dans une synthèse plus vaste ; elles peuvent encore rejeter les présuppositions sur lesquelles ces médiations se fondent. Dans ce dernier cas, on constate un recours plus ou moins explicite à l'immédiateté : une justification réfléchie des sortes d'appréhension où la conscience semble réaliser l'existant sans avoir recours à aucun processus, soit discursif, soit actif, impliquant la représentation par des idées. Le réel peut être ce que nous réalisons le plus pleinement et le plus directement, au lieu d'être ce que nous pouvons prouver ou ce que nous désirons comme étant agréable. L'expérience qui nous révèle le plus pleinement la nature interne des choses n'est pas celle où les idées sont actualisées, ni celle où les valeurs sont idéalisées ; c'est celle où la signification des choses est réalisée directement.

13. Cette dernière expérience est le motif de l'établissement d'un autre groupe de théories philosophiques : motif qui, toutefois, n'est pas toujours clairement défini ni dépourvu

terme « idéaliste » ; mais il a l'inconvénient d'être ambigu. « Idéaliste » est beaucoup employé pour caractériser les théories du type rationaliste ou intellectualiste où la réalité est atteinte par l'intermédiaire d' « idées »; ainsi compris, il équivaut là « idéiste ». Cf. la note qui se rapporte au § 10 du chap. x. Dans ce dernier sens, l'idéalisme rentre dans notre groupe de théories d'actualité.

Les théories d'idéalité — les véritables « idéalismes » — sont généralement moins unilatérales que les théories d'actualité, vu qu'il est plus difficile de nier l'actuel en affirmant l'idéal que de nier l'idéal en affirmant l'actuel. D'autre part, étant moins synthétiques et moins compréhensives, les théories d'actualité sont plus conformes au type.

d'ambiguïté. Les sortes d'expérience immédiate auxquelles l'esprit recourt diffèrent tant en ce qui touche le type qu'en ce qui touche la signification. Nous avons distingué précédemment (1) trois modes d'immédiateté, dont chacun a sa place particulière dans le développement mental : l'immédiateté de « primitivité » (donnée dans la sensation), celle d'accomplissement ou de « transcendance » (donnée dans l'intuition), et celle de « réconciliation » ou de synthèse (donnée dans la contemplation esthétique). Chacun d'entre eux a été considéré, dans quelque théorie historique, comme le mode le plus important ou comme le seul mode d'appréhension de ce qui est vraiment réel.

De pareilles théories peuvent être réunies sous le nom d' « affectivistes », par opposition à celles qui reposent sur la connaissance et sur la volonté, et qu'on appelle intellectualistes et volontaristes. Parmi celles-la nous citerons le sensationalisme, l'intuitionisme, le mysticisme, le panthéisme mystique et l'immédiatisme esthétique où pancalisme.

14. Bref, on constate que, dans le développement de la théorie spéculative, chacun des grands modes de fonction mentale est considéré à son tour comme fondamentalement déterminant dans l'appréhension de la réalité. La connaissance, la volonté et le sentiment deviennent, chacun à son tour, l'organe reconnu de la véritable expérience du réel. L'expérience actualisante est de connaissance, l'expérience idéalisante, de volonté, l'expérience réalisante, de senti-ment.

Il semble donc que, considérée historiquement, la pensée spéculative ait autorisé, tacitement ou expressément, la pré-supposition que c'est dans un mode d'expérience, ou *par le moyen de la conscience,* que la réalité se révèle. Nous pou-vons dire que cette présupposition est indubitablement exacte. Le point de vue subjectif, atteint à l'époque socra-tique et adopté consciemment à l'époque cartésienne, est resté le point de départ de la théorie de la réalité, de même qu'il est la présupposition du jugement d'existence. Une théorie peut refuser d'admettre cela et tenter d'interpréter la

_____
(1) *Thought and Things,* t. III, « Interest and Art », chap. xiv.

réalité comme quelque chose de tout à fait indépendant de la conscience ou de la connaissance ; mais, dans ce cas, elle doit cependant postuler un principe — celui de matière, ou celui d'esprit, ou celui de Dieu — dont la signification ne peut être déterminée que dans l'expérience humaine. Un pareil principe perd toute détermination et toute valeur pour la théorie si on le considère indépendamment de l'expérience. L' « infiniment infini », l' « inconnaissable », les nirvanas, ne sont pas des principes positifs, mais des postulats ontologiques formés d'avance pour répondre aux exigences de la pensée abstraite. Mais nous reprendrons ce point plus loin.

15. La classification qui précède peut être figurée par le tableau ci-dessous, qui nous guidera dans les brèves expositions et critiques qui vont suivre.

Tableau III

Théories de la réalité.

A. *Théories de médiation.*

 I. Théories d'actualisation, trouvant la réalité dans les faits, les vérités, les principes.

 II. Théories d'idéalisation, trouvant la réalité dans les fins, les valeurs, les normes.

B. *Théories d'immédiateté.*

 III. Théories de réalisation, trouvant la réalité dans des accomplissements directs (1).

(1) A défaut d'un meilleur terme, j'emploie celui d'« accomplissement direct » (direct fulfilment) pour désigner le contenu de la réalisation immédiate.

CHAPITRE IX

L'INTERPRÉTATION LOGIQUE : LES THÉORIES DE MÉDIATION

§ 1. — *Les théories d'actualité : l'intellectualisme.*

1. Le processus de médiation sur lequel repose le progrès de la connaissance a été décrit par de nombreux auteurs (1). Il aboutit à l'établissement des objets de la connaissance dans certaines sphères d'existence et sous un contrôle restreint. Dans chaque cas, la présentation ou l'idée médiatrice est affectée d'un coefficient ou d'un signe qui détermine dans laquelle de ces sphères l'objet sera établi. L'idée d'une orange provoque, par sa médiation, la perception de l'objet extérieur réel. De la sorte, des systèmes de réalités se construisent à l'égard desquels le sujet connaissant est conduit à prendre des attitudes d'acceptation, de reconnaissance et de croyance.

En ce qui concerne ce système de médiations, il en est de même des valeurs considérées comme existantes et actuelles. L'idée d'un fait présent provoque par sa médiation la satisfaction associée avec ce fait et atteinte quand la chose elle-même est atteinte. L'idée de l'orange suscite par sa médiation non seulement la perception de l'orange comme chose, mais encore le plaisir de la manger. Le coefficient d'exis-

(1) Voir *Thought and Things*, t. II, chap. xiv, et t. III, ch. iii et iv.

tence est le même pour la chose que pour la valeur qui lui est attribuée (1).

Ainsi nous entendons par l'actuel un mode de réalité atteint par des processus d'actualisation ; et ces processus sont des processus de médiation par les idées. La forme la plus achevée et la plus explicite de l'actuel est atteinte dans les processus discursifs du mode logique, qui s'appuient sur l'expérimentation et sur les preuves. Un corps astronomique est rendu actuel quand son existence possible, prévue par l'hypothèse qui énonce les idées ou les faits médiateurs, est confirmée expérimentalement ou prouvée logiquement.

2. Mais toute connaissance, toute appréhension cognitive, et non pas seulement celle qui est fondée sur les processus logiques proprement dits, implique plus ou moins expressément un processus de médiation. Une chose reconnue pour ce qu'elle est et pour rien d'autre est toujours formée ou construite, « actualisée »; en un mot, dans un contrôle qui fait d'elle un fait ou une vérité. Etant actuelle, elle est toujours « quelque chose » de déterminé, jamais une simple « donnée (2) ».

La sphère d'existence à laquelle elle est rapportée est acceptée comme lui étant propre ; et le niveau auquel elle est trouvée dépend du degré de développement de l'esprit. Il y a tous les degrés entre la présomption née d'un simple sentiment de la réalité et l'assurance que comportent le jugement expresse et la croyance consciente.

(1) *Ibid*, t. III, ch. v, § 2.

(2) Voir *Thought and Things*, t. I, chap. III. On objectera peut-être que le sentiment le plus intime que nous puissions avoir de l'actualité, nous l'éprouvons dans les cas d'expérience directe ou de présence immédiate, où les processus cognitifs ne jouent qu'un rôle effacé ou n'en jouent aucun. Cela est vrai en un sens ; mais, quand cela est vrai, il s'agit d'un cas d'immédiateté (l'immédiateté sera étudiée plus loin) ; or, en pareil cas, il n'est pas question pour la conscience d'actualité ou de manque d'actualité. Dans l'expérience immédiate, on n'actualise pas, on ne rend pas actuel ; on trouve simplement la chose qui est présente par le contact qu'on a avec elle. C'est pourquoi nous restreignons en ce sujet le terme « actuel » à ce que l'on actualise, à ce que l'on regarde ou accepte comme actuel ou à ce que l'on constate être tel.

D'après cela, les théories qui interprètent le monde en termes de l'actuel limitent le réel aux choses qui ne sont acceptées que si elles paraissent confirmées dans quelque mesure ; le réel est ce qui est établi dans un contrôle — externe, interne, etc. En d'autres termes, ces théories limitent la réalité au résultat de la connaissance. Nous pouvons les appeler théories d' « actualité ».

3. On peut, naturellement, aller plus loin et préférer un mode de contrôle et un type de connaissance aux autres, et restreindre ainsi la réalité à ce qui a une sorte déterminée d'actualité. La théorie devient alors plus spéciale, et l'on a le matérialisme, ou le spiritualisme, ou le rationalisme, ou encore l'intellectualisme entendu dans un sens étroit. Mais, pour les buts que nous poursuivons en ce moment, nous pouvons grouper ensemble toutes ces théories comme reposant sur la même présupposition : la présupposition que l'attitude d'acceptation qui reconnaît la réalité est particulière aux fonctions par lesquelles une idée ou un autre contenu mental est confirmé dans un contrôle ou dans une sphère d'existence. Cette attitude commence par la simple présomption que comportent la confiance de l'enfant et la crédulité du sauvage ; elle devient croyance quand le jugement, étant né, réaffirme et étend le système objectif des choses ; et plus tard elle tombe dans la présupposition qui se trouve derrière les opérations en vertu desquelles le système établi de connaissances prend de l'extension. C'est une attitude de connaissance, — de confiance, de confirmation, d'assertion — qui s'oppose à celle d'interrogation, d'assomption, de supposition. L'actuel — que ce soit une chose physique, une valeur économique, une situation morale, une vérité religieuse — est quelque chose de fondé sur l'observation, la démonstration ou la connaissance. Lorsqu'on peut dire, avec preuve à l'appui : « il en est réellement ainsi », il n'y a plus de discussion possible.

Désignons par le terme « intellectualisme » les théories de ce groupe, puisqu'elles en appellent exclusivement aux processus de la connaissance, et recherchons si elles donnent un compte rendu satisfaisant de la réalité, c'est-à-dire si l'interprétation qu'elles proposent parvient à ajuster entre eux tous les facteurs génétiques de l'appréhension.

§ 2. — *Examen de l'intellectualisme.*

4. Avant d'étudier les formes spéciales que revêt l'intellectualisme, nous signalerons certaines difficultés d'ordre général qui s'y révèlent quand on les considère du point de vue génétique (1).

1° Il est évident qu'accepter la vue selon laquelle toute réalité est présente dans l'actuel, tel qu'il est d'après le compte rendu qu'en donne l'intelligence, c'est nier que tout mode de fonction autre que celui de la connaissance puisse atteindre la réalité ou en jouir. Cette négation s'étend, naturellement, à la fonction d'idéalisation, qui attribue des valeurs additionnelles à l'existant ou actuel et au vrai, en surcroît de leurs propriétés d'actualité, des valeurs telles, par exemple, que les valeurs idéales qui s'attachent aux objets moraux et religieux. C'est aussi refuser de reconnaître comme réels certains contenus de l'expérience immédiate, où il semble que nous atteignions une réalisation ou une assurance directe. En fait, avec cette théorie, toutes les révélations du sentiment comme tel doivent être soumises aux épreuves discursives de la connaissance. Comme, en pareil cas, on a affaire à des valeurs, il ressort de cette critique qu'il y a un groupe considérable de valeurs à la réalité desquelles la théorie intellectualiste ne pourvoit pas.

5. Une pareille attitude intellectualiste ne pourrait se justifier en cette question que si, dans le développement de l'objet, au cours de l'expérience, il apparaissait quelque motif en vertu duquel les fonctions d'idéalisation et de réalisation directe se subordonneraient à la connaissance ou à

---

(1) Dans ce qui suit, nous tentons simplement de montrer sous quels rapports les théories considérées répondent ou manquent à répondre aux conditions imposées par notre méthode génétique et suggérées par nos résultats.

la pensée, pour lesquelles elles ne seraient que des instruments (1). Une certaine forme de théorie rationaliste soutient qu'il en est ainsi. Mais un examen attentif montre que les processus de médiation des valeurs comme fins au moyen des idées comme intermédiaires, et, de fait, toute l'organisation et toute la logique de l'intérêt sont des processus dynamiques et autotéliques (2). Ils ne sont pas soumis à la domination de l'intelligence. Ils ne se contentent pas de l'acceptation des faits, ni de la découverte de la vérité par les processus du raisonnement. Loin de trouver la satisfaction de leurs exigences dans l'établissement de l'actuel, ils érigent encore des idéals et établissent des normes qui transcendent les catégories de la pensée. C'est seulement quand l'échafaudage des énonciations relationnelles disparaît, comme, par exemple, lors de la réalisation de Dieu dans la vie religieuse, que se découvre la valeur indépendante de l'idéal pour le sentiment et la volonté.

6. 2° Non seulement les processus actifs refusent de se soumettre au joug de l'intellect, mais encore l'analyse révèle, dans tous les mondes de la réalité — dans la réalité physique, morale, sociale — des éléments positifs qui ne sont pas cognitifs, qui semblent provenir immédiatement d'un contact direct avec les choses, ou ne se constituer qu'au prix d'efforts et de luttes. Nous avons montré ailleurs (3) que les limites de la connaissance sont atteintes et dépassées dans les expériences de singularité, d'une part, et dans celles d'universalité, d'autre part. Le singulier échappe à la généralisation et résiste à la construction relationnelle ; il apparaît du fait d'une réalisation immédiate. Toutes les expériences d'intérêt exclusif, comme, par exemple, le baiser de l'enfant, le verre que vide l'ivrogne, l'image que contemple le dévot, donnent un sentiment plus intime de la réalité que toutes les preuves de la logique.

____

(1) Comme il arriverait si toutes les appréciations en tant que telles pouvaient se traduire dans des jugements de vérité ou de fait. Cf. la discussion d'Urban, *Valuation, etc.*, chap. XIV.

(2) Voir *Thought and Things*, t. III, chap. VI et VII.

(3) Voir le résumé présenté dans le chapitre intitulé *The Embarrassments of Thought* (chap. XV du t. II).

De plus, on ne peut pas prouver que l'universel et le nécessaire sont réels ; on admet ou on postule leur réalité par un mouvement qui établit un idéal, même dans le domaine de l'actuel (1). En outre, les universels des différentes sphères de la vérité, de la conduite, de la religion, etc., deviennent relatifs les uns aux autres dès qu'on regarde ces sphères comme constituant un tout de réalité (2).

7. 3° On trouve une autre objection à faire à la théorie qui considère la connaissance comme l'organe exclusif de l'appréhension de la réalité quand on examine le type de construction produit par la connaissance ou par la pensée. Il fait apparaître les relations d'identité, de similitude et de récurrence qui prennent la forme de la généralisation. Il n'est pas jusqu'à la constatation de l'identité d'un objet singulier qui n'exige une généralisation de ses apparitions répétées dans l'esprit de la personne considérée (3). Cette généralisation exige et suppose une certaine fixité et une certaine constance dans les données de la connaissance ; car les résultats doivent pouvoir être confirmés tant par la personne considérée que par toutes les autres. Le processus aboutit à la notion ou au concept, qui est fixe et invariable dans son « intention » et dans le symbole verbal qui l'exprime, quelques différences qu'il puisse y avoir, à d'autres égards, entre les cas auxquels il s'applique. Sans cette fixité et cette constance, les processus de la pensée discursive ne sauraient se dérouler. La vérité atteinte par une pareille connaissance a donc un caractère conceptuel et relationnel ; elle ne rend compte que des aspects du réel qui peuvent être résumés et communiqués en symboles verbaux.

Nous avons vu que ce caractère relationnel et abstrait de

______

(1) C'est seulement à cause de la confusion historique de « raison » avec « raisonnement » ou pensée que la pensée élève des prétentions aux intuitions immédiates de la raison pure et de la raison pratique. Si on employait toujours le terme « acte de penser » (thinking) au lieu du terme « pensée » (thought), la confusion qui vient de ce qu'on désigne les principes universels et nécessaires de la raison par le terme « pensée » deviendrait évidente.

(2) Voir *Thought and Things*, t. II, chap. xiii, § 7.

(3) *Ibid*, t. II, chap. x, § 6.

la connaissance ne la vicie pas ; au pis aller, il la rend partielle et fait qu'elle est, en un certain sens, éloignée des données de l'appréhension immédiate (1). Les avocats des théories radicalement pragmatiques admettent eux-mêmes que la connaissance remplit son office en tant qu'instrument de la vie et de la pratique. Elle est donc valable pour les besoins de la vie active, même dans les cas où ses limitations sont reconnues. Quelle que puisse être la réalité dans sa complétude, elle doit,. semble-t-il, avoir des aspects capables de revêtir les formes générales et conceptuelles de la connaissance. Cette question sera développée plus loin.

8. Cependant il est bien exact de dire que, d'une manière générale, la connaissance n'épuise pas notre appréhension de la réalité. Le singulier et l'immédiat, le contenu de la conscience affective et active, ne se prêtent pas à ses processus. Dans certains de ses modes, la réalité ne se présente pas en « cas » isolés, en portions récurrentes, entre lesquelles on puisse découvrir ou établir des relations. Au contraire, elle se montre fluante, continuellement mouvante, et progresse par l'action d'un principe dynamique. Dans le monde interne, le moi n'est pas une série d'expériences détachées, mais un tout persistant, toujours mobile et changeant, bien que toujours appréhendé comme étant le même. Il est caractérisé par une continuité éprouvant des changements qualitatifs, alors que les objets établis par la pensée ont, au contraire, un caractère de discontinuité et d'identité qualitative. On voit donc qu'il est impossible d'appliquer au développement de la « signification » pratique en général le système conceptuel de la logique cognitive. Les classes atteintes sont trop indéfinies pour cela, les conclusions trop indécisives, les mutations trop faciles, et les contenus trop relatifs (2).

Ces propriétés de la vie affective sont si connues que l'intellectualisme lui-même les invoque en faveur de sa thèse. Le sentiment et l'action, soutient-il, sont trop inorganisés et trop irresponsables pour rendre compte du réel. Mais cette assertion n'est exacte que dans l'hypothèse que la réalité a un

(1) Voir *Thought and Things*, t. III, chap. IV, § 2.
(2) Voir *Thought and Things*, t. III, chap. VII.

caractère fixe et statique se prêtant seulement à l'appréhension intellectuelle. Dans le cas contraire, ou bien dans le cas où la réalité est partiellement incompatible avec l'établissement de catégories intellectuelles, il peut se faire que, sous certaines conditions, le sentiment nous révèle une partie, et la meilleure partie, de la réalité. Lorsque la réalité est d'une qualité telle qu'elle ne reste pas fixe assez longtemps pour être photographiée, ou ne réapparaît pas assez nettement ou assez fréquemment pour se laisser couler dans les moules de la pensée, seul le sentiment peut nous assurer un contact avec elle.

9. 4° Une autre limitation de la connaissance comme telle tient au fait que toute connaissance est, de sa nature, « commune », qu'elle est, en un sens, sociale, point que nous avons longuement développé (1). Elle est commune en ce sens qu'elle est accessible à plus d'un individu connaissant. Cela est intéressant à la fois pour la théorie de la connaissance et pour celle de la réalité. Elle n'est d'abord commune qu'en ce qu'elle procède des perceptions identiques d'une collectivité ; puis elle monte de degré en degré jusqu'à la communauté complètement « synnomique » du jugement et de la raison théorique. La connaissance diffère du sentiment et de la volonté en ceci que son caractère de communauté se reflète dans l'objet lui-même, dont la constitution et le contrôle mêmes donnent à tous les hommes le droit de chercher à constater qu'il est tel que le déclare la personne considérée. La propriété de pouvoir être vérifiée par tous fait partie de son « intention » ; sans cette propriété, elle ne pourrait pas être appelée « connaissance ». Le contrôle de la connaissance établit la référence transsubjective, et, l'extériorité une fois établie, la perception répétée de la même chose ou du même objet est garantie.

Si cela est exact, les processus cognitifs ne peuvent pas rendre compte de ce qui est essentiellement privé, personnel, intime (2). Tout aspect de la réalité qui ne peut pas être

(1) Voir *Ibid.*, t. I, chap. vii, et t. II, chap. iii.

(2) *Thought and Things*, t. II, chap. xiv, § 4 et suiv. Nous avons vu que la généralisation des états affectifs récurrents dans les inclinations et

examiné publiquement et dont on ne peut pas constater qu'il existe indépendamment de tout intérêt subjectif et de tout choix, échappe à leurs prises. C'est là un avantage de plus pour la connaissance, au dire de ses avocats, qui font ressortir que, grâce à cette qualité, ses résultats ne sont pas entachés de caprice personnel, d'intérêt privé, ni d'illusion subjective. Elle permet, disent-ils, de définir la réalité une fois pour toutes sous une forme désintéressée et impersonnelle.

10. Cela est parfaitement exact, mais toujours dans l'hypothèse que toute réalité est d'un type pareil. Avec cette manière de voir, on nie ou on néglige les marques de réalité qui apparaissent dans le secret de l'appréciation de l'individu. On traite la conscience comme une sorte de réflecteur d'une réalité indépendante d'elle. Le réflecteur est bon parce qu'il donne des images harmonieuses des objets exposés devant lui. On ramène la question de la réalité de l'esprit lui-même à celle de savoir dans quelle mesure il peut, lui aussi, se réfléchir exactement dans le miroir de la connaissance.

Quant à nous, nous avons des raisons de croire que le monde intérieur est réel en ce qu'il joue un rôle intime et vital qui lui est propre. Son appréhension primaire de lui-même semble être directe, et non réfléchie. Dans le domaine intérieur, il y a une série de contacts immédiats, qui dévoilent des valeurs, aident à des appréciations, établissent des biens, qui, en un mot, révèlent quelque chose de plus que les propriétés de l'actuel données par la connaissance. Sans doute, la connaissance se prête à la tâche de rendre générales et publiques, dans des jugements de bien, de goût, etc., les valeurs de la vie privée, mais la plupart du temps c'est en vain qu'elle s'y efforce. Derrière ces traductions inadéquates, le monde intérieur tout entier, avec ses valeurs de première main, ses persistances senties, ses efforts diligents, ses biens moraux, demeure comme une réfutation permanente de la théorie intellectualiste dans sa prétention d'assurer un monopole à la connaissance.

Il semble qu'au stade logique de la connaissance ou de la pensée, où apparaît la réflexion consciente, le moi tout entier pourrait finalement être appréhendé par la connaissance, Nous disons communément que nous connaissons notre moi· et nous le comparons avec nos autres moi, nos moi passés et morts, ou bien nous déplorons ses insuffisances morales. Mais, abstraction faite des limitations de cette sorte d'appréhension (1), il est facile de voir qu'ici encore la fonction tout entière présuppose la sphère intérieure où elle s'effectue, à savoir l'arrière-plan ou le théâtre de la connaissance elle-même. Cela est vrai même pour les théoriciens de la représentation pure ou théoriciens herbartiens. Que l'influence exercée sur notre interprétation par le passage de la connaissance directe à la connaissance réfléchie soit plus ou moins grande, ce qui est certain c'est qu'il tend à introduire un facteur de subjectivisme dans toute réalité, et non à donner plus d'importance à la connaissance ou à la pensée comme telle. La vie intérieure nous est donnée comme mode d'actualité, mais elle est de la nature d'une immédiateté, et comme. telle elle est sous-jacente aux processus médiateurs de la réflexion.

Le moi objectif que nous jugeons, décrivons et évaluons, nous l'atteignons par l'intermédiaire de différentes idées partielles et détachées ; en sa qualité d'objet de réflexion, c'est une construction. Mais en face de lui se dresse toujours le sujet de la réflexion, processus immédiat, contrôle intérieur permanent.

11. Toutes ces critiques de l'intellectualisme et de la théorie de la réalité qu'il comporte semblent se ramener, en fin de compte, à l'analyse de la connaissance elle-même. Dans tout cas de connaissance il y a, en même temps que le squelette extérieur et convertible constitué par le fait ou la vérité, un élément d'intérêt, une « intention » personnelle, qui fait partie intégrante du tout. Le simple fait, la simple vérité neutre, est toujours une abstraction ; cette abstraction sert à séparer l'élément de contrôle extérieur de l'intérêt qui

(1) Voir au sujet de l' « Appréhension de l'immédiateté », *Thought and Things*, t, III, chap. xiv, § 6.

apprécie et détermine, sans lequel l'objet ne serait pas ce qu'il est. Mais même quand il s'agit d'arriver à une abstraction, l'autre pôle de la connaissance est en évidence. Vis-à-vis du fait extérieur se révèle la vie intérieure. Pour établir la neutralité de l'objet, la science néglige les nombreuses valeurs qui appartiennent à cet objet. De la sorte, elle institue une mesure à elle, une mesure arbitraire, de la réalité, et estime toute réalité d'après cette mesure. Naturellement, elle trouve ce qu'elle cherche.

12. Toutefois il faut bien remarquer que cette argumentation, même poussée à l'extrême, ne prouve rien contre la validité de la connaissance et ne porte aucune atteinte à sa valeur. Tout au plus limite-t-elle sa portée et définit-elle son rôle. Les avocats de l'actualité restent toujours sur un terrain solide : ils peuvent toujours s'appuyer sur le contrôle fourni par la connaissance. Ils disent avec raison que toute réalité confirmée, de quelque espèce qu'elle soit, toute « signification » contrôlée dont l'acceptation commune est justifiée et sur laquelle peut s'exercer une action commune est atteinte par des processus de la connaissance. L'analyse génétique montre que les crédulités de la foi, les illusions de l'imagination, les sophismes des argumentations formelles, les vanités des espérances mal placées, les excès de la passion, ne peuvent être découverts que par les sages méthodes expérimentales propres au jugement, qui sont seules capables d'y porter remède. Où en serait la société, où en serait l'individu si le rêve, la vision, le postulat de la « volonté de croire », si l'idéal même n'étaient pas contrôlés, théoriquement et pratiquement, par les épreuves rationnelles et communes de la pensée ? On ne trouve pas ici la justification de la théorie extrême de l'alogisme, qui accuse la connaissance de ne donner que des images déformées du réel, et ne voit dans la médiation par les idées qu'un moyen de bannir l'actuel et le concret. Au contraire, la fin de la médiation est de rétablir l'actuel, d'amener l'imagination à portée du contrôle concret. Si la connaissance ne passait pas tout au crible, ne mettait pas tout à l'épreuve, on ne voit pas quel recours il y aurait contre les illusions des déments, les utopies des visionnaires et les cauchemars des songeurs.

<table>
<tr><td>Baldwin</td><td>11</td></tr>
</table>

Par conséquent, nous avons beau critiquer la connaissance, nous avons beau dire qu'elle est statique, rigide, artificielle, géométrique, nous ne pouvons pas nous en passer. Elle donne un compte rendu essentiel de la nature des choses. Sans elle, nous aurions peut-être des contacts immédiats avec la réalité, ainsi que beaucoup l'ont soutenu ; mais la réalité donnée dans de pareils contacts serait, comme nous aurons plus loin l'occasion de le voir, sans signification pour nous instruire et sans idéal pour nous guider.

13. Il semble donc que, si la connaissance nous donne un aspect du réel, elle n'épuise pas la réalité ; que tous les aspects qui nous sont donnés comme valeurs immédiates, constructions idéales et appréhensions directes et intuitives doivent être rapportés, dans notre théorie, à quelque autre principe, à moins qu'on ne les considère comme, en un certain sens, secondaires et illusoires.

14. Des théories d'actualité auxquelles s'appliquent ces critiques générales, la plus étroite est le positivisme, qui n'accepte que le contrôle assuré par l'expérimentation positive, et qui exclut, par conséquent, les processus de la démonstration rationnelle et discursive, en tant qu'ils ne peuvent pas être mis à l'épreuve des faits. Or, c'est imposer des limites inutiles à la connaissance, puisque toute argumentation convenablement conduite est, de sa nature, expérimentale (1) ; demander que ce caractère soit formulé expressément dans la méthode, c'est priver l'homme de science lui-même de ses moyens de démonstration les plus puissants (2).

(1) Ce point est exposé d'une façon détaillée dans le tome II de *Thought and Things*. Cf. l'article publié par Rignano dans *Scientia*, 1913, N. xxvii-1.

(2) Il est difficile de définir le positivisme, puisqu'il est devenu une méthode et une tournure d'esprit au lieu de rester une théorie. L'ouvrage de l'auteur intitulé *Thought and Things* a été appelé néo-positiviste (voir Roberty, *Revue philosophique*, janvier 1914, p. 21 et suiv.), et il l'est en effet dans sa méthode et dans certains de ses résultats. Mais le positivisme, en tout cas celui du type du xix⁰ siècle, aurait de la peine à se reconnaître dans les résultats d'après lesquels la connaissance comme

Le matérialisme fait un pas de plus. Pour le réfuter, il suffit de faire remarquer que le spiritualisme repose sur le même genre d'assomption que lui : à savoir l'assomption de la réalité d'une des deux sortes corrélatives d'actualité, qui sont l'esprit et le corps, jointe à la négation de l'autre.

Le spiritualisme, sous certaines de ses formes monistes, n'est pas en beaucoup meilleure posture. Car, à moins de faire entrer en ligne de compte des considérations tout autres que celle des fondements de l'actualité, il ne peut pas plus prouver l'inexistence du physique ou l'annuler que le matérialisme ne peut prouver l'inexistence du spirituel ou l'annuler. Le physique et le spirituel représentent des formes de contrôle qui sont toujours présentes en même temps et qui se partagent le territoire des faits. Mais, en réalité, le terrain sur lequel on se place habituellement pour défendre le spiritualisme est plus large ; on attribue à l'âme plus que la simple actualité ; on lui trouve des propriétés morales et idéales. On dit que l'âme est une valeur et que c'est pour cette raison qu'elle est réelle. De ce fait, la théorie du spiritualisme, sous certaines de ses formes, se range parmi les théories « idéalisantes », que nous allons étudier maintenant.

§ 3. — *Les théories d'idéalité : le volontarisme.*

15. Les réserves que nous venons de faire au sujet du rôle de la connaissance comme révélatrice de la réalité profitent grandement, cela est évident, à la volonté et au sentiment. La volonté postule des valeurs désirées, des fins poursuivies, des idéals caressés, et le sentiment nous met, directement et sans médiation, en contact avec des aspects du monde que nous ne pouvons pas exprimer dans les termes relationnels de la connaissance.

Le développement de l'ensemble des « significations »

telle n'est pas adéquate ni concluante et la réalité se réalise progressivement dans la contemplation esthétique.

téléologiques, qui constituent des valeurs et des fins, révèle l'action de motifs corrélatifs de ceux de la connaissance proprement dite (1). Au processus par lequel l'actuel est découvert ou confirmé en correspond un par lequel la réalité est supposée ou postulée. L'imagination idéalise, tandis que le jugement actualise. L'imagination marche devant le jugement, schématisant, découvrant, expérimentant, traitant ses constructions comme si elles étaient réelles. L'idéal est le monde des « comme si ».

Ce dont nous devons nous occuper ici, c'est de chercher à déterminer le degré d'importance de ces constructions que l'imagination traite comme si elles étaient réelles, de ce qui est supposé, postulé. Est-ce que cela ne constitue pas une addition à l'actuel ? Cela est-il dépourvu d'importance au point de vue de la « composition » des choses ? Est-ce seulement un appendice fantaisiste ou une reproduction imaginative de l'actuel ? La découverte de la valeur de l'existence, des possibilités d'idéal qu'elle comporte, ne nous permet-elle pas d'en mieux comprendre la nature intrinsèque ?

16. A ces questions un second groupe de théoriciens, celui des « idéaliseurs », répond avec beaucoup d'assurance. L'intérêt de l'idéalisation, disent ces penseurs, est aussi réel et aussi pressant que celui de l'actualisation. La valeur d'une chose est aussi réelle que le fait de son existence. En réalité, l'actualité elle-même n'est que l'idéal d'un de nos intérêts, de celui qui vise à établir les faits ou les vérités neutres. Comme les autres aspects des objets, l'actualité est essentiellement une valeur ; comme eux, c'est une fin ou un idéal. Si nous atteignons un monde objectif neutre de faits ou de vérités, c'est parce que nous y avons intérêt ; nous avons intérêt à dégager le stable, l'extérieur et le commun de ce qui, dans notre expérience, est changeant, intérieur et privé. Tout au plus peut-on admettre que tout le système des vérités sert à atteindre les valeurs de la vie qui se trouvent dans la morale, dans la religion, dans l'art.

On voit donc, en considérant les grandes lignes de cette théorie, que ce qui impressionne ceux qui croient à l'impor-

____

(1) Cf. *Thought and Things*, t. III, chap. v et suiv.

tance de l'idéalisation et de la valeur, c'est l'ensemble des
intérêts, lesquels portent en eux le système des fins et des
valeurs qui les satisfont, et c'est aussi le moi, qui cultive ces
intérêts. Ils attribuent la première place à la vie intérieure,
au moi, au contrôle intérieur. La vérité ou le fait extérieur
devient simplement un des termes d'une série de valeurs
postulées, et ce terme n'est réel qu'en tant qu'il aide au développement et à la réalisation du moi. Le vrai doit être interprété comme un accomplissement partiel du tout de
l'idéal, qui seul est le tout du réel. L'idéal — terme où la
réalité s'incarne définitivement et pleinement — implique la
valeur.

17. Parmi les théories appartenant à cette classe se rangent
tous les systèmes d'idéalisme — si on les définit : des systèmes
fondés sur des idéals — tels que le platonisme, certains spiri-
tualismes, le moralisme, diverses sortes de volontarisme,
ainsi que le pragmatisme et l'instrumentalisme, qui ont des
bases plus modestes que les précédents. Pour toutes ces
théories, la connaissance n'est pas en elle-même une fin ;
elle n'est qu'un moyen. La vérité ne réalise pas ni ne résume
la réalité ; elle la réfléchit et la rend utilisable sous une certaine forme de valeur. L'existence actuelle n'est pas la
forme finale de la réalité, mais tout au plus un stade
auquel elle parvient dans son mouvement, un des termes de
la série de ses aspects. Seule la valeur suprême, le bien idéal,
est absolument réel ; toutes les autres vérités et valeurs —
les faits particuliers, les biens, les beautés — n'en sont que
des ombres ; elles s'en approchent, mais ne peuvent y
atteindre.

Comme c'est au profit de la volonté que toute valeur prend
naissance, et que, de plus, l'idéa est ce qui est proposé comme fin à la volonté, on peut appliquer le terme
historique de « volontarisme » à cette classe générale de
théories. De même que l'actualisme, débutant par le type de
réalité accompli ou présupposé par la connaissance, parvient à
l'intellectualisme, de même l'idéalisme, ainsi défini, débutant
par la réalité accomplie par la volonté ou postulant cette
réalité, parvient au volontarisme (1).

(1) « Volontarisme », dans le sens où nous employons ce terme ici,

§ 4. — *Examen du volontarisme.*

18. Avant de critiquer ces théories, il nous faut indiquer clairement leur marque distinctive. Ce dont elles s'occupent, ce n'est pas la valeur considérée simplement comme fait, la valeur attribuée, la valeur reconnue et interprétée dans des jugements d'appréciation ou de vérité. Car la valeur prise dans ce sens, la valeur considérée comme faisant partie de l'actuel, est la propriété de la connaissance. Le bon goût de la pomme est une valeur, mais c'est aussi un fait. Il est réalisé dans la sensation et généralisé dans l'expérience récurrente.

Ce dont ces théories s'occupent, c'est la valeur non réalisée, la valeur supposée, idéale, et toutes les valeurs en tant qu'elles deviennent des fins pour la volonté ou qu'elles sont idéalisées, celles qui stimulent la volonté et font travailler l'imagination en les orientant vers un plus grand bien, les biens qui tentent et les buts qui inspirent : telles sont les valeurs qu'elles voudraient rendre réelles. L'intellect décrète : « que le vrai soit réel dans son existence neutre, indépendamment de l'intérêt et de la volonté » ; mais la volonté répond : « qu'il soit prouvé ou non que le bien est vrai, que l'idéal soit réalisé ou ne le soit pas, le monde est en tout cas un monde de biens, figurés dans l'imagination, embrassés dans la volonté, postulés dans l'idéal. Il n'a de signification que pour le moi, et sa réalité consiste dans son pouvoir de satisfaire ». Dans l'exercice de la volonté, le réel devient proche ; son caractère se dévoile. L'intérêt humain fondamental n'est pas théorique, mais pratique ; le réel fondamental n'est pas le vrai, mais le satisfaisant, le parfait.

désigne la théorie générale de l'idéalisation, et non les théories plus limitées qui constituent le volontarisme dans son acception étroite. Certains avocats, soit spiritualistes, soit théistes, de la réalité idéale ne consentiraient pas à être appelés volontaristes au sens métaphysique

Exposons maintenant quelques-unes des critiques les plus nettes et les plus décisives qu'on peut adresser à ces théories.

19. 1° En admettant que la connaissance ne soit qu'un des nombreux intérêts de l'homme, et que ses résultats ne représentent qu'un seul idéal, pourquoi, du moment qu'on choisit un idéal comme réalité fondamentale, ne pas choisir celui-ci, ne pas choisir l'idéal de la vérité ? Nier sa réalité, c'est ouvrir la voie à la négation de tous les idéals, car tous reposent sur la même base de postulation. Si le postulat comme tel doit être regardé comme l'incarnation de la réalité — parce qu'il satisfait notre volonté et notre intérêt — alors, à coup sûr, le postulat incarné dans l'idéal de la vérité ne peut pas être laissé de côté ni considéré comme inférieur à aucun autre. Et cela pour les raisons suivantes.

2° Le mode de processus cognitif semble s'être fait jour génétiquement pour apporter la cohérence, la précision et le contrôle parmi les divers postulats de la vie active et émotionnelle. Le rôle des processus discursifs et expérimentaux est de confirmer et d'établir ce qui autrement demeurerait hypothétique, ce qui resterait une affaire d'assomption et de postulation. La tâche de la connaissance est de changer l'assomption en croyance.

Sans la connaissance, le désir est dépourvu de direction, la volonté reste capricieuse, l'action manque d'assurance, l'imagination est fantaisiste, la morale hésitante, les rapports inter-individuels ambigus et infructueux. Avec la connaissance, au contraire, à la faveur de son idéal de vérité, les désirs se coordonnent, la volonté revêt le caractère d'un choix rationnel, l'action prend de l'assurance, l'imagination se fond dans le jugement, et la morale aborde de front la question des rapports avec autrui et avec Dieu. Bref, tous les idéals ne deviennent des biens intelligibles, continus et coordonnés qu'en vertu de la connaissance, qui non seulement découvre les idéals mais encore les confirme *en constatant qu'ils sont vrais*.

3° L'idéal comme tel, le bien sous toutes ses formes, et en même temps le moi dont il satisfait les intérêts, ne se développent que par la médiation de la connaissance. Toute idéalisation prend forme par l'intermédiaire de l'actuel.

Voilà l'élément de vérité renfermé dans cette proposition des volontaristes que la connaissance sert à parvenir à la valeur, la théorie à la pratique. Bien que cela soit vrai, on peut tout aussi bien prendre la relation dans le sens inverse : on peut dire que les valeurs ou les biens dépendent des vérités, des connaissances. C'est ce qu'illustre le « paradoxe socratique », suivant lequel « personne ne peut sciemment agir mal » ; car il est tout aussi vrai, avec les mêmes présuppositions, que personne ne peut bien agir sans le savoir. Bref, il faut que la volonté soit instruite, le caractère formé, l'imagination dirigée par le vrai pour que les idéals puissent avoir une signification pour le moi qui les adopte. La connaissance se constitue au moyen du contrôle extérieur, mais le « contrôle de soi-même » (c'est-à-dire l'empire sur soi-même) s'acquiert au moyen de la connaissance.

4° L'ensemble des faits et des vérités stables employés comme moyens de parvenir à des fins est nécessaire pour que le moi puisse se développer et passer du stade de l'instinct et de l'action impulsive à celui de la postulation réfléchie des biens idéals. Non seulement les idéals sont les résultats d'élaborations réfléchies de vérités, mais encore le moi lui-même, dont les intérêts sont invoqués comme motifs de la postulation de l'idéal, est le produit des conditions physiques et sociales de l'actualité qui provoquent puis satisfont ses désirs. Cela ne suffit pas à réduire le type idéal de réalité à l'actuel, mais cela montre que l'actuel, sous la forme du moi, est nécessaire à la postulation même de l'idéal (1).

20. Nous pouvons résumer ces critiques en disant que l'idéalisation, considérée comme reposant sur la volonté et comme aboutissant au postulat, ne peut même pas préparer son propre objet sans admettre la validité de la connaissance. La connaissance est essentielle ; l'actualité et la vérité donnent du corps à la réalité postulée dans l'idéal. Cela est vrai d'un idéal quelconque, en tant qu'il renferme une valeur véritable — le moi idéal, le bien moral, Dieu. Le dualisme des

____

(1) Beaucoup de volontaristes se fondent là-dessus pour faire intervenir quelque forme de volonté métempirique qui s'identifie avec le moi ; cf. Urban, *Valuation*, etc., chap. xiv.

moyens et des fins demeure jusqu'au bout pour empêcher l'acceptation de toute forme de volontarisme qui refuse de donner à l'actuel sa part du territoire du réel. Il faut que les moyens soient actuels pour que les fins puissent être véritablement idéales.

Nous devons donc conclure que, si l'intellectualisme ne peut pas rendre un compte adéquat de la réalité, le volontarisme, entendu dans le sens indiqué ci-dessus, est également inacceptable. Ces théories représentent chacune un principe différent, qui demande impérativement à être reconnu, mais qui refuse de se subordonner définitivement à l'autre.

21. Les théories reposant sur l'idéalisation se présentent sous bien des formes diverses, dont la plupart s'écartent d'un monisme pur de l'idéal. Le volontarisme dans son sens étroit combine souvent avec le postulat de la fin idéale l'acceptation d'une doctrine réaliste et immédiate du moi. Un pareil moi se révèle, dit-on, dans les expériences d'effort, de choix libre et d'intérêt. Nous reviendrons plus loin sur cette dernière doctrine, que nous considérerons comme une forme de spiritualisme immédiat. A proprement parler, elle ne vient pas à l'appui du volontarisme, envisagé comme en opposition avec l'intellectualisme, puisque les événements intellectuels, en tant qu'expériences, sont aussi immédiats dans la conscience que les éléments volitionnels, et puisque le moi d'un intérêt est aussi directement présent que celui d'un autre.

Toutefois les formes historiques du volontarisme, depuis le volontarisme de saint Augustin jusqu'à celui de Maine de Biran, ont prétendu trouver dans la conscience de l'effort et de l'activité volontaires des preuves de la réalité du principe spirituel, nous voulons dire des preuves que ne fournit pas l'activité intellectuelle. Mais cette prétention apparaît comme mal fondée si l'on regarde, ainsi que nous faisons, ces deux fonctions comme motivées par l'intérêt.

22. Dans les doctrines pragmatiques récentes, une théorie instrumentale de la connaissance se combine avec une théorie alogistique de la réalité (1). Mais ces doctrines ne font pas

(1) Cf. Heath Bawden, *The Principles of Pragmatism* (1911), où un volontarisme radical se donne carrière dans une théorie « dynamique » de la nature.

appel aux idéals de la vérité et de la valeur pour leur demander de donner une forme définitive à la réalité. En ce sens, elles sont positivistes et relatives.

Le moralisme et le théisme prêtent appui aux postulats idéals. Pour ces théories, une vie morale et spirituelle idéale est la fin de toute existence. Logiquement, cela conduit à une forme de pluralisme personnel où la réalité est regardée comme étant de la nature d'une communauté de volontés ou de personnalités, ou bien à un théisme où l'idéal se réalise dans la personne de Dieu.

23. Toutes les objections que nous avons élevées précédemment contre une théorie qui veut que la connaissance soit simplement instrumentale et que la vérité soit un moyen et non une fin, sont valables à l'égard d'un pareil moralisme. Si le moi de la vie morale est un moi actuel, que l'on atteint par des processus de la connaissance, alors la fonction cognitive est indispensable, et son idéal, celui de la vérité, doit être reconnu. Mais cela entraîne la réalité du monde extérieur. Si c'est le contraire qui est vrai, si le moi est atteint par le sentiment immédiat, alors la réalité reste au stade de l'assomption, de la postulation et de l'intuition (1). En tout cas, avec une pareille théorie, le problème de l'existence du monde extérieur reste entier, de même que celui de la sorte de communauté ou de commerce possible entre les moi réels postulés comme centres plus ou moins isolés de l'intérêt moral.

24. Quant au postulat théiste, nous avons déjà vu ses limitations comme arbitre du réel. Il tente de combiner l'idéal et l'actuel dans une personne réelle infinie dans sa nature. Mais, en tant qu'idéal, Dieu est un postulat, une assomption ; il échappe à l'appréhension intellectuelle. D'autre part, en tant qu'actuel, Dieu n'est pas idéal ; il reste une personne finie ; il est un *socius*, comme les autres personnes. Il est le grand Compagnon. Comme tel, il ne peut pas prétendre à une réalité différente de celle des autres personnes, ni de celle des autres choses dont l'existence est également établie par

---

(1) C'est là une des conceptions fondées sur l'immédiateté qui seront discutées plus loin.

les processus de la connaissance. Le désir de la société, désir qui s'affirme avec force dans la vie religieuse, est d'avoir un aide personnel, un *socius* (1), et cette sorte de réalité se réalise, dit-on, en Dieu. Mais l'idéal de la personnalité posé par les postulats spirituel et religieux est inaccessible et éternel ; il n'est social dans aucun sens concret, puisqu'il n'est pas prouvé qu'il soit actuel. Le mode religieux de réalisation ne peut pas échapper par lui-même à cette antinomie.

(1) D'après un compte rendu de la première « conférence Gifford » faite par A.-J. Balfour (*Public opinion*, 16 janvier 1914), le conférencier a dit que le Dieu dont il voulait parler était « un esprit communiquant avec d'autres esprits... un Etre qu'il croyait pouvoir sans irrévérence appeler un Dieu sociable... qui devait être distingué de la sorte d'Absolu à qui tout... est indifférent... », etc.

CHAPITRE X

LES THÉORIES IMMÉDIATISTES : I. CELLES QUI SONT FONDÉES SUR LE PRIMITIF ET SUR LE TRANSCENDANT.

§ 1. — *Leur base : l'immédiateté.*

1. Dans l'évolution de l'expérience consciente, il y a, comme nous l'avons vu, certaines périodes bien marquées. La première période est celle où n'ont pas encore apparu clairement les distinctions qui, en se développant, deviennent les dualismes de la pensée. L'immédiateté primitive de sentiment est dans une large mesure sensitive, et parvient, au moyen de la double référence des états conscients, au mode où les mondes extérieur et intérieur sont atteints ensemble de façon médiate. La connaissance se libère peu à peu, pour devenir l'instrument de l'esprit.

De la sorte, une seconde grande période commence, celle de la médiation par les deux contrôles opposés. Dans cette période, les processus de la médiation active et de la médiation volontaire se développent. Le contenu de la connaissance devient un moyen utilisé dans la poursuite des fins. Des valeurs sont établies, des idéals sont érigés, des fins sont poursuivies.

Cette seconde période est consacrée à la médiation explicite, tant cognitive qu'active. La médiation atteint son développement extrême dans le mode logique ou réfléchi, où les processus discursifs deviennent l'instrument au moyen duquel des conclusions lointaines sont amenées à portée de la pensée raisonnable et de la pratique judicieuse.

Dans la troisième période apparaît une seconde immédiateté. Les idéals et les fins érigés dans la poursuite de la médiation prennent une forme inconditionnelle. Les principes de la raison et les normes de la pratique, comme nous l'avons montré ailleurs dans le détail (1), en viennent à être isolés les uns des autres, chacun d'entre eux étant le résultat de son propre processus de médiation. Les catégories de la pensée et les règles de la raison pure atteignent une universalité formelle qui se passe de contenu empirique. Elles cessent d'être des moyens ou des instruments, et deviennent des fins indépendantes et des vérités inconditionnelles. De même, les normes de la raison pratique atteignent une universalité et une nécessité formelles et ont le caractère de valeurs s'imposant d'elles-mêmes, de valeurs atteintes sans l'emploi de moyens empiriques et choisis pour des raisons d'utilité.

Dans les deux cas, dans le cas théorique et dans le cas pratique, le processus de médiation s'abolit en parvenant à son état final dans une nouvelle immédiateté. Dans un des cas, c'est une immédiateté d'intuition rationnelle, dans l'autre, une immédiateté d'intuition pratique.

2. A ce stade, l'immédiateté atteinte est obtenue comme résultat des processus logiques et des processus pratiques de médiation qui se sont effectués au stade précédent ; elle représente ces processus arrivés à leur achèvement et à leur couronnement. Mais, dans son caractère, elle reste double. La raison pure et la raison pratique, ou les deux états d'esprit désignés respectivement par ces termes, ne sont pas même chose. Les sphères de vie auxquelles s'appliquent leurs catégories respectives sont différentes. Tant pour l'origine que pour l'application, l'une est intellectuelle, rationnelle : elle est la loi de la pensée ; tant pour l'origine que pour l'application, l'autre est pratique, morale : elle est la règle de la

(1) *Thought and Things*, t. III, « Interest and Art », chap. viii.

pratique. Tel a été le résultat de nos recherches sur l'origine de la raison pure et de la raison pratique.

Il y a ainsi deux périodes d'immédiateté, l'une primitive et alogique, l'autre transcendante et hyperlogique. Dans l'une, les processus conscients commencent leur carrière; dans l'autre, ils la terminent. Et entre elles s'étend la longue période de la fonction médiate, qui pourvoit à la vie de la connaissance mettre et de la pratique laborieuse.

3. Toutefois, dans notre étude détaillée de cette question, et surtout dans l'un des exposés spéciaux que nous avons présentés à son endroit (1), nous avons signalé, outre les deux sortes d'immédiateté qui viennent d'être indiquées, une troisième immédiateté, celle d'un mode de fonction où la conscience, au milieu même de ses dualismes et de ses médiations, semble vouloir oublier ou bannir les distinctions et les oppositions de son contenu, et équilibrer ses forces dans un mode d'appréhension directe, semble vouloir jeter ses verres grossissants et regarder la réalité en face. Cela est caractéristique de l'imagination « semblante », et plus particulièrement de l'imagination esthétique (2).

Il est possible de trouver là-dedans une immédiateté synthétique ou réconciliatoire qui présente certains contrastes avec les deux autres. Elle n'appartient pas, comme celles-ci, à une seule place ou à un seul stade du développement psychique, mais est présente dans tout le cours de l'évolution de l'esprit. C'est un mode que nous appellerons un mode de réalisation, par opposition à ceux de la connaissance et de l'idéalisation.

4. Il est clair que chacune de ces trois immédiatetés peut servir à son tour de base d'interprétation. Toutes les interprétations pareilles pourraient à juste titre être appelées des théories d' «immédiateté». On constate que chacune des trois interprétations ci-dessus énumérées a joué ce rôle dans l'histoire de la philosophie. Les théories d'immédiateté sont fondées soit sur l'immédiateté primitive, soit sur l'immédiateté transcendante, soit sur l'immédiateté de synthèse ou de récon-

(1) *Thought and Things*, t. III, chap. xiv, § 5 et 6.
(2) Voir *Ibid.*, t. III, chap. x.

ciliation. On peut appliquer à l'un des deux premiers groupes le terme d' « affectivisme » primitif, et à l'autre celui de « transcendantalisme. ». Chacun d'entre eux comprend beaucoup de variétés. Dans le premier se trouvent le mysticisme, le sensationisme, le réalisme immédiat ; dans le second, l'intuitionnisme, le rationalisme absolu, le mysticisme supérieur.

Le troisième type n'est pas aussi nettement défini dans l'histoire de la pensée, et n'a pas de nom fixe (1). Son nom varie, naturellement, avec le mode de fonction auquel est assigné le rôle synthétique ou réconciliatoire. Pour nous, ainsi que nous le montrerons dans la suite d'une manière détaillée, c'est la fonction esthétique qui remplit ce rôle ; d'où l'emploi du terme pancalisme (que nous avons déjà proposé précédemment) pour désigner la théorie quand elle revêt la forme spéciale qui sera exposée plus loin (2).

§2. — *Les théories fondées sur l'immédiateté primitive.*

5. L'assomption que c'est une certaine appréhension directe qui procure à la conscience le contact le plus franc qu'elle puisse avoir avec la réalité a toujours séduit et ceux qui ne sont pas portés à la spéculation et ceux qui en ont épuisé les ressources. Naturellement, les données primitives de la concience sont, en un sens, le fondement de toutes les données ultérieures, et un retour à la certitude immédiate est

(1) Si l'on veut se servir d'un terme en « isme » analogue à ceux qui sont en usage dans d'autres cas, on pourra s'arrêter à « contemplationisme », car le mot contemplation est déjà fort usité pour désigner l'acte de réaliser directement un contenu, acte qui a tout à la fois des facteurs cognitifs et des facteurs actifs. Cependant, étant donné la ressemblance étroite que présentent entre elles toutes les sortes d'immédiateté, j'emploierai l'expression « affectivisme constructif ».

(2) Voir l'esquisse préliminaire de cette forme spéciale dans *Thought and Things*, t. III, chap. xv.

une source de consolation après des mésaventures spéculatives.

Réservant pour l'instant les théories qui ont recours à une immédiateté supérieure ou hyperlogique, de la nature de l'intuition, nous allons rechercher comment on peut utiliser au profit de la théorie l'appréhension que comporte l'expérience primitive, l'expérience non développée.

6. 1° *Mysticisme primitif.* Le mysticisme simple et naïf fait appel à une « lumière intérieure », par laquelle l'âme est éclairée directement. On ne bénéficie de cette lumière que lorsqu'on est dans un état d'extase, et, pour parvenir à un pareil état, il faut se retirer du monde ; on est alors libéré de la pensée et des soucis. Dans certains systèmes psychosophiques, on recourt à une technique détaillée ou prolongée pour assoupir les fonctions de la pensée et amortir les élans de la volonté. Dans l'âme ainsi vidée la réalité peut entrer à flots. Le mysticisme oriental est de ce type ; il abjure la spéculation et conseille l'isolement et l'absorption personnelle. Le divin est atteint par une contemplation, qui est d'autant plus profitable qu'elle est plus vide d'intérêt intelligent et plus exempte des agitations du désir.

La justification de ce mysticisme envisagé comme point de vue est restée, comme lui-même, étrangère à la spéculation. Le mysticisme primitif constitue une manière spontanée de représenter la vie et le monde, une première interprétation, tenant compte des intérêt sociaux et religieux qui prennent racine dans la vie. La ferveur qui se déploie dans les cérémonies religieuses primitives et l'effervescence par laquelle se manifeste la surexcitation collective aboutissent à de pareils états d'esprit. Ces états d'esprit présentent ainsi la particularité intéressante d'être symboliques des valeurs de la vie corporative et des choses mystérieuses du monde occulte. La pensée personnelle, la volonté intelligente, les observances rituelles, la morale elle-même, tout cela disparaît quand se fait sentir le souffle mystique. De là résultent une purification de l'esprit, une fatigue physique, une sanctification de l'âme, le sentiment d'être confirmé dans sa foi et de recevoir une nouvelle inspiration. Le réel est *réalisé* dans l'extase mystique. La vie prosaïque de tous les jours n'est plus qu'un rêve ; les affaires, les intérêts qu'on y poursuit empêchent d'atteindre la réalité et distraient de sa recherche ; le réel se trouve au delà.

7. Si ce point de vue n'a jamais été justifié théoriquement, c'est probablement pour cette double raison qu'il ne se prête pas à une pareille justification et qu'il n'en a pas besoin. Il n'en a pas besoin parce que, pour ceux qui l'acceptent comme définitif, il porte en lui-même la preuve de son exactitude ; en vertu de sa nature, on ne peut prouver, par aucune démonstration, qu'il est bien fondé. Et s'il est impossible de le prouver, au sens étroit du mot, c'est parce que ses données sont primitives ; il n'y a rien de plus fondamental ni de plus simple à quoi elles puissent être rapportées. En un mot, l'avantage du primitif consiste précisément en ce qu'il n'est réalisé que quand les intérêts discursifs et ceux de la volonté sont en suspens ou ne sont pas développés. Revenir au primitif, c'est dépouiller son esprit de la masse des produits qu'y ont accumulés la logique et le sentiment.

8. C'est pour cette raison que le point de vue mystique, si souvent qu'il se soit fait jour, est resté aussi improductif. Dans le conseil de revenir à la vie immédiate, au cours intime des choses, que donne James — pour citer la doctrine la plus récente qui ait soutenu la cause du primitif — il faut plutôt voir une protestation contre l'intellectualisme qu'une thèse se réclamant de la logique. Éprouver plus au moins nettement des sensations non ordonnées, réaliser une « invraisemblable confusion », sentir l'élan de la durée pure, c'est appréhender une réalité qui, si elle a assurément quelque chose de piquant, n'est guère étendue. Et les distinctions qualitatives elles-mêmes sur lesquelles repose le progrès de la connaissance et dont dépend la pratique ne sont, si on les considère dans leur simplicité primitive, que de simples contacts avec ceci ou cela ; ils n'ont pas d'autre signification. Si tout se bornait à cela, le commerce des hommes avec la réalité serait à peu près tel que celui qu'entretiennent avec elle les organismes inférieurs, sauf qu'il s'y ajouterait peut-être quelques nouvelles qualités ; et, si piquants et impressionnants que pussent être les nouveaux contacts — les contacts moral, esthétique, religieux — il n'en semble pas moins que le mécanisme intellectuel et pratique de l'esprit doit s'être constitué

pour remplir quelque fonction encore plus utile. De fait, c'est ici qu'il faut commencer à édifier la théorie de l'immédiat, soit en introduisant quelque chose dans le primitif, soit en en extrayant quelque chose. Dans l'un et l'autre cas, ce n'est pas sa primitivité et sa simplicité qui le rendent utilisable pour la théorie, bien au contraire.

9. Dès que la théorie mystique commence à prendre un caractère positif — comme chez Platon, chez Bœhme, chez Plotin — elle manifeste deux tendances différentes. Ou bien elle passe d'une immédiateté primitive à une immédiateté très développée, d'un type transcendant ; ou bien elle découvre dans l'immédiat certaines complications ou implications qui en détruisent la simplicité. Grâce à la connaissance des développements ultérieurs auxquels a conduit l'accroissement de l'expérience normale, on peut facilement reconstituer l'immédiateté sous la forme d'une mosaïque de motifs et de puissances cachés.

10. *Subjectivisme et idéalisme.* Le premier pas qui fut fait dans cette direction consista à isoler le point de vue subjectif comme tel. Cet isolement, on le trouve effectué chez les penseurs grecs de l'époque socratique et chez leurs successeurs. Plotin et saint Augustin contribuèrent tous deux à lui donner plus de netteté, et Descartes en fit la présupposition de la pensée réfléchie. La philosophie moderne n'a jamais contesté sérieusement le principe que la réalité se révèle dans les états conscients, — dans les sensations, les perceptions, les idées — et le matérialisme lui-même justifie sa négation de l'esprit en invoquant *ce que nous connaissons* de la matière. Nous connaissons la matière en mouvement, disent les matérialistes, et nous inférons que ses propriétés sont telles que notre esprit et notre connaissance sont des produits secondaires et dérivés. Quand même nous admettrions cette thèse, il resterait que la connaissance est présente dans le réel, et que c'est seulement en faisant appel à la connaissance qu'on peut prouver la non-réalité de l'esprit. La présupposition de processus conscients reste intacte dans tous les cas.

C'est sur cette présupposition que reposent, de fait, les systèmes de philosophie groupés sous le nom d'idéalismes (1).

(1) Nous entendons ici ce mot dans le sens d' « idéisme », et nous

L'idéalisme subjectif est la forme extrême de la théorie qui développe le postulat subjectif. Dans ce système, la réalité est interprétée dans les termes d'un principe subjectif moniste.

11. Il est évident que l'importance accordée à la présupposition de la conscience, prise dans le sens subjectif, donne lieu à une difficulté. Tout en admettant la vie intérieure, on peut ne pas rendre justice à tous les processus où cette vie revêt une forme définie. Ces processus s'effectuent sous deux contrôles opposés, le contrôle interne et le contrôle externe, le moi et le monde extérieur. La référence transsubjective est universelle et contraignante dans tous le cours du développement psychique (1). Le contrôle étranger exercé sur la perception par l'externe est aussi réel et aussi net que le contrôle interne exercé par le moi dans toute la vie active. Par conséquent, admettre la conscience telle qu'elle est, la conscience à l'état de développement où elle est parvenue, c'est accepter son affirmation d'une réalité qui lui est extérieure (2).

Ce point apparaitra comme établi plus solidement encore si l'on considère que dans le monde extérieur il se trouve d'autres esprits ; eux aussi sont étrangers à la vie psychique de l'individu envisagé. De plus, ils sont appréhendés dans

nous en servons pour désigner tout système reconnaissant le rôle médiat des états subjectifs ou des idées ; il ne s'agit pas des systèmes fondés sur la reconnaissance des idéals. Nous avons déjà signalé l'ambiguïté que présente le terme « idéalisme » ; cette ambiguïté conduit souvent à des confusions.

(1) L'emploi de l'expression « sens intérieur » pour désigner l'organe de l'appréhension du monde du dedans, nous en fournit une preuve verbale : cette expression même suggère une corrélation avec les « sens extérieurs. »

(2) Cf. l'article « Mind and Body », dans la *Psychological Review*, mai 1903. D'après la manière de voir habituelle, cette critique accule le subjectiviste au « solipsisme », c'est-à-dire à l'acceptation exclusive d'une seule vie mentale privée.

Mais, en réalité, ce refuge même doit lui être refusé, selon moi, car la personne privée, l'unique vie mentale admise par le solipsisme, ne saurait mûrir sans envelopper une multitude de relations intersubjectives et transsubjectives.

des expériences où les moi personnels et les choses impersonnelles sont enchevêtrés d'une manière inextricable. Par conséquent, nier la référence transsubjective, tout en conservant le point de vue subjectif, c'est supprimer l'*intersubjectif*, c'est nier toute connaissance d'autres personnes et toute communication avec elles. L'expérience, il est vrai, reste immédiate, mais elle devient impartageable. Elle peut être primitive, mais elle n'est rien d'autre. Elle est aussi inutilisable pour la théorie qu'elle serait insignifiante pour la pratique. On pourrait la figurer par la brève lueur de conscience qui passe — à supposer qu'il en passe une — sur la surface de la méduse.

12. Bien entendu, les idéalistes n'en restent pas à la méduse ; ils découvrent des implications qui introduisent implicitement ou potentiellement une vie mentale développée. Mais cette manière de procéder, si elle se laisse guider par la nature, aboutit non à l'idéalisme moniste, mais au réalisme dualiste. Car ces implications cachées, en admettant qu'elles existent réellement, revêtent la forme d'une médiation d'un type ou d'un autre, d'une médiation soit intellectuelle soit pratique. Alors qu'on cherche à rester moniste, on se trouve ramené à l'une des théories critiquées plus haut, à une théorie d'actualisation ou d'idéalisation ; l'idéaliste, si l'on entend par ce nom le subjectiviste, devient logiquement soit un intellectualiste, soit un volontariste (1). Dans l'un ou l'autre cas, il est contraint, comme nous l'avons vu, de reconnaître, en même temps que le postulat de la subjectivité, quelque sorte d'existence transsubjective.

Par suite, la plupart des systèmes de monisme spirituel échouent à effectuer une synthèse satisfaisante. Ils mettent à profit l'immédiateté du subjectif pour réfuter le matérialisme et le naturalisme, puis ils introduisent dans le subjectif un contenu positif en faveur d'un principe mental, d'une âme. L'objection à faire à cette manière de procéder, c'est qu'elle n'est pas légitimée par les propriétés attribuées à l'immédiateté. Le moi, le mental considéré comme un contenu positif,

____

(1) Le troisième cas, celui qui consiste à recourir à une immédiateté du type intuitif supérieur ou synthétique, est étudié plus loin.

est une organisation effectuée sous un contrôle strictement corrélatif du contrôle externe. Pour atteindre le mental et le social, il faut atteindre aussi le transsubjectif, le physique.

La manière la plus intéressante qu'on ait proposée jusqu'à présent de surmonter cette difficulté consiste à interpréter entièrement le monde externe dans les termes du social. Cette interprétation conduirait à ce qu'on pourrait appeler un « idéalisme corporatif » (1). Mais ce serait une théorie « médiate », et non une théorie d'immédiateté, et elle se trouverait en face de la difficulté que nous avons déjà signalée comme inhérente à d'autres théories pareilles, celle de réconcilier le mode de l'actualité avec celui de l'idéalité. L'ordre social, qui constituerait la réalité, doit-il être regardé comme un ordre actuel ou comme un ordre idéal? Le besoin d'une pareille synthèse de l'actuel et {de l'idéal dans la sphère du social semble être partiellement mais non entièrement satisfait par les postulats moral et religieux (2).

(1) Ce moyen a été indiqué par Lotze et proposé expressément par Ormond (A. T. Ormond, *The Foundations of Knowledge*, chap. vii, particulièrement p. 202 et suiv.). Par son principe, cette conception revient à la théorie des monades, de Leibnitz, qui consistent essentiellement dans la présentation.

(2) Les tentatives, notamment celle de Lotze, pour sublimer le physique dans le social, reposent en réalité sur le fait de l'inconcevabilité des interactions mécaniques qui se produisent dans la nature. Mais on ne peut invoquer, pour substituer des interactions sociales aux interactions mécaniques, que des analogies ; on n'y est autorisé par aucune preuve réelle. Une pareille thèse ne pourrait se justifier pleinement que si l'on découvrait un mode d'appréhension où la réalité, tout en étant « extra-psychique » (étrangère à l'individu), ne fût pas transsubjective » (étrangère à la société). Nous verrons plus loin que cette condition est remplie dans la contemplation esthétique. L'œuvre d'art a une signification synnomique, qui implique un moi corporatif, tout en faisant partie, pour l'individu, de la nature extérieure. La vie que lui attribuent ceux qui la contemplent n'appartient pas à un moi individuel ; c'est une vie au moyen de laquelle chacun d'eux participe à une vie plus large. Voir chap. xiv, § 6.

§ 3. — *Théories fondées sur l'immédiateté d'achèvement ou de transcendance*

13. Il est manifeste que l'immédiatiste est ainsi conduit à passer, dans son interprétation de l'immédiateté, du primitif, de l'originel, au transcendant, à l'achevé. Il passe à l'hyperlogique, à l'intuitif, où aboutissent les processus de médiation eux-mêmes. Négligeant les mouvements de la connaissance et de la volonté, et fixant ses regards sur les idéals, sur l'achevé, sur les états ultimes de l'esprit, il *réalise* la réalité par les idées innées, l'instinct supérieur, la raison pure, l'intuition, l'*a priori* ; ou bien il la trouve dans un être divin mystique appréhendé par les yeux de la foi.

Ici se place un groupe de théories pour lesquelles les données immédiates de la conscience ne sont pas les « choses inférieures », les contacts simples et primitifs qui se produisent çà et là avec le courant, mais les « choses supérieures », les universaux de la pensée, les absolus de la valeur, qui sont impliqués dans l'expérience et qui la rendent possible (1).

Ces théories peuvent être rapportées à trois types : l'intuitionnisme, le transcendantalisme et le mysticisme supérieur.

14. *Intuitionnisme.* 1° L'intuitionniste préfère l'immédiateté supérieure d'accomplissement ou d'achèvement à l'immédiateté inférieure de primitivité. Il dit avec raison que, pour avoir quelque sens, il faut que la réalité soit complexe et pleine, et non simple et vide. Pourquoi réaliser un quelque chose qui se réduit à rien ? Quand nous « réalisons »,

(1) Le progrès historique a suivi la même voie. Après le subjectivisme immédiat de Descartes et de Malebranche sont venus le spiritualisme raffiné de Leibnitz et le transcendantalisme de Kant ; et, après le sensationisme immédiat de Hume et de Berkeley, l'intuitionnisme de Reid.

poursuit-il, bien que nous entrions en effet en contact avec
quelque chose, nous constatons que ce quelque chose est digne
d'être connu, ou imaginé, ou craint, ou adoré ; loin d'être
dépourvu de connotations, il en a une multitude. La question
se pose donc de savoir comment une immédiateté d'accomplissement, de consommation ou d'achèvement peut garder
un contenu qui est nécessairement dû tout entier à des processus antérieurs de médiation, et qui ne conserve sa signification que parce que ces processus se poursuivent de quelque manière latente.

15. Mais pour l'intuitionniste cette question ne se pose pas.
A ses yeux, l'intuition est l'appréhension immédiate de ce
qui a une valeur éminemment haute et pleine : le moi, le
monde extérieur, la cause, la liberté, le devoir, Dieu. Ces
hautes vérités viennent directement de la réalité à l'âme par
la voie de l'intuition.

Mais aussitôt qu'on presse l'intuitionniste de citer quelque
fait de connaissance incontestablement dû à l'intuition, c'est-
à-dire acquis sans aucune expérience ni aucune préparation,
il se trouve embarrassé. Les « idées innées » de Descartes sont
critiquées par Locke ; la doctrine rationaliste des catégories
natives de cause et d'espace est réfutée par Hume et par
Berkeley. Comme on le sait, la conclusion de la controverse
est que l'intuitionnisme, sauf quand il se définit en termes
du primitif, comme nous l'avons expliqué plus haut, se trouve
acculé à quelque sorte de formalisme, où le contenu de la
connaissance, c'est-à-dire la vérité concrète qui donne de la
valeur à l'intuition, doit être fourni par l'expérience. Il ne
reste de l'intuition qu'un principe formel ou logique par
lequel le contenu est organisé. L'intuition fournit la forme,
l'expérience la matière.

La critique à laquelle est dès lors exposée la théorie de
l'intuition, considérée comme une interprétation de la réalité,
saute aux yeux. Elle établit une séparation si complète entre
l'intuition et l'expérience que tout le contenu concret de
l'intuition disparaît. Les principes logiques deviennent des
tautologies, les maximes morales, des règles formelles,
l'espace et le temps, de vastes vides. On se trouve en face
d'un système de notions qui, pratiquement, sont superflues

et sans valeur. En fin de compte, on ne peut pas se passer d'une expérience progressive, qui procède à l'organisation de la connaissance et de l'intérêt sous l'action de motifs génétiques. C'est seulement dans le résultat de l'expérience et au moyen d'une interprétation réfléchie de ce résultat que nous apprenons à connaître les catégories logiques et les impératifs pratiques d'après lesquels nous conduisons notre vie. La séparation de la forme d'avec la matière est simplement un artifice ; telles et telles formes ne sont des formes qu'autant qu'il existe tels et tels contenus ayant ces formes.

16. Il est clair dès lors que, pour pouvoir assigner quelque raison d'être aux intuitions supposées, qui restent ainsi suspendues en l'air, pour ainsi dire, il faut admettre quelque réalité existant tout à fait en dehors de l'expérience (1). En conséquence, on se trouve amené logiquement à deux autres doctrines, au spiritualisme dogmatique et à l'absolutisme transcendantal. Historiquement, l'une est celle des réalistes écossais, l'autre celle des transcendantalistes kantiens et post-kantiens allemands. Toutes deux sont transcendantales, dans l'acception large du mot, puisque pour toutes deux la réalité est quelque chose qui se trouve au delà de l'expérience, quoique donné dans une immédiateté d'accomplissement ou d'achèvement. Mais, techniquement, le terme transcendantal n'est appliqué en général qu'à l'absolutisme allemand.

17. 2° *Spiritualisme dogmatique.* L'hypothèse d'un esprit, d'une âme, est un moyen simple et direct de sortir d'embarras. L'intuition devient l'organe d'appréhension de l'âme, du principe spirituel. L'âme réagit intuitivement à la réalité, et par là se réalise directement elle-même et réalise directement le monde.

Mais, de cette façon, on interprète l'intuition. On lui donne une base, au moyen d'une assomption, au lieu d'accepter simplement ce qu'elle peut donner immédiatement. L'âme,

(1) Le nouvel intuitionnisme, représenté par Bergson, ne semble pas échapper à cette assomption. Le temps et le libre arbitre que cet auteur considère comme des données immédiates de la conscience se complètent en vertu d'une évolution créatrice où le principe de vie joue à peu près le même rôle que le principe spirituel dans d'autres théories. Voir appendice C, III.

le principe spirituel ainsi supposé est lui-même une notion, un concept, tiré d'expériences étendues de connaissance et d'action, d'intérêt et d'effort (1). Nous apprenons à connaître les caractères du moi, comme ceux du monde, au moyen de tâtonnements, de processus expérimentaux d'un caractère social, au moyen de récurrences, de conversions, d'échecs, de succès, d'inférences, où les relations sociales jouent partout quelque rôle. Invoquer une pareille notion à l'appui d'une thèse intuitionniste, c'est nier l'efficacité ou la suffisance de l'intuition ; car cela revient à y substituer le résultat des processus médiats et discursifs que l'intuition est supposée supplanter. Une fois qu'on a accordé la notion d'une âme indépendante, on peut la regarder comme confirmée par la présence de catégories où de règles intuitives ; mais la manière de procéder inverse n'est pas valable : on ne peut pas faire des intuitions la base de la connaissance pour le principe spirituel, puisqu'elles sont dépourvues de contenu concret. Sans l'expérience, elles sont formelles et vides.

18. En outre, une fois qu'on est entré dans cette voie, rien ne contrôle plus ni ne limite les hypothèses. On se trouve entraîné à toute sorte de dogmatismes. Quels que soient les classes logiques, les identités rationnelles, les principes de casuistique pratique, les facultés psychologiques que l'on puisse trouver commode d'imaginer au cours d'une pareille discussion apologétique, l'âme est assez vaste pour les contenir tous. Comme elle, ils deviennent intuitifs ; ils sont hors des prises de toute démonstration, de même qu'ils sont hors des prises du doute. Le développement du dogmatisme wolffien, avant Kant, et celui de la psychologie des facultés, en Écosse, montrent à quelles extravagances se prête une pareille théorie.

19. 3° *Critique kantienne.* L'autre forme que revêt cette sorte d'immédiatisme procède de spéculations plus profondes.

(1) A cela on peut répondre que l'âme est elle-même une intuition. Mais nous ne voyons pas comment ce point de vue aiderait à savoir ce qu'est l'âme en réalité, quels sont ses véritables caractères et ses véritables facultés. Seule l'expérience, personnelle et sociale, permet de résoudre ces questions.

Elle consiste en un examen critique de l'expérience visant à déterminer exactement dans quelle mesure elle renferme des éléments d'appréhension synthétiques, des éléments qui ne soient pas simplement analytiques et qui ne soient dus à aucune expérience. Y a-t-il des réalisations indépendantes des découvertes que nous faisons dans l'exercice de nos fonctions perceptives et discursives ?

Outre qu'il répondit affirmativement à cette question, Kant institua une comparaison des grands modes de fonction mentale au point de vue de leur rapport avec la réalité ; il posa ainsi le problème de la morphologie comparée, comme nous disons, des éléments formels, à savoir de l'intellect, de la volonté et du sentiment, le problème des réalisations *a priori*. Lequel de ces éléments donne ce qui est le plus valable, le plus réellement réel ? Et comment les différentes réalisations qu'ils fournissent se comportent-elles à l'égard les unes des autres ? Est-ce qu'elles s'harmonisent ou se heurtent ? est-ce qu'elles se complètent, ou, au contraire, se contrarient mutuellement (1) ?

Kant conclut que chacun des trois grands modes de fonction donne des formes *a priori*, des réalisations immédiates et intuitives. Mais quand il en vient à étudier leur validité respective et à évaluer leur contenu, il ne s'en tient pas au dogmatisme, ni au simple intuitionnisme. Tout au contraire, il établit que, sans le contenu qui provient de l'expérience, la forme rationnelle est vide. Les catégories de la raison sont dénuées de valeur si on les considère indépendamment de leur usage phénoménal. Il n'est pas légitime de faire intervenir, pour donner de la valeur à ces formes, une âme indépendante, un principe spirituel, attendu que ce principe

---

(1) C'est là le problème que nous traitons ici, avec cette différence, toutefois, que Kant compare les formes transcendantes, les formes *a priori*, tandis que nous comparons tous les modes de réalité que la conscience accepte et suppose, de quelque espèce qu'ils soient (les modes empiriques et actuels). Notre méthode diffère également de la sienne. Celle de Kant consiste à critiquer un produit achevé, à se demander comment il est possible, alors que la nôtre consiste à décrire et à interpréter un mouvement génétique.

n'est réel que pour la pensée ; il a un caractère « nouménal ». Appliquer les catégories à la chose en soi serait faire entrer cette dernière dans la sphère de l'existence phénoménale et aboutir simplement à un double de l'expérience. Par conséquent, l'intuition rationnelle n'est pas un organe indépendant d'appréhension de la réalité en soi. Les catégories de la pensée et les idées de la raison pure sont simplement des principes régulateurs de notre appréhension.

Le monde réel, et le moi réel, que nous atteignons dans notre expérience, sont phénoménaux ; mais, aux yeux de Kant, ils constituent la seule sorte de réalité que nos processus de connaissance puissent atteindre.

20. La raison pratique, qui opère dans la sphère de la volonté, contient aussi sa forme *a priori*, l'impératif du devoir. Et Kant trouve dans cet impératif la justification des idées de la raison — à savoir Dieu, la liberté, l'immortalité — qui manque à la raison pure elle-même. Ici, dans l'idéal du bien, les idées de la raison deviennent constituantes. Le bien est un idéal téléologique absolu exprimant la nature de l'agent moral. De là suit la réalité de l'âme comme personnalité libre et immortelle.

En conséquence, tandis que la raison pure ne peut pas atteindre une réalité qui soit plus que phénoménale, la raison pratique parvient à le faire dans le postulat du bien absolu. Il y a ainsi une opposition, ou plutôt un contraste, entre les deux raisons, puisque, comme organe d'appréhension de la réalité, c'est la volonté qui est préférée. La nature purement rationnelle de la réalité reste indéterminée, car les processus cognitifs se déroulent sans atteindre leur but. Il y a donc lieu de se demander s'il est quelque autre justification de la connaissance comme telle, et quelque preuve d'une union essentielle entre le côté théorique et le côté pratique de la raison.

21. C'est là l'importante question, déjà signalée plus haut, de la morphologie de la réalité. Que l'intuition rationnelle atteigne ou n'atteigne pas un absolu, que la raison pratique justifie ou non son postulat de quelque façon définitive, il reste encore un problème à résoudre, celui de la synthèse de la connaissance et de la volonté. Devons-nous considérer

ces modes de fonction mentale comme distincts et opposés, ou bien s'unissent-ils en atteignant quelque traduction synthétique et complète de la réalité ? En recourant au nouménal, qu'il oppose au phénoménal, Kant ne fait que rendre plus tranchée la distinction entre l'intuition théorique et l'intuition pratique, car il justifie le postulat transsubjectif de l'une tout en niant la présupposition transsubjective de l'autre. Le résultat qu'il obtient ainsi est une forme de volontarisme reposant sur l'intuition morale.

D'autres spéculations (1) amènent Kant à une forme d'absolutisme où le jugement esthétique joue un rôle considérable. Cette forme d'absolutisme est importante au point de vue du développement des théories du type synthétique et réconciliatoire, ainsi que du type de l'idéalisme absolu. Nous l'étudierons plus loin, à la place qui lui convient, au premier de ces points de vue (2).

22. Notre critique consistera à dire que Kant lui-même démontre la vanité de la distinction entre le phénoménal et le nouménal. Sa tentative pour donner une valeur transcendantale aux intuitions échoue complètement. Pour atteindre une réalité ayant quelque contenu intelligible, il faut, en fin de compte, recourir à l'expérience, au phénoménal, et à l'acceptation de sa référence transsubjective. La question qu'il reste à résoudre est celle de savoir comment on peut maintenir unis les modes de réalité découverts par les processus expérienciels médiateurs et ceux qui sont impliqués dans l'immédiateté intuitive.

Après Kant, la philosophie en Allemagne se livra à une série d'efforts dont on a dit avec raison qu'ils ont quelque chose de romantique et d'épique, efforts tendant à construire l'absolu sur la base de la réalité nouménale, et qui oscillent entre les exigences de la pensée et celles de la volonté, entre l'intellectualisme et le volontarisme (3).

(1) Exposées dans la *Critique du jugement*.
(2) Voir chap. xi, § 4.
(3) Certains aspects de cet idéalisme absolu sont exposés plus loin à propos d'autres sujets : à propos de l'absolu traité comme super-personnel par Bradley, et de l'appel que Schelling fait à l'esthétique.

§ 4. — *Résultat.*

23. Voici quel est, en somme, le résultat de notre examen des théories reposant sur le type intuitif d'immédiateté.

La doctrine de l'intuition aboutissant à des théories dogmatiques et absolutistes, nous ne sommes pas fondés à attendre d'une immédiateté de ce type une révélation exclusive ou définitive de la réalité. Car cette sorte d'immédiateté est vide, si on l'envisage indépendamment du contenu qu'elle reçoit de l'expérience concrète du type médiat — c'est-à-dire des expériences de connaissance et de volonté — de même que la première immédiateté, celle du primitif, est aveugle sans de telles expériences. L'une manque de contenu, l'autre de forme.

Les considérations qui précèdent démontrent en outre que, comme nous le soutenons, de ces deux immédiatetés, l'une, qui se trouve au commencement de la progression génétique de l'esprit, s'oriente en avant vers les processus médiateurs qui l'éclaireront ; tandis que l'autre, qui vient la dernière dans le mouvement de la genèse, s'oriente en arrière vers les mêmes processus, qui lui donnent son contenu, son corps. L'une effectue des contacts qui sont inintelligibles ; l'autre manque de contacts qui soient plus que formels. L'une fournit une matière informe, l'autre aboutit à une enveloppe vide de toute matière.

Il est aisé de voir ce qui manque à chacune. Nous ne saurions nous passer ni des découvertes intellectuelles concrètes ni de la direction pratique que l'exercice de nos facultés médiatrices de connaissance et de volonté peut seul donner.

CHAPITRE XI

LES THÉORIES IMMÉDIATISTES : II. CELLES QUI REPOSENT SUR L'IMMÉDIATETÉ DE SYNTHÈSE

§ 1. — *L'immédiateté de synthèse.*

1. Un troisième type d'immédiateté apparaît quand des processus relativement distincts eux-mêmes, et d'un type médiat, s'unissent en un tout de synthèse et de réconciliation apparente. L'unité de la conscience du moi, par exemple, semble être en un sens une synthèse de nombreux processus présents en même temps ; l'unité du vouloir est la synthèse des motifs ou des éléments actifs qui conduisent à la décision consciente ; l'aperception en général est une synthèse du côté du contenu, donnant une valeur d'immédiateté. Dans chacun de ces cas, le résultat synthétique, où les éléments n'ont plus le même caractère ou la même fonction que quand ils étaient séparés, est un nouvel état d'esprit, quelque chose *sui generis*. Son rôle dans l'appréhension de la réalité est révélé par le caractère de son objet. En tant qu'état d'esprit, il doit être considéré comme étant par lui-même *non composé*, bien qu'il dérive des facteurs particuliers qui y sont entrés (1).

(1) L'un des canons de la logique génétique veut que, pour comprendre chacun des modes psychiques successifs, on ne fasse état que de ses caractères inhérents et actuels : ce canon est celui

On ne doit pas y introduire des significations qui, génétiquement, viennent avant ou après lui dans le développement de la conscience ; on ne doit rien ajouter à la signification qu'il a par lui-même.

Parmi les théories de la réalité qui reposent sur l'immédiateté, il en est qui font intervenir des états synthétiques tels que ceux-là pour illustrer l'immédiateté sur laquelle elles se fondent. Outre les théories d'immédiateté primitive et d'immédiateté transcendante, dont nous avons déjà parlé, il y a un groupe important de théories reposant sur l'immédiateté de synthèse ou de réconciliation.

§ 2. — *Emploi de la synthèse de la personnalité.*

2. *Mysticisme supérieur.* La recherche du réel, telle que la pratiquait le mysticisme primitif, qui allait à tâtons, visait des objets de mystère, de crainte, d'effroi religieux, et conduisait à des états d'absorption, d'extase, de « trance », de frénésie sociale et de véritable folie. Quoique vaguement animiste sous ses formes les plus anciennes, elle n'était pas dirigée vers l'intérieur, sur le moi, mais vers l'extérieur, sur le monde ou sur un être mystique incarné dans le présage, le rite magique, ou quelque autre symbole. C'est seulement après l'établissement des distinctions par lesquelles le subjectif fut isolé dans une certaine mesure comme constituant un monde intérieur, qu'un pareil mysticisme put tenter de se justifier par la réflexion. Cela devint possible pour les penseurs grecs après que le subjectivisme de l'école de Socrate eut préparé la voie à la doctrine de la personnalité consciente. Dans cette doctrine, la tradition mystique prend un autre aspect, plus rationnel. Elle ne comporte plus l'effroi religieux et l'extase du mysticisme primitif, non plus que

de la « progression » (avec le sophisme de la « composition »). Voir *La pensée et les choses*, t. I, chap. I, sect. 23.

l'absorption et l'anéantissement mystiques dans le transcendant ; elle entreprend de se justifier en faisant un usage plus ou moins conscient de la notion de personnalité.

3. Cela apparaît chez les mystiques d'Alexandrie, c'est-à-dire chez Philon et chez Plotin. Abandonnant les explications causales et logiques, ils représentent la création comme une progression du monde, qui, émané de Dieu, s'est développé autour de lui en cercles concentriques ; elle n'est qu'un événement, ayant sa source dans la personnalité de Dieu et aboutissant à d'autres personnalités. Chez Plotin, cette doctrine devient l'affirmation explicite que l'Un est présent pour l'âme quand l'individu est dans l'état d'extase qui le ramène à Dieu. Les processus du monde sont des événements qui se passent dans le sein de l'Un, lequel embrasse tout, et dont le premier mouvement a été de donner naissance à des êtres personnels (1).

Tant dans son résultat, qui consiste dans la suppression du dualisme entre le moi et le monde, que dans sa méthode d'appréhension, qui remplace les interprétations logiques ou causales par la contemplation directe de simples événements, ce mysticisme doit être regardé comme fondé sur la synthèse de la personnalité (2).

Le mysticisme de Boehme, au commencement du xviiᵉ siècle, fit de nouveau intervenir la personnalité. Pour

____

(1) Dans le postulat où il fait de l'esprit une pure entité ou l'Un, postulat qui précède le mouvement d'où sort la personnalité, Plotin passe à une sorte de transcendance. Mais il semble que par là il ait simplement donné un fond logique à son mysticisme spiritualiste.

(2) « Par un acte de contemplation ou d'intuition directe, l'âme humaine affirme qu'elle ne fait qu'un avec le divin. La volonté s'anéantit dans l'extase, le cœur, dans l'amour ; la volonté, s'étouffant elle-même, s'assoupit ; le cœur se plonge dans un calme léthargique. L'être divin, qui ne se révèle pas à la pensée et que l'on n'atteint pas par un effort, le sentiment parvient jusqu'à lui au moyen d'une absorption personnelle. Nous voyons ici le développement légitime de l'amour platonique, libéré de ses présuppositions rationnelles ». — *History of Psychologgy*, de l'auteur, t. I, édition de Londres, p. 75.

lui, comme pour Plotin, la personnalité était la catégorie qui embrasse tout, qui concilie les oppositions de la pensée et de la volonté. Mais tandis que pour Plotin, le penseur spéculatif, l'absolu était l'Un, ce qui constituait une présupposition de la diversité des unités personnelles et des motifs actuels, pour Boehme, le chrétien pieux adonné à la méditation, c'était un premier stade réel ou ontologique dans le développement de la nature divine. Dieu s'engendre lui-même au moyen des oppositions et des réconciliations successives que comporte sa propre nature. Les facultés mentales, la connaissance, la volonté et l'amour, naissent au cours de cette évolution de la personnalité positive. Il y a un mouvement constant d'ajustement — d'affirmation, de limitation, de réconciliation — au sein de la personnalité ; et les motifs des processus particuliers sont absorbés et unifiés dans ce mouvement.

Cette idée se prêtait directement aux interprétations romantiques auxquelles se livra dans la suite la philosophie allemande, et où la réconciliation des contraires joue un rôle si important, particulièrement à celle que l'on trouve dans l'absolutisme de Fichte et de Hegel. Mais aussitôt qu'on la retira de l'atmosphère de mysticisme et de foi théologique où elle avait pris naissance, elle se transforma en l'une ou l'autre des deux alternatives des théories de médiation, c'est-à-dire en intellectualisme ou en volontarisme. Les partisans de la pensée pure déclaraient : « au commencement était la parole » ; à quoi ceux de la volonté pure répondaient : « au commencement était l'action. » C'est ainsi que se répétèrent des systèmes d'absolutisme fondés alternativement sur des interprétations de la pensée et sur des interprétations de la volonté.

5. Dans cette évolution, l'histoire elle-même met en évidence la critique à laquelle donnent prise les théories reposant sur la synthèse de la personnalité. Le postulat de la conscience immédiate de la personnalité peut être utilisé dans la contemplation mystique et dans la foi théologique ; mais, dès qu'on tente de le justifier, une pareille personnalité se fragmente par suite de l'analyse mentale que l'on effectue, ou bien devient transcendante, dans un principe absolu et

formel, soit la pensée soit la volonté. Sans doute, on est en droit de dire que le sentiment de notre personnalité nous donne la connaissance immédiate d'une unité synthétique à laquelle les diverses facultés de l'esprit sont inhérentes de quelque manière ; on ne fait ainsi que reconnaître le fait que le mysticisme réalise. Mais autre chose est dire que la personnalité qui appréhende ainsi la réalité est elle-même la forme synthétique de la réalité qu'elle appréhende. Le dualisme de « moi et autrui » s'affirme, et, en triomphant de ce dualisme, l'absolu de Fichte et de Hegel a accompli son tour de force le plus surprenant. Il « pose », « reconnaît », « affirme », — ces mots remplacent tous l'ancien terme mystique » crée » — l' « autre », ce qui découle nécessairement de quelque manière de l'unité et de l'identité absolues de l'Un.

En réalité, ces interprétations logiques ne répondent pas mieux au but que la simple foi de Jacob Boehme. C'est peut-être au moment mystique lui-même que le moi objectif atteint une immédiateté réelle ; mais ordinairement ce moi est un complexe d'éléments sensitifs et sociaux où les processus de la médiation sont plus ou moins manifestes. Recourir à cette sorte de moi, c'est revenir au spiritualisme dogmatique, avec toutes ses difficultés, et abandonner la grande route de l'immédiat. Comme nous l'avons fait remarquer, Boehme lui-même s'est engagé dans cette direction en trouvant des oppositions et des distinctions inhérentes à la nature autogène de Dieu.

C'est la difficulté qu'il y a à trouver quelque différence réelle et concrète entre l'esprit et le corps, sur la base d'un principe absolu identique à lui-même, qui conduisit Spinoza à imaginer sa doctrine « de la substance et des attributs ». Dans les attributs, il reconnaît la dualité des existences concrètes ; dans la substance, l'identité de l'absolu. Selon lui, il y a deux attributs, qui sont « la pensée » et « l'extension » ; Il déclare expressément que la substance est indéfinissable ; néanmoins il l'appelle Dieu. Nous voyons là les motifs du mysticisme religieux se réaffirmer. Chez Spinoza, quoiqu'il prétende employer une méthode « géométrique », l'antinomie entre l'idéalité et l'actualité, entre l'infini et le particulier, cherche une solution émotionnelle.

6. *Le super-personnel*. Dans la pensée religieuse, comme nous l'avons vu, l'idée de personnalité est appliquée à l'absolu, qui prend le nom de Dieu. Il est le Super-personnel, réalisé par la foi mais non appréhendé adéquatement par la raison.

Dans les discussions philosophiques contemporaines, certains approchent, d'une façon qu'il est intéressant de noter, d'un pareil absolu super-personnel ; ce sont ceux qui cherchent à conserver le point de vue de la personnalité subjective, tout en appuyant sur l'immédiateté de sentiment ou « sentience », en même temps que sur la réalisation dont le sentiment est capable. Ils font du super-personnel une sorte de cas limite ; ils le regardent comme atteint au moyen d'une série d'approximations dans l'expansion du moi. Ils conçoivent les diverses facultés mentales comme portées à l'infini. C'est supposer la présence, dans chaque « centre fini » individuel, d'une personnalité plus vaste, presque infinie, ou d'un « absolu » dont la personnalité est ambiguë (1).

Toutefois on n'a pas, pour considérer le moi comme principe synthétique de la réalité, d'autre base où s'appuyer que l'identité qu'on croit reconnaître entre l'organisation de la vie mentale, avec son apparence d' « unité dans la variété » et d' « identité dans la différence », d'une part, et celle du monde en général, d'autre part. Mais, comme nous l'avons vu, c'est cette organisation — quand nous l'envisageons bien telle qu'elle est — qui présente les dualismes et les oppositions les plus marqués, et, par conséquent, les plus embarrassants pour notre interprétation : ceux de l'esprit et du corps, du fait et de l'idéal, de la vérité et de la valeur (2). La projection du tableau tout entier de la vie mentale sur l'écran cosmique ne semble pas la débarrasser de ses désharmonies inhérentes.

Si des formules telles que l'unité dans la variété, l'identité dans la différence, et la relation organique entre le tout et

(1) Cf. Appendice C, la thèse de F.-H. Bradley.
(2) Notre personnalité apparaît non comme un ensemble formé de tous les éléments de la réalité, mais comme une partie d'un tout plus vaste, d'un tout physique et social.

les parties, présentent des figures rassurantes, empruntées aux aspects formels de la vie du moi, elles ne nous éclairent pas réellement sur la nature matérielle du monde (1). En tout cas, tout en reconnaissant la profondeur de ces considérations par lesquelles on tente d'interpréter les éléments discordants du réel (2), nous pouvons dire que, si ces aspect de l'organisation consciente nous éclairent dans une certaine mesure sur la nature de la réalité, on peut signaler d'autres modes d'unité de la conscience du moi qui nous éclairent mieux encore à cet égard. On n'est pas obligé de se contenter de supposer par analogie que la nature de la réalité, dans son organisation achevée, répète ou exprime l'unité de l'expérience organisée ; on peut trouver la preuve de cette identité là où Kant pensait qu'il est possible de la trouver, c'est-à-dire dans la fonction mentale elle-même. On peut poser ici la question de savoir s'il n'y a pas quelque mode d'expérience où le moi réalise sa propre nature en s'identifiant avec le contenu organisé de sa propre expérience. Nous allons montrer que nous sommes en mesure de faire une réponse affirmative à cette question.

7. Mais la simple expansion de la personnalité ne mène à rien. Les facteurs impliqués, que l'on porte l'un après l'autre à l'infini ou auxquels on fait accomplir leurs idéals, perdent chacun à son tour leur caractère distinctif dans l'unité du tout ; et à la fin la lumière incolore de l'identité formelle succède aux rayons colorés du spectre de l'expérience personnelle. Comme abstraction, le super-personnel perd et l'immédiateté concrète du sentiment des mystiques et le caractère concret de la connaissance et de la volonté postulées par les intellectualistes et les volontaristes.

8. Il n'en est pas moins vrai que la théorie qui recourt à la personnalité, considérée comme une synthèse où sont unis

---

(1) Voir dans la *Psychological Review*, 1902-1903, une discussion entre le Prof. B. Bosanquet et l'auteur sur ce point et d'autres qui s'y rattachent.

(2) Elles ont été développées d'une façon très brillante par Bosanquet, Bradley, Creighton, et d'autres néo-hégéliens de l'école anglaise.

des éléments fonctionnels opposés, réalise mieux les conditions nécessaires à la solution du problème de la réalité qu'aucune autre des théories dont il a été question. Ce qui la limite, c'est que c'est précisément quand le moi se réalise
pleinement que l'opposition entre la personne et la chose, et
entre des personnes distinctes, devient le plus tranchée. Il
semble qu'à moins de recourir au mysticisme religieux il n'y
ait pas d'autre moyen d'obvier à cette difficulté que d'examiner à nouveau tout le mouvement de la conscience, en vue de
découvrir quelque autre motif réconciliatoire. Comme nous
l'avons donné à entendre plus haut, la question est celle-ci :
y a-t-il quelque expérience où *le moi se réalise, non en opposition avec l' « autre », mais dans l'autre ?* Un pareil type d'expérience, projeté sur l'écran du monde, parait être ce qu'ont
recherché les solutions diverses, — les solutions rationaliste,
volontariste, affectiviste, — dont chacune isole un motif particulier. Il aboutirait également à une philosophie où la personnalité, entendue dans le sens large d' « expérience »,
serait fondamentale.

La voie qui conduit à un pareil point de vue a été préparée,
à mon avis, par les tentatives qui ont été faites pour développer la théorie du sentiment du côté épistémologique. Si
fragmentaire qu'elle soit restée et si peu de partisans qu'elle
ait groupés à chacune de ses apparitions successives, cette
théorie promet pourtant de prendre la forme d'une doctrine
articulée et intelligible.

§ 3. — *La synthèse du sentiment.*

9. *L'amour platonique* (1). L' « amour divin » de Platon
représente la première tentative, et la tentative la plus intéressante à bien des égards, qui ait été faite pour parvenir à

(1) W.-D. Furry (Voir *The Æsthetic Experience*, partie historique,
particulièrement le chap. VI) a traité d'une façon suggestive les
sujets étudiés sous cette rubrique et sous les rubriques suivantes
de ce chapitre.

une synthèse de cette espèce. Platon développe ses théories du bien et de l'idée, et conclut que l'un et l'autre conduisent également à l'idée la plus haute, à Dieu. Dieu, l'idée suprême, est aussi le bien suprême. Mais il est réservé au sentiment de réaliser, en une seule intuition, l'idée de Dieu, qui est à la fois la raison ou l'idée absolue et la fin ou le bien absolu. Cette intuition prend la forme de la contemplation immédiate du divin, état appelé « amour divin ». La médiation du réel au moyen des idées et celle du bien au moyen des fins, qui sont toutes deux des éléments intrinsèques de la philosophie de Platon, aboutissent à *la réalisation de Dieu dans le sentiment immédiat.*

Cependant Platon ne doit pas être rangé simplement parmi les mystiques religieux. Son amour, à la vérité, est religieux, parce que, à ses yeux, l'idée suprême est Dieu ; et il est également mystique, parce qu'il est un état de sentiment qui par lui-même ne rend pas compte de son objet. Mais il n'en est pas moins un résultat synthétique, où les éléments de la réflexion donnent naissance à une immédiateté supérieure ; ce n'est pas une simple chute dans le sentiment, après l'abandon de la pensée.

Cette dernière affirmation est corroborée par la présence du facteur esthétique dans l'amour platonique. Cet amour prend la forme d'une contemplation immédiate du parfait et de l'ineffable, contemplation qui plonge l'âme dans le ravissement, et où la perfection est réalisée et l'immortalité, atteinte. Il est la réponse de la raison divine de l'homme à la bonté et à la sagesse divines de Dieu. En réalisant ainsi l'idée absolue, on étreint l'idéal esthétique ; car cet idéal, celui que l'artiste imite et dont il crée l'image dans l'œuvre d'art, est pour Platon l'archétype ou l'idée de la chose même que présente la nature (1).

____

(1) Cf. Gomperz, *The Greek Thinkers,* t. III, p. 102 et suiv. On lit dans le *Symposium* de Platon : « Celui qui a été ainsi instruit dans les choses de l'amour... percevra soudain une nature d'une merveilleuse beauté... la beauté absolue, distincte, simple et éternelle, qui, sans amoindrissement et sans accroissement, ni aucun changement, est communiquée aux beautés toujours croissantes et

La tradition de l'amour platonique se divisa, au cours du temps, en deux courants. Le motif religieux, qui impliquait la personnalité de Dieu, donna naissance au mysticisme de Plotin et de Boehme, comme nous l'avons déjà vu ; et le motif philosophique prit un aspect plus psychologique dans la tentative pour localiser la fonction du sentiment et pour estimer sa valeur épistémologique. Cette tentative marque le début de que ce nous pouvons appeler l'affectivisme.

10. *Affectivisme.* Sous ses formes les plus simples, l'affectivisme était simplement une tentative pour isoler la base psychologique du mysticisme et par là le justifier. Chez les mystiques allemands du commencement du xiv° siècle, c'est-à-dire chez Eckhart et chez Tauler, c'est le cœur — pour traduire ainsi le mot allemand Gemüth employé par eux — les affections, toute la détermination active-affective de la personnalité, qui jouent ici un rôle. Le cœur, par opposition à la raison, révèle complètement la réalité ; il continue et complète l'œuvre de la raison. C'est une fonction synthétique, une fonction de réalisation immédiate, et non de compréhension analytique.

11. *Affectivisme constructif.* La fonction d'appréhension qui apparaît dans les mouvements du cœur et dans l'«illumination » en général, fut définie plus complètement, au xvi° siècle, par les mystiques de la Renaissance. Ils développèrent la doctrine aristotélique de l'imagination, qu'ils regardaient comme effectuant de diverses manières des médiations entre la sensation et la raison (1). L'imagination complète les données détachées des sens, au moyen desquelles elle construit les idées, et offre à la raison des schémas préliminaires, des constructions idéales. Cette théorie

toujours périssantes de toutes les autres choses... Telle est, mon cher Socrate, la vie, supérieure à toutes les autres, que l'homme doit vivre, dans la contemplation de la beauté absolue... Rappelle-toi comment, dans cette communion, tout en ne contemplant la beauté qu'avec les yeux de l'esprit, il pourra faire surgir non pas des images de la beauté, mais des réalités, car ce n'est pas une image qu'il étreint, c'est la réalité ».

(1) Cf., au sujet de ce passage, *History of Psychology*, de l'auteur, édit. de Londres, t. I, p. 101 et suiv.

devance celle de Kant sur l'imagination schématisante, et, en somme, est plus claire que celle-ci. Elle fait également prévoir la doctrine moderne de la fonction d'assomption qui est la fonction expérimentale de l'imagination (1).

Il est intéressant que cette théorie ait été imaginée par des auteurs d'une tournure d'esprit mystique. Elle constitue un pas important dans l'évolution par laquelle le mysticisme, parti du stade de l'émotion et du sentiment, est parvenu à édifier une théorie constructive rationnelle. Si l'imagination, dans son fonctionnement normal, atteint les résultats autrefois attribués à l'intuition émotionnelle et à l'extase, ce type d'appréhension peut être noté comme une des fonctions normales de la connaissance.

12. On ne trouve pas d'étude synthétique de ce sujet dans ces auteurs mystiques, mais on doit tenir compte de leur doctrine dans toute théorie, telle que la nôtre, pour laquelle l'imagination est l'ossature intellectuelle qui permet aux éléments de la synthèse affective de prendre, en se groupant autour d'elle, leur forme la plus élevée. C'est dans l'imagination schématisante et investigatrice que les constructions mentales de toute sorte — les connaissances, les idées, les fins — sont libérées dans une certaine mesure du contrôle étroit des faits et de l'utilité, et rendues utilisables pour les réalisations plus directes où le moi s'unit avec son objet. Sans cette reconstruction de l'objet sous une forme « semblante » par l'imagination, aucune réconciliation intrinsèque de l'objectif et du subjectif ne serait possible. C'est précisément en ce point que toutes les théories que nous avons examinées jusqu'ici sont en défaut. Ou bien elles représentent l'un des termes opposés comme subordonné à l'autre, ou bien elles les cachent tous deux sous un voile de sentiment ou d'intuition. Une réconciliation essentielle exige une fonction qui extirpe la racine de l'opposition entre le sujet et l'objet, et qui élimine *à sa source* le dualisme des contrôles interne et externe. Cette fonction, nous en sommes convaincu, est l'imagination.

(1) Nous parlerons plus loin de l'application de cette doctrine aux produits « semblants » du jeu et de l'art.

13. *La foi.* Le stade suivant dans la direction de la théorie rationnelle de l'affectif est constitué par la « philosophie de la foi », particulièrement sous la forme où nous la trouvons dans les écrits de F. H. Jacobi. Toutefois ce que Jacobi étudie, ce n'est pas la charpente intellectuelle, mais l'attitude de l'esprit et la manière de procéder qui se manifestent dans l'appréhension immédiate. Cette attitude, d'après lui, est une attitude de foi ; elle diffère aussi bien de la conviction rationnelle produite par les preuves que de la crédulité impliquée dans la confiance des enfants. C'est l'attitude d'acceptation immédiate par l'esprit, quand il se trouve en présence de la réalité, soit sensible, soit rationnelle (1). Et l'aptitude de l'objet à exciter cette attitude devient le critérium de la réalité. Le réel est ce qui se manifeste de manière à éveiller notre foi.

14. On s'éloigne ainsi de l'extase mystique pour se rapprocher de la théorie d'intuition ; et, de fait, Jacobi identifie la foi avec la raison pure de Kant ; toutefois il voit en elle un état de sentiment immédiat. En tant qu'elle détermine plus complètement l'immédiateté du côté subjectif, cette doctrine constitue un progrès ; mais, en la caractérisant comme un état de foi, elle ne fait pas apparaitre les éléments d'une véritable synthèse affective. Il faudrait la compléter, du côté cognitif, en y introduisant quelque facteur qui rendit objectivement valables les objets de la foi. Tel qu'il est, le « fidéisme » — comme on a appelé la philosophie de la foi — est plus subjectif, du côté formel, que l'intuitionnisme

----

(1) La doctrine de Jacobi rappelle la doctrine postérieure de Brentano, qui fait de la fonction du jugement une attitude active originelle d'acceptation ou de rejet. Mais, aux yeux de Jacobi, si la foi peut être éveillée en réponse à une argumentation, il n'y a pas là une condition qui la limite ; elle est plus universelle et aussi moins fallacieuse que la conviction intellectuelle.

Une autre théorie qu'il est intéressant de rappeler ici est celle de la « seconde pensée », du franciscain Duns Scot, qui tient qu'une suggestion entrant dans l'esprit comme « première pensée » doit être embrassée activement ou acceptée par la volonté pour devenir une « seconde pensée » ; à cette seconde pensée s'attachent la réalité et la responsabilité de l'agent.

auquel il a donné naissance ; mais il n'est guère moins aveugle, du côté matériel, que le mysticisme d'où il tire son origine. Il aurait besoin qu'on lui adjoignît la doctrine de l'imagination, ou quelque doctrine équivalente, qui lui fournirait une charpente intellectuelle : quelque procédé permettant de construire le vrai et le bien sous une forme que la foi pût utiliser sans entrer en opposition avec les faits ou avec les désirs non accomplis. L'immédiateté réconciliatoire, nous le répétons, est une immédiateté de synthèse réelle des facteurs cognitifs et des facteurs actifs.

§ 4. — *La synthèse esthétique.*

15. La réconciliation synthétique que nous visons a été découverte, plus ou moins incidemment, dans l'expérience esthétique par trois des grands penseurs qui figurent dans l'histoire. Chacun d'eux représente un mouvement de la pensée parvenu à son apogée alors que toutes les difficultés des hypothèses logiques alternatives étaient devenues manifestes. Ces penseurs sont Aristote, Kant et Schelling.

1° Les motifs de la pensée de ses devanciers se rencontraient et se mêlaient chez Aristote. Le subjectivisme de la doctrine socratique, qui faisait intervenir le monde intérieur, et l'objectivisme des points de vue scientifique et cosmique demandaient à être synthétisés et réconciliés. Au jugement de Platon, l'idée absolue et le bien absolu devaient également recevoir une place dans le réel, dans Dieu ; d'où l'amour platonique, mode affectif de réconciliation — d'une valeur esthétique considérable, comme nous l'avons vu — qui atteignit son plus grand développement dans le mysticisme d'Alexandrie.

Chez Aristote, cette réconciliation, qui avait été d'abord affaire de sentiment, devint objet de théorie. La distinction entre la potentialité et l'actualité et entre la matière et la forme exigeait que Dieu fût pure forme, pure actualité.

Comme tel, son être, son existence, est une existence de contemplation éternelle de soi ; il est séparé des mondes, qui restent en rapport avec lui et conservent leur place et leur mouvement par l'effet du principe spirituel qu'ils renferment. Ils sont mus par leur amour envers Dieu. Cette théorie cosmique se présente comme une illustration concrète de l'amour par lequel la partie spirituelle de l'homme saisit la réalité de Dieu. En retour, Dieu contemple l'univers comme une œuvre d'art, comme un tout achevé où l'idéal de l'imagination esthétique se présente sous une forme sensible.

16. Il ne serait pas difficile, naturellement, d'exagérer l'importance théorique de cette première synthèse ; elle est encore semi-mystique et suffisamment figurative. Elle mêle l'amour à la loi, les forces spirituelles aux forces cosmiques. Mais quand on se rappelle que la physique d'Aristote était téléologique en son principe, et non mécanique, et que la fin ou *telos* était une pure forme, une forme vide de toute matière, on voit que cette synthèse n'est pas aussi peu pertinente qu'il pourrait sembler tout d'abord. Aristote ne s'écartait pas beaucoup non plus de son principe métaphysique lorsqu'il voyait dans l'idéal de l'artiste et dans l'appréhension de cet idéal au moyen de la contemplation le moment où le mouvement téléologique des choses parvenait au point d'arrêt en présentant le tableau achevé offert à la contemplation de Dieu. S'il y a une intelligence ou une expérience absolue, et si elle appréhende objectivement le monde sensible, qu'est-ce qui pourrait mieux que la contemplation esthétique servir à représenter par une analogie la relation de l'une à l'autre ?

17. 2° Kant se trouva en face d'alternatives tout aussi pressantes. En se développant, le rationalisme logique s'était transformé en dogmatisme et en formalisme ; l'empirisme sensitif, en scepticisme et en matérialisme ; le spiritualisme, en intuitionnisme et en mysticisme religieux. Ces oppositions philosophiques se répétèrent chez lui sous la forme de distinctions plus rigoureuses entre la raison et le sentiment, entre le pur et le pratique, entre la forme et la matière. La raison théorique se perdait dans un labyrinthe d'antinomies et n'atteignait pas la réalité. La vie pratique supposait ou

postulait le réel, mais ne donnait pas de raison adéquate de sa confiance. De là ressortait clairement que la vie sans recherche approfondie de la vérité ne peut pas accomplir pleinement sa fin, et que la raison sans contenu ne peut pas peupler les demeures de la vie.

Y a-t-il — telle est la question que l'on peut poser ici — quelque lien plus intrinsèque entre le vrai et le bien, entre la raison théorique et la raison pratique, entre la « nature » que présuppose l'intelligence et la « liberté » que suppose la morale? Y a-t-il quelque lien entre le formel ou l'*a priori* comme tel, auquel la raison impose ses lois, et les impulsions et faits concrets de la vie contenus dans l'expérience sensible?

Dans la *Critique du jugement*, Kant fait connaître, ou du moins fait entrevoir, un mode de réconciliation de la pensée et de la nature, ou, ainsi qu'il s'exprime, « de la nature et de la liberté », dans le domaine du sentiment, dans le jugement du goût esthétique.

18. L'objet spécial du jugement de goût n'est pas, pour Kant, le contenu objectif lui-même ; celui ci doit sa forme à des jugements rationnels et pratiques. Dans le jugement de goût, au contraire, on trouve le principe *à priori* que le monde est fait pour être appréhendé par l'esprit ou se prête à cette appréhension (dans le cas du jugement du beau), et que l'esprit est fait pour appréhender le monde, ou apte à cette appréhension (dans le cas du jugement du sublime). Mais si la contemplation esthétique reste formelle et régulatrice dans son principe de jugement, on trouve néanmoins dans l'expérience accompagnante de plaisir esthétique et de son contraire des indications concrètes immédiates des rapports plus larges d'harmonie qui existent entre l'esprit et ses objets, ainsi qu'entre les facultés elles-mêmes (1). Ainsi la

(1) « Les attributs esthétiques (suivant Kant), en tout cas le beau et son contraire, doivent être considérés comme des conséquences de la plus ou moins grande facilité avec laquelle le particulier et l'universel s'unissent dans l'appréhension concrète de la chose. » (R. Adamson, *Development of Modern Philosophy*, t. I, p. 226 et 227). L'universel est le facteur subjectif, le particulier le facteur objectif.

place de l'esprit dans l'ensemble de la réalité et la signification de la réalité pour l'esprit se révèlent en partie quand on
les traduit en sentiment (1).

19. Si l'on veut chercher à effectuer une pareille synthèse
au moyen de l'expérience esthétique, il importe de s'aider
de la théorie de l'imagination. Nous avons noté l'usage
qu'Aristote fait de l'imagination dans sa théorie de l'esthétique, et l'extension que donnent à son rôle cognitif les mystiques italiens. Chez Kant, on trouve une doctrine reposant
sur le « schématisme », où il assigne un rôle à l'imagination
dans la formation non seulement des productions spéciales
telles que celles de l'art, mais encore de tous les produits
normaux de la connaissance. L'imagination schématique
est placée entre la perception et la pensée. Bien qu'elle soit
encore formelle, (2) elle satisfait au besoin de médiation
entre les sens et la raison, au besoin logique sinon au besoin
actuel, et semble atténuer le caractère abstrait des catégories
intellectuelles et diminuer l'éloignement où elles sont de
leurs objets concrets.

20. Prises ensemble, ces doctrines semblent offrir les matériaux d'une synthèse de la volonté et de la raison dans le
domaine de l'appréciation esthétique. Pour Kant, la nature
d'une pareille synthèse devait être marquée par le rôle constructif de l'imagination esthétique ; mais, même s'il avait
mis en œuvre cette idée d'une manière conséquente, elle
aurait pris la forme d'une synthèse effectuée dans le domaine des idéals formels par le jugement de goût, qui rend

(1) C'est ici que Kant atteint, sans le développer toutefois, le
postulat d'un principe moniste, par lequel la distinction entre
l'âme et le monde, entre la liberté et la nature, est abolie. Il poursuit toujours sa recherche de la « chose en soi ». « Il doit y avoir,
dit-il, à la base même de la nature, une cause à l'unité du super-
sensible avec ce que le concept de liberté contient pratiquement ».
(*Critique du jugement*, Introduction, p. 12 de la traduction anglaise de Bernard).

(2) En raison de ce caractère formel, le schéma de Kant ne
remplit pas le rôle expérimental attribué à l'imagination schématisante dans l'ouvrage de l'auteur sur la Logique expérimentale.

compte *a priori* de l'harmonie de la pensée et des choses (1).

En tout cas, il est manifeste que Kant n'a pas formulé une vraie doctrine de l'imagination schématique. Le schéma concret de l'imagination n'aurait été à ses yeux qu'un produit phénoménal, un degré de l'échelle des fonctions empiriques. Il ne lui serait pas venu à l'esprit que, de par sa nature et son rôle, ce schéma ne faisait qu'un avec le jugement de goût par lequel était effectuée la synthèse des idéals. Sans quoi il aurait vu s'évanouir la distinction entre le formel et l'empirique.

Au lieu donc de faire disparaître l'opposition entre le phénoménal et le nouménal, entre le sentiment et la raison, entre la volonté et l'intelligence, cette doctrine présente tout au plus un nouvel idéal de raison, plus synthétique sous le rapport formel, l'idéal du goût. La valeur objective de cet idéal est voilée par toutes les ambiguïtés de la distinction entre le phénoménal et le réel. Si nous accordons que l'on peut discerner dans la beauté idéale des modèles de vérité idéale et de bonté idéale harmonieusement unis, la question se posera pour nous de savoir dans quelle mesure ce fait assure la vérité et la bonté des éléments des œuvres d'art que nous admirons. Et s'il l'assure pleinement, quelle est la fonction mentale par laquelle cette synthèse est effectuée ? En d'autres termes, y a-t-il une synthèse empirique, une union réelle des facteurs cognitifs et des facteurs actifs, dans l'expérience esthétique elle-même ? Kant aurait pu constater qu'il en est bien ainsi s'il était parti de la fonction schematique de l'imagination empirique.

(1) A la vérité, il ne faut pas attacher trop d'importance au fait que Kant a indiqué l'imagination esthétique comme pouvant servir de base pour la construction d'une pareille synthèse, attendu que selon lui elle pourrait être construite également bien et même mieux sur d'autres bases, notamment sur celle que présente la finalité qui apparaît dans l'organisation des créatures vivantes. De pareilles indications, qui résultent de l'adoption de points de vue empiriques, ont le caractère d'interprétations ; elles n'appartiennent pas à la « critique » comme telle, dont le résultat finale fut l'hégémonie de la morale.

C'est à ce défaut, à ce formalisme, que la théorie doit maintenant tenter de remédier. Au lieu de partir du formel et de l'universel, il faut partir de l'empirique et du concret. Nous ne sommes pas en quête d'une synthèse qui satisfasse les exigences de la construction logique et formelle : nous en cherchons une qui fasse apparaître, dans l'expérience, un motif de réconciliation.

21. Cependant Kant donna, en fin de compte, une puissante impulsion aux recherches visant un affectivisme constructif, du genre du pancalisme, dont nous développerons plus loin la doctrine. Il indiqua des raisons solides de croire que la volonté et la raison se trouvent unies dans le sentiment, et que le sentiment où elles sont fondues ensemble est présent dans l'exercice du jugement esthétique, ainsi que l'avaient proclamé les mystiques platoniciens aussi bien que les absolutistes de l'école d'Aristote. En outre, il mit en relief le fait que l'imagination fournit à l'art sa charpente cognitive, ainsi que l'avaient déjà avancé certains de ses prédécesseurs. Mais ce qui manque à sa théorie, c'est l'intégration de tout ce mode imaginatif de synthèse dans l'ensemble de l'expérience concrète, intégration qui permettrait de dire qu'il est toujours possible, dans la vie d'action et de pensée, de s'arrêter devant une belle réalité et d'en jouir, en un mot, de la réaliser. Elle doit être accomplie au moyen de la recherche et de l'analyse psychologique, et non au moyen de la méthode de Kant, qui consiste à choisir entre plusieurs alternatives formelles.

22. 3° Un troisième penseur, Schelling, vit dans la contemplation esthétique une synthèse des facteurs considérés comme primordiaux par les philosophes de son temps. La thèse romantique de Fichte, où le moi était représenté sous la forme de la conscience absolue du moi, avait réduit la nature à une négation ; la nature était simplement la limitation posée par l'*ego* au cours de son développement. Aux yeux de Schelling, cette conception ne rendait pas justice à la réalité de la nature. Il convient plutôt, disait-il, de regarder la nature comme un stade antérieur de l'*ego* lui-même, comme son stade préhistorique, où il était inconscient. Les mêmes motifs d'évolution opèrent dans les forces incon-

scientes de la matière, pour apparaître ensuite dans la con
science de la vie organisée.

Le dualisme entre l'esprit et la matière, le conscient et
l'inconscient, était donc pour Schelling un dualisme d'évolution ; l'esprit sommeille sous une forme implicite dans la
nature. Et la question se pose de savoir s'il y a quelque
mode d'appréhension où se montre l'identité réelle d'essence
de l'esprit et de la matière. La vie consciente témoigne-t-elle
de quelque manière de l'identité absolue du principe spirituel et de l'unité de toute réalité ?

A cette question Schelling répond en signalant trois fonctions ou activités que l'esprit conscient montre qu'il possède :
l'activité de la connaissance, celle de la pratique et celle de
l'art. Dans la dernière, l'esprit atteint l'intuition par laquelle
il réalise son identité avec la nature. Dans l'art, le conscient
fait appel à l'inconscient comme à quelque chose qui est un
avec lui.

23. Outre cette synthèse de l'esprit et de la nature dans
l'art, synthèse qui justifie le principe philosophique de l'identité, Schelling trouve dans l'art une autre synthèse essentielle, celle de la connaissance et de la pratique. Dans la
jouissance esthétique, une céleste fantaisie, une intuition
spirituelle fait disparaître l'opposition entre le théorique et
le pratique, et donne conscience à l'esprit de son unité avec
lui-même (1).

(1) L'une de ces deux synthèses, celle de l'identité de la nature
et de l'esprit, qui se révèle objectivement par un processus génétique, par un processus d'évolution, est restée dans la spéculation
allemande. Mais la seconde, celle du théorique et du pratique dans
l'art, n'a pas exercé une influence durable sur la pensée philosophique. Par contre, les motifs contrastants de la pensée et de la
volonté ont servi de base respectivement à deux systèmes opposés,
à l'intellectualisme de Hegel et au volontarisme de Schopenhauer.

Il est intéressant de noter que Schopenhauer demande autre
chose à l'art. Pour lui, l'esthétique n'est pas une expérience synthétique, mais une distraction temporaire grâce à laquelle on est
déliyré pour un instant des tourments d'une vie de lutte infruc-
tueuse. La volonté est momentanément suspendue. L'art est un
refuge, un luxe. Schopenhauer néglige l'élément de vie réelle que

Le passage suivant d'Adamson indique clairement l'esprit de l'enseignement de Schelling :

« La conscience théorique aboutit à cette attitude abstraite de réflexion intérieure où le moi semble être simplement et absolument opposé à la possession de tout contenu concret. On échappe à cette attitude, on résout la difficulté qu'elle comporte, par une activité pratique, par la réalisation du moi dans l'action ou la conduite. Mais néanmoins la conscience pratique, même à son état de plus grand développement, laisse inconciliés le sujet pensant, conscient de lui-même, et la sphère où se déploie son activité ; ou, en d'autres termes, la phase la plus élevée de la conscience pratique manifeste nettement l'opposition entre le théorique et le pratique, cette opposition qui, dans le système kantien, se formule dans la distinction entre le domaine de la nature et celui de la morale. Fixe, nécessaire, universel — voilà les attributs en ce qui concerne la compréhension théorique des faits ; spontané, libre, individualisant — voilà les attributs que nous assignons au moi pratique. Une réconciliation de cette opposition — un principe rendant justice à la fois à l'universalité et à la fixité de la nature telle qu'elle est connue, et à la spontanéité, à la liberté de l'esprit se réalisant dans l'action — est donnée dans la conception d'après laquelle on représente la nature comme un domaine de fins, et dans l'attitude de la conscience à l'égard de ce mode de représentation, telle qu'elle est exprimée dans l'art. La conception artistique de la nature, où la réalité est regardée comme un tout vivant, comme étant partout l'expression de l'esprit — tel est pour Schelling le sommet de la pensée, l'attitude finale de la spéculation. »

Le même auteur dit encore :

renferme l'art ; il ne voit pas comme il est compréhensif. « Il oublie, dit Höffding (*History of Modern Philosophy*, trad. angl., p. 234), l'absorption sympathique qui présuppose que nous attribuons de la valeur à l'objet esthétique ». Schopenhauer voit la véritable délivrance dans l'état de quiétude des extatiques ou des mystiques, état où la volonté de croire de l'individu s'abîme dans le « néant du nirvana ».

« La doctrine de la connaissance, la doctrine de la morale, la doctrine de l'art, telles sont les trois divisions de la philosophie de l'esprit ; et, dans chacune de ces divisions, le progrès est du même type général. On avance d'un stade au suivant en vertu de l'apparition de différences ou de problèmes qui appellent un mode de conscience plus élevé, plus plein, plus compréhensif » (1).

24. Ces propositions de Schelling ont le grand mérite de démontrer la nécessité essentielle d'une synthèse et d'indiquer les facteurs qui doivent y être compris. Cet auteur conclut, en outre, que le mode positif de conscience où s'opère la réconciliation est le mode esthétique, la conscience artistique. Les grands dualismes des processus génétiques, l'esprit et la matière, la connaissance et la pratique, telles sont, comme nous l'avons constaté, les oppositions chroniques de la vie mentale ; c'est l'épine plantée dans le flanc d'une théorie rationnelle des choses.

Mais, tout en étant dirigée, selon nous, du bon côté, la solution proposée par Schelling est trop spéculative, et aussi trop peu cohérente, pour emporter la conviction. Elle oscille entre l'indéfini abstrait et l'immédiat mystique. Elle ne montre pas que la conscience artistique a le contenu synthétique voulu.

Les alternatives dualistes persistent dans les spéculations ultérieures de ce philosophe, et la baguette esthétique qu'il manie ne parvient pas à en triompher (2). Dans son tout dernier ouvrage, il conclut que la formulation spéculative de la nature et de la réalité doit rester simplement formelle, et que l'essence du réel, son contenu, n'est appréhendé que dans l'expérience directe de la vie et dans le témoignage fourni au sujet de la vie par l'histoire.

(1) R. Adamson, *The Development of Modern Philosophy*, t. I, p. 266-7.

(2) Dans sa seconde période, en cherchant à établir le principe d'identité que révèle la conscience esthétique, Schelling atteint un absolu spinoziste indéfinissable ; puis, dans sa dernière période, alors qu'il vise à rendre concret cet absolu, sa pensée fait un bond, et il emploie des expressions mystiques qu'il emprunte à Bruno et à Boehme.

Ainsi ce qui manque, en réalité, à la doctrine où Schelling fait intervenir l'esthétique, c'est une analyse de la conscience artistique et de ses produits, une analyse qui montre qu'elle remplit réellement le rôle de réconciliation et de synthèse qu'il lui attribue (1).

(1) Nous nous bornons ici à l'étude de ces trois penseurs, mais d'autres vues importantes ont aussi été exprimées au sujet de la valeur épistémologique et synthétique de l'esthétique, notamment par le poète Schiller, par Lotze et par Ravaisson, qui peut être reconnu, selon M. Lalande, comme un des vrais précurseurs du pancalisme (« ce fervent défenseur du primat de la beauté », A. Lalande, « le Pancalisme », *Revue Philosophique*, déc. 1915, p. 500).

Parmi les tentatives récentes pour résoudre ce problème, celle de A. T. Ormond (*Foundations of Knowledge*, 1900, p. 227 et suiv.), est une des plus intéressantes. Voir Appendice B.

CHAPITRE XII

RÉSULTATS DE L'EXAMEN HISTORIQUE :
NÉCESSITÉ D'UNE SYNTHÈSE INTRINSÈQUE

§ 1. — *La présupposition de la vérité et le postulat de la
valeur.*

1. Notre bref exposé de diverses théories a mis en {relief
les alternatives de la pensée spéculative, et aussi ses insuffisances. On constate que ces alternatives épuisent les possibilités de l'implication et de la postulation. Car on voit maintenant que le problème final réside dans l'interprétation de
la relation entre l'implication et la postulation, si l'on entend ces termes à peu près dans le sens qui leur est donné
dans les discussions de logique (1). Sur quel terrain, à supposer qu'il y en ait un, peut-on trouver des corrélations entre
les réalités impliquées ou présupposées par les facultés de
connaissance, d'une part, et celles qui sont supposées ou postulées par les facultés d'appréciation, d'estimation, de volonté, d'autre part ?

L'une de ces sortes de réalité, celle d'implication, est appelée actualité ; elle réside dans les choses regardées comme
existant dans un ordre cosmologique ou ontologique, dans
les choses qui sont achevées en un sens et qui constituent un

(1) Cf. *Thought and Things*, t. II, chap. v et x.

tout complet. L'actualité présuppose quelque sphère d'existence, — un fait, une vérité, une implication relationnelle d'une partie dans un tout — une sphère posée comme essentiellement caractéristique de la réalité. La réalité existe nécessairement ; pour être réelle, il faut qu'elle soit actuelle.

L'autre type de réalité est atteint dans la vie d'action et d'appréciation. Pour cette vie, la forme finale de la réalité est la réalité de quelque chose considéré comme satisfaisant ou bon, approuvé par les facultés d'appréciation, de désir et de volonté — de quelque chose d'idéal, en prenant ce terme dans un sens large. Pour être réel, l'existant ou actuel doit avoir de la valeur. Mais la forme finale de la valeur n'est pas atteinte comme quelque chose d'actuel, ou comme attribut d'existence ; elle est supposée, posée comme quelque chose de désiré, comme modèle, comme idéal ; c'est un « postulat », non une présupposition ni une implication.

2. Notre examen historique nous a montré la rivalité de théories appartenant à ces deux types distincts. Les unes, qui vont du matérialisme à un subjectivisme raffiné, sont caractérisées par la présupposition de l'actualité. Pour elles, l'idéalité est dérivée, secondaire, résultante. Les autres sont les théories d'idéalité ; dans l'actuel elles voient simplement le signe, le symbole, le lieu des valeurs dont est chargée la vie de volonté et de sentiment. Elles vont du pragmatisme au volontarisme absolu et à l'idéalisme de valeur.

La philosophie entreprit de réconcilier ces théories opposées. Son effort constructeur tendait à réunir la présupposition de l'actualité au postulat de la valeur. En somme, elle n'a pas réussi ; car, dans chaque cas, elle a dû étendre la portée d'un de ces termes jusqu'à le faire empiéter sur le domaine de l'autre.

La connaissance, dit-on dans l'un des deux camps, est, somme toute, motivée par la volonté, et son idéal consiste en une valeur : d'où la justification du volontarisme. Mais, cela accordé, le réel n'a-t-il pas néanmoins besoin d'un point actuel où ses valeurs puissent résider ? l'idéal peut-il flotter dans le vide ? ne présuppose-t-il pas un réel existant ? et comment obtenir ce point sinon par des processus de connaissance ? comment établir des valeurs sinon en établissant des faits et des vérités ?

Ainsi les théories intellectualistes minent le postulat des volontaristes. La présupposition de l'existence, suivant elles, est sous-jacente à la notion de valeur ; la seule valeur réelle est celle qui est accomplie, atteinte, bref celle qui se trouve dans le domaine de l'existence, de l'actualité. Les valeurs idéales sont chimériques ; « ce qu'un homme a, pourquoi l'espère-t-il encore ? »

A cela les volontaristes répondent : « Oui, mais pourquoi alors poursuivez-vous l'idéal que vous appelez vérité ? pourquoi prenez-vous part à la chasse que comportent toute vie et toute créature, la chasse aux idéals ? Peut-on, dans le compte rendu des choses, laisser entièrement de côté la satisfaction que donne la lutte, la joie qu'on éprouve à aspirer à mieux, à adorer, à contempler ? Peut-on négliger tout simplement les exigences de la volonté et du sentiment, les postulats de Dieu, de la liberté, de la morale, quand on tente de rendre compte de la nature tout entière des choses ?

3. Dans sa *Critique*, vaste tentative pour fonder une morphologie de la réalité, Kant ne parvient pas à un ajustement permanent du théorique et du pratique. Il donne la préséance au postulat pratique, parce qu'il garantit son objet ; mais, en distinguant entre le phénoménal et le nouménal, il joue le jeu des intellectualistes, car il sépare ainsi divers modes d'actualité, en réservant la réalité à celui qui est contenu dans la raison, considérée comme opposée aux sens. Pour lui, toute la question se ramène à celle-ci : comment la réalité selon la raison est-elle possible ? La réponse consiste nécessairement en une sorte de formalisme.

Après Kant, les théories oscillent de nouveau entre l'intellectualisme et le volontarisme, qui prennent divers noms ; mais les controverses deviennent plus transcendantes, d'où la réaction qui a conduit aux théories expériencielles et pragmatiques, au mysticisme et aux solutions qui se trouvent dans une synthèse fondée sur le sentiment.

4. Cette rivalité entre la présupposition et le postulat — entre l'implication rationnelle et l'idéal désirable — se montre aussi sous une autre forme. Les théories d'actualité ne se con-

tentent pas d'accepter tels quels les divers modes de l'actuel qui sont révélés par l'expérience ; ce serait une vue trop pluraliste. Toute actualité doit être ramenée à un type : elle doit être perceptuelle, ou rationnelle, ou morale, ou spirituelle. Ainsi l'actualiste change de batterie : il propose un idéal d'unité pour la réalité, et il introduit un postulat moniste pour triompher des dualismes et des pluralismes de l'actualité telle qu'il veut lui-même qu'elle soit. De la sorte, il triomphe du grand dualisme de l'esprit et de la matière : il transporte la présupposition de l'esprit comme postulat dans le domaine de la matière, ainsi que font le spiritualiste et le théiste. D'autre part, le matérialisme, pour expliquer la réalité de l'esprit, étend la sphère de la matière en faisant intervenir les cellules cérébrales ou les éléments chimiques.

Ainsi, dans tous les systèmes de monisme, quelque divers qu'ils soient, une implication ou une présupposition, tout à fait légitime dans sa propre sphère de contrôle, est érigée comme postulat dans une autre sphère qui se trouve en contraste ou en opposition avec la première (1). De cette façon, la philosophie, véritable mosaïque, présente autant de monismes qu'on pourrait en rêver (2).

5. Notre esquisse historique a également mis en lumière le fait que, toutes les fois que la spéculation parvient à sa pleine maturité, il tend à se produire une réaction portant les esprits à s'adresser aux expériences d'immédiateté, expériences où les dualismes et les oppositions de l'actuel et de l'idéal, du présupposé et du postulé, ne sont pas développés ; ou bien où les motifs qui produisent ces oppositions sont épuisés, leur œuvre se trouvant achevée. De là résultent diverses tentatives pour trouver une immédiateté, soit de révélation, soit d'intuition, soit d'inspiration, soit de contemplation, où une vision plus pure et plus belle du réel s'offre aux regards des hommes.

On n'est pas parvenu bien loin dans la voie d'une véritable

____

(1) Manière de procéder qui viole directement un des canons de la logique génétique. Voir *La pensée et les choses*, t. I, chap. I, sect. 26, V., « Canon de l'unité modale ».

(2) Sur le pluralisme et les bases du monisme, voir plus loin, chap. XIV, § 2.

synthèse affective ; mais les premiers pas qu'on y a faits sont significatifs, comme nous l'avons vu. En nous efforçant de poursuivre les spéculations de l'affectivisme, nous ne faisons qu'interpréter les résultats de recherches approfondies, nettement orientées dans ce sens. Mais, avant d'aller plus loin, il nous faut dire un mot pour défendre la méthode que nous employons, attendu qu'elle semble abaisser les hauts problèmes ontologiques étudiés par une spéculation abstruse au niveau des modestes entreprises de la science génétique et empirique.

§ 2. — *La méthode génétique, seule méthode féconde.*

6. Dans l'ouvrage antérieur déjà cité plusieurs fois, nous avons distingué certains points de vue auxquels on peut se placer pour considérer les activités de la connaissance (1). Nous y avons expliqué et comparé trois points de vue ; celui de la « logique du logicien », celui de la « logique du métaphysicien », et celui de la « logique du sujet connaissant » ; et nous y avons adopté et défendu le point de vue du sujet connaissant lui-même. Nous y avons indiqué des raisons qui militent en faveur de l'adoption de ce point de vue, ainsi que la méthode génétique à laquelle il se prête ; mais nous sommes maintenant parvenus à un point où il est possible de justifier plus complètement ce point de vue et cette méthode. Si nous avons eu raison de soutenir que les processus de la connaissance, par le moyen desquels les réalités se révèlent, et les indices qui justifient la croyance à ces processus, peuvent être découverts et mis en évidence, les uns en face des autres, alors cela une fois fait dans le détail, nous devons pouvoir utiliser nos résultats d'une manière qui ne soit pas simplement défensive et apologétique.

De fait, nous pouvons maintenant, je crois, prouver direc-

____

(1) *La pensée et les choses*, t. I, chap. I, § 1 et suiv.

tement, d'une part, l'insuffisance et de la méthode logique et de la méthode métaphysique servant à aborder le problème de la réalité, d'autre part, la validité de la méthode psychologique et génétique employée par nous à cette fin.

7. Ce qui distingue la méthode logique de la méthode ontologique ou métaphysique, c'est qu'elle consiste essentiellement à donner aux principes logiques une valeur absolue et inconditionnelle, indépendante des matériaux de connaissance auxquels ils s'appliquent. On dit que l'universalité et la nécessité s'attachent à ces principes, que ce sont des marques de leur validité, imprimées dans la nature même des choses. La réalité doit donc avoir un caractère logique, elle doit être constituée par ces principes, ou atteinte au moyen d'eux. Quelles que soient les autres espèces de réalisation ou de détermination que nous pouvons trouver dans l'expérience ou dans la nature, nous devons les considérer comme étant tout au plus des auxiliaires de l'espèce logique. Le mode logique de dépendance et de détermination est définitif et fondamental.

8. Parmi les critiques que l'on peut adresser à cette doctrine, nous en retiendrons deux, plus importantes que les autres, et qui sont justifiées par les résultats des recherches génétiques.

1° Voici la première. Nous avons montré que l'universalité et la nécessité des règles logiques sont des marques et des caractères qui apparaissent au cours du développement de certaines espèces d'expérience. Comme tous les autres caractères psychiques, elles ont leur histoire génétique, et représentent l'apogée de processus fonctionnels prolongés. Sans doute, nous ne soutiendrions pas que la genèse de ces principes fait préjuger leur validité, ou explique complètement leur portée — ce serait tomber dans le sophisme de la « composition, » à l'exemple d'un trop grand nombre de généticiens (1) — mais nous prétendons que le fait de cette genèse naturelle nous interdit de les sortir de leur contexte et de les

---

(1) Voir *La pensée et les choses*, t. I, chap. 1, sect. 23. Il peut y avoir plus d'éléments dans la signification complète d'un contenu psychique que les conditions de la genèse de ce contenu n'en révèlent.

regarder comme ayant une vertu ontologique miraculeuse et mystérieuse. Leur valeur ne se montre qu'à ce qu'ils accomplissent ; elle se manifeste par le rôle qu'ils remplissent dans le développement de la signification tout entière du réel.

De fait, c'est précisément sous le rapport de l'universalité et de la nécessité qui les caractérisent que les principes logiques sont pratiquement sans utilité dans la vie. Nous sommes loin de les appliquer strictement dans nos argumentations. Nous les violons chaque fois qu'ils entrent en conflit avec d'autres impératifs d'un ordre différent. La science elle-même admet qu'ils ne préservent pas des tâtonnements, et qu'ils n'ont de valeur que comme hypothèses. Ils ne nous font nullement connaître les réalités que nous devons accepter, et même ils nous semblent, quand on les énonce devant nous, venir d'un monde lointain, qui ne nous est pas familier, ou avoir la même portée que cette majestueuse formule d'identité : « A = A. » Nos réalisations intimes s'effectuent dans le domaine des expériences concrètes, singulières, immédiates, piquantes, de sentiment et d'action ; dans la sphère de la connaissance, nous négligeons forcément, dans nos généralisations et nos abstractions, les caractères d'appréhension directe qui rendent le réel le plus pleinement utilisable. La pensée logique ne détruit pas l'objet ni sa validité ; au contraire, elle étend notre appréhension valide ; mais, du fait qu'elle emploie des universaux, elle ne nous donne qu'une aide très inadéquate.

Loin d'être des présuppositions de la réalité sous tous ses aspects, l'universalité et la nécessité sont simplement des idéals qui apparaissent au cours de processus de connaissance particuliers et restreints. Les regarder d'avance comme les prototypes du réel, ou comme ses principes constitutifs, c'est se contenter de la balle du froment — je veux dire d'une forme vide — alors qu'on pourrait avoir le froment lui-même, c'est-à-dire la vie réelle.

9. Voici notre seconde critique. Le même genre de doctrine peut conduire, et a souvent conduit en effet, à une réification semblable des universaux pratiques, des impératifs moraux, aux dépens des théoriques. Les moralistes et les volontaristes ont, tout autant que les logiciens, le droit

d'hypostasier leurs principes. Mais les réalités qu'ils atteignent par cette méthode sont, sous bien des rapports, opposées à celles de la logique. Elles impliquent le postulat de la liberté personnelle et du bien absolu, qui sont présents dans l'expérience individuelle et réalisés dans le flux du sentiment et de l'action. Qui décidera entre ces rivaux ? Ce que nous pouvons faire à l'occasion, et ce que nous faisons, du reste, tous les jours, c'est non pas de décider entre eux, mais de nous prononcer à la fois pour et contre tous les deux. Les normes pratiques, comme les règles pratiques, sont des idéals qui apparaissent au cours de l'élaboration des motifs psychologiques et sociaux concrets. C'est ici et ici seulement qu'elles servent. Les règles pratiques constituent le guide précieux mais faillible de la vie, tout comme les lois logiques constituent le guide précieux mais peu sûr de la pensée.

10. Les métaphysiciens pourraient choisir l'alternative consistant à accepter ce résultat simple et à renoncer aux doctrines ambitieuses qui s'appuient sur un absolu formel d'une espèce ou d'une autre : ils préfèrent se plonger dans les flots de l'ontologie (1). En présence de la conclusion sceptique de la *Critique* de Kant, où se balancent des vues opposées, suffisantes pour nous faire revenir à un empirisme franc, les post-kantiens postulent une pensée ou une volonté absolue, qui, par sa logique ou sa dialectique, révèle le réel. La philosophie va-t-elle donc continuer à tâcher d'extraire quelque chose de ces absolutismes différents mais également vides ?

Les divers instrumentalismes, intuitionnismes, affectivismes, pragmatismes qui ont apparu de nos jours donnent une réponse négative à cette question. Notre propre réponse, que nous développons ici, et qui est également négative, se fonde sur le résultat de recherches empiriques ; elle nie absolument la validité du point de vue ontologique.

11. Les processus cognitifs prétendent établir un réel détaché de la pensée, un réel ontologique. Or cette réalité a toujours la signification qui lui est donnée au cours du déve-

____

(1) Voir les remarques sur les vues de Bradley, Appendice C.

loppement de l'expérience. La « référence transsubjective », si on l'admet, justifie la croyance à une réalité isolée, mais à une réalité dont les caractères soient connus et confirmés dans la sphère spéciale de contrôle à laquelle on se rapporte. La réalité d'une seconde personne, par exemple, n'est pas la même pour le sujet connaissant que celle d'une chose physique ; l'une et l'autre ont une réalité d'une espèce circonscrite et relative. Ainsi, bien que la conscience semble désavouer spontanément ses propres enfants, les considérant comme des étrangers et comme indépendants d'elle, ils restent pourtant ses enfants.

Cela figure, depuis Descartes, dans le domaine de la réflexion, comme présupposition de toute la pensée moderne. Le point de vue subjectiviste est persistant. Cela est également apparent dans les modes de conscience où la référence transsubjective se trouve abolie dans certaines circonstances, même à l'égard d'objets auxquels elle s'attache ordinairement. Le même contenu — un bâtiment, par exemple — peut être un objet d'imagination, de perception, de mémoire, ou de contemplation esthétique. Or, quel est celui de ces modes qui constitue le mode final de sa réalité — quel est celui qui doit être considéré comme le mode ontologiquement réel ? Pourquoi le mode de la perception, ou celui de la pensée, l'emporterait-il sur les autres ? Pour la pratique, c'est sans doute le mode de la perception qui est le plus utile ; mais en ce qui concerne l'esthétique, il est moins intéressant, et, quand il s'agit d'atteindre des buts sociaux et émotionnels, il peut se faire qu'il soit tout à fait inutilisable. Toutes ces formes de quasi-réalité se trouvent représentées dans le développement de la conscience, et l'on n'est nullement fondé à donner à la forme dite ontologique, qui caractérise la connaissance, un monopole de réalité.

Mettons ce point mieux en lumière encore : pourquoi la conscience éjective, qui introduit une vie mentale dans l'objet de la présentation, ou la conscience intersubjective, qui considère la réalité comme essentiellement sociale et comme douée peut-être d'une conscience super-individuelle — pourquoi l'une ou l'autre de ces consciences

n'aurait-elle pas tout aussi bien le droit de prétendre à une
autorité exclusive ?

12. Si par « logique du métaphysicien » on entend une
logique qui postule une réalité de caractère ontologique,
isolée de la connaissance, et constituant de quelque manière
la base du monde et de tout ce qu'il contient, nous ne pouvons pas l'accepter. Une pareille logique fait de la reconnaissance du transsubjectif la seule arme de la théorie de la réalité.
A ses yeux, le réel n'a aucun lien avec l'expérience. Or, cette
théorie dispose, au contraire, d'autant d'armes qu'il y a de
contacts de l'esprit avec les objets, de modes d'appréhender
les choses soit objectives, soit subjectives, et d'en jouir, et la
vraie manière de comprendre la réalité implique l'usage de
toutes ces armes, qui est nécessaire à la pleine réalisation de
la nature des choses.

Nous revenons donc tout simplement aux processus conscients et aux interprétations qu'ils déterminent. Le logicien
et l'ontologiste ne se conforment pas, en somme, aux règles
de la psychologie. Au lieu de considérer l'ensemble des
motifs psychologiques, ils réifient et ontologisent des états
particuliers et isolés, et veulent faire passer quelqu'un d'entre
eux pour l'ensemble.

Mais il semble qu'il devienne encore plus difficile de comprendre, dans quelque mesure, la réalité, si, refusant de
reconnaître comme adéquates les interprétations logique et
ontologique, ainsi que toutes celles qui reposent sur l'action
d'un seul motif psychologique, nous soutenons en même
temps que c'est dans les processus conscients eux-mêmes que
la réalité se révélera de quelque manière. Si ces diverses
révélations sont fragmentaires et contradictoires, et si tout
recours au transsubjectif nous est interdit, est-ce que nous ne
tomberons pas dans un subjectivisme sceptique ou dans un
positivisme fondé sur les sciences spéciales ?

13. Ce sont là les alternatives en face desquelles on met
couramment ceux qui nient les thèses des rationalistes et des
absolutistes ; mais il nous reste à signaler une autre alternative, que paraît justifier tout l'ensemble des recherches génétiques : celle que présente la reconnaissance de modes de
processus conscients où, au lieu de trouver des facteurs oppo-

sés cherchant à s'éliminer les uns les autres, nous voyons l'expérience établissant, *d'elle-même*, un mode synthétique d'appréhension. D'après nous, toute l'histoire de la pensée montre clairement que la recherche d'un pareil mode d'expérience offre le seul espoir qu'il y ait de voir s'atténuer le désaccord des points de vue ; car un pareil mode de processus fournirait la preuve que toutes les expériences particulières contribuent à l'expression de la réalité, et que c'est seulement dans l'organisation de leur ensemble que l'on peut découvrir les rôles respectifs de telles et telles fonctions. Nous avons vu qu'on a fait de pareilles recherches dans certaines directions. Des expériences synthétiques telles que celles du moi, que la foi religieuse, que l'illumination mystique, ont été exposées plus haut. Ces expériences témoignent pour le moins de la nécessité de tirer parti de tous les indices, sans exception, que la conscience elle-même nous donne de ses aptitudes épistémologiques.

14. En conséquence, nous pouvons sans hésitation demander qu'on reconnaisse que cette manière d'aborder le problème de l'interprétation a les vertus suivantes.

1° Elle poursuit la sage méthode empirique d'observation et d'analyse, contrôlée par les mouvements et les événements de la vie mentale.

2° Elle fait explicitement ce que toutes les autres théories font plus ou moins tacitement ou clandestinement : elle cherche dans l'expérience elle-même le moyen d'approcher du réel ; car seule l'expérience renferme ce moyen. La réalité, en dernière analyse, est *ce que nous entendons par la réalité*. La réalité dénuée de toute signification pour l'expérience est une absurdité ou bien n'est qu'un mot.

3° Elle est constructrice, en ce sens qu'elle ne nie la valeur épistémologique d'aucune des fonctions mentales, ni la portée d'aucune des théories fondées sur quelqu'une de ces fonctions ; tout au contraire, son but est de découvrir l'ajustement synthétique de leurs prétentions dans un ensemble plus vaste.

TROISIÈME PARTIE

—

L'IMMÉDIATETÉ ESTHÉTIQUE

CHAPITRE XIII

LA SYNTHÈSE INTRINSÈQUE
EST CELLE DE L'ESTHÉTIQUE

§ 1. — *Le premier pas : la « semblance » imaginative.*

Il nous reste à démontrer que, comme nous l'avons indiqué
ailleurs (1), la contemplation esthétique d'un objet permet
à l'expérience d'atteindre l'appréhension synthétique et
complète de la réalité.

Notre esquisse historique a établi non seulement que ce
type de solution apparaît comme le complément nécessaire
des divers résultats auxquels est parvenue la réflexion depuis son avènement jusqu'à nos jours, mais encore qu'il a
été indiqué à différentes reprises, notamment par des auteurs
mystiques et par les idéalistes qui attachent du prix à l'intégrité de la personnalité. Les résultats que nous ont fournis
nos analyses de la fonction esthétique et de ses objets, et les
vues à la fois récentes et importantes que nous avons citées
sur la réalité et la nature de la logique affective (2), nous

(1) Voir la Préface pour des citations d'autres publications où
cette thèse a été énoncée.

(2) Comme nous le disons dans nos exposés détaillés de ces deux
sujets (*Thought and Things*, t. III) les vues nouvelles sur l'esthétique sont associées particulièrement au nom de Lipps, et la théorie
de la logique affective à celui de Th. Ribot.

permettent de marcher rapidement vers notre conclusion. Dans les pages qui vont suivre, nous renverrons, pour les détails relatifs à l'esthétique et à la logique affective, aux exposés que nous avons faits ailleurs de ces sujets.

1. L'expérience esthétique est si riche en signification qu'elle ne peut pas avoir lieu sans qu'il tende à se former quatre dualismes, dont chacun toutefois contribue à l'immédiateté de l'effet total. L'objet esthétique comporte : premièrement, la « semblance » imaginative, d'où découle le dualisme ordinaire entre l'idée et le fait ; deuxièmement, l'idéalisation, d'où découle le dualisme entre le fait et la fin ; troisièmement, l'incarnation du moi, la personnification, d'où découle le dualisme entre le moi et le non-moi ; enfin, quatrièmement, la singularité, d'où découle le dualisme entre le singulier et l'universel. Toutes ces nuances de signification sont positivement présentes dans l'appréciation véritable de toute œuvre d'art. Il nous reste à montrer qu'au lieu de se développer ces dualismes rudimentaires se fondent dans la riche synthèse qui résulte de la contemplation immédiate. Malgré la diversité des tendances qui s'y rencontrent, aucun état d'esprit n'est plus complètement un ni plus homogène, une fois entièrement constitué, que celui qui est amené par la jouissance esthétique.

2. Tant que les motifs des dualismes et des oppositions dont la conscience est le siège conservent toute leur force, il ne saurait, bien entendu, s'opérer en elle une synthèse telle que ces dualismes et ces oppositions en soient abolis. Les difficultés que l'on rencontre ici sont palliées dans les états mystiques et niées par certaines théories unilatérales ; mais seule leur suppression effective et radicale conduit à une union, à une synthèse vivante.

C'est dans l'imagination que s'effectuent les opérations qui délivrent la conscience de la servitude où la tiennent les motifs pressants et discordants, des entraves que lui impose l'externe, des impulsions qu'elle reçoit de l'interne (1), des

(1) Voir *La pensée et les choses*, t. I, chap. vi. Divers auteurs, notamment le poète Schiller, ont signalé ce rôle de l'imagination, particulièrement dans le jeu. Schiller va plus loin dans cette di-

conflits de la volonté et de l'intelligence, de l'opposition des moyens et des fins, ainsi que de celle de l'idée et du fait. Les choses que nous imaginons sont, en un sens, dans notre esprit ; elles ne sont pas étroitement soumises aux conditions de contrôle externe et interne qui, dans le monde réel, le monde prosaïque, nous imposent leurs oppositions et leurs contradictions.

Il en est ainsi non seulement dans le domaine de la libre fantaisie, où le contenu de l'imagination est inorganisé et chaotique, mais encore, en un sens plus restreint, dans les produits ordonnés de l'imagination constructrice. Bien qu'elle entre constamment en contact avec les faits extérieurs et les pensées d'autres personnes, la fantaisie qui préside aux jeux des enfants développe ses traductions dramatiques de la vie et des choses dans un monde de « semblance » ou de reconstitution imaginative. L'imagination qui se déploie dans ces jeux est le premier champ où apparaisse un système de représentations se développant plus ou moins indépendamment, en manifestant une organisation due au contrôle externe existant, tout en n'étant pas soumis à ce contrôle lui-même. Ce système est lié indirectement au monde externe, et aussi, du côté subjectif, au monde interne ; mais, pris simplement en lui-même, il constitue un monde où règne une certaine liberté. Les impulsions à la libre construction s'y élaborent et les possibilités de liberté personnelle commencent à s'y réaliser. En se développant, ce système aboutit, d'une part, à l'expérimentation telle que la veulent les méthodes scientifiques, et, d'autre part, aux constructions ordonnées effectuées par l'imagination créatrice dans le domaine de l'art.

Il importe particulièrement de noter qu'ici le développement des facteurs de l'expérience détermine une troisième alternative, la formation d'un domaine différent de celui du vrai et aussi de celui du bien.

rection : il émet l'idée que l'art contribue à former des caractères harmonieux et pousse à la vertu en créant des œuvres d'imagination de nature à faire évoluer les désirs et les instincts grossiers dans le sens d'une morale spirituelle. Cf. Höffding, *History of Modern Philosophy*, II, p. 133 et 134.

Le vrai se trouve dans le domaine du contrôle objectif, dans le domaine des faits et des relations ; et le bien se trouve dans le domaine de la vie intérieure, où des satisfactions sont désirées et atteintes. Ces domaines fournissent les alternatives fondamentales qui sont toujours présentes tant dans la vie que dans la théorie. Mais dans le domaine de l'imagination les idées ont libre carrière. Il offre comme un terrain commun à la pensée sérieuse et à l'action énergique. Le vrai et le bien deviennent tous deux « semblants » ; tout à la disposition de l'imagination, ils subissent un grand nombre des libertés que prend une fantaisie indépendante et constructrice. Dans les jeux de l'enfance, il s'opère un relâchement préliminaire des liens qui attachent l'esprit aux faits et aux valeurs ; l'imagination le fait tourner à l'avantage de la science et de l'art.

3. Toutefois cette suppression des limitations présentées par le dualisme des contrôles est simplement préliminaire. Le monde de l'imagination, comme ceux des faits et des valeurs, entre dans de nouvelles phases à mesure que mûrissent les motifs de la réflexion consciente. Le « durcissement » graduel du dualisme du monde intérieur et du monde extérieur, du dualisme de l'esprit et du corps, détermine aussi une nouvelle phase dans le troisième monde, celui de l'imagination, où cette opposition s'évanouit en vertu d'une liberté nouvelle de construction. L'esthétique vient se joindre au scientifique et au pratique, et fait pour eux ce que, au stade inférieur, la fantaisie qui préside aux jeux fait pour le perceptuel et pour l'actif. L'imagination scientifique construit des hypothèses pour assurer un contrôle plus étroit dans le domaine de la vérité ; l'imagination idéalisante érige des idéals et des postulats qui servent à atteindre des valeurs pratiques et sociales plus hautes ; l'imagination esthétique délivre ces deux imaginations de leurs fins particulières et opposées, à savoir le vrai et le bien, et les unit en un intérêt dont la fin est intrinsèque à la construction elle-même. Elle dépasse la vérité posée par la connaissance comme complète et absolue, et aussi le bien posé par la volonté comme la pleine réalisation du moi, et dépeint le réel, parfait sous tous ses aspects, comme présent dans l'objet « semblant » lui-même.

C'est seulement par l'analyse de l'intérêt esthétique qu'il est
possible de voir d'où il vient qu'elle peut faire cela, et seulement par l'étude de la signification de l'objet esthétique, de
l'œuvre d'art, qu'il est possible de comprendre de quel droit
elle peut être considérée comme valable pour l'appréhension
de la réalité.

4. Voici en gros comment la question se pose : si nous
accordons que, dans les constructions « semblantes » de
l'imagination esthétique, les contrôles directs, externe et interne, n'appuient pas sur leurs oppositions, et que les contradictions de la vie sérieuse ordinaire et de la pratique ne se
manifestent plus, que trouvons-nous de plus dans ce mode
d'appréhension ? Avons-nous le droit d'aller au delà de ce
résultat négatif, — qui nous laisse dans le domaine du sentiment direct, de la « trance » mystique, ou du simple éloge
de la beauté — et de voir ici un mode de processus mental
constructeur comprenant la connaissance et la volonté ?

§ 2. — *L'intérêt esthétique est synthétique en ce sens qu'il est intrinsèque ou autotélique.*

5. Nous avons déjà signalé (1) des raisons pour lesquelles
on peut être assuré que la « semblance » imaginative de la
contemplation esthétique comporte une synthèse réelle ; il
nous reste à réunir ces raisons en un faisceau et à montrer
leur solidité.

1. En premier lieu, dans la construction esthétique un intérêt est à l'œuvre qui ne vise pas un objet nouveau ou non
familier, mais un objet qui est déjà la fin et de l'intérêt théorique et de l'intérêt pratique. L'intérêt esthétique n'est pas
excité par ce qui est étranger aux autres intérêts ; au contraire, il veille à maintenir leurs objets intacts. C'est seulement dans ce qui est en quelque mesure vrai ou bon, ou l'un
et l'autre, que se découvre le beau.

(1) Voir *Thought and Things*, t. III « Interest and Art », chap.
X-XIII.

Par conséquent, ce qui distingue l'intérêt esthétique, c'est sa fin ; il vise la signification intrinsèque de l'objet, et non une signification qui soit étrangère à l'objet ou au delà de lui. A cet égard, il contraste avec les autres grands intérêts, dont les objets servent d'instruments pour atteindre d'autres fins. Dans la contemplation esthétique, ces intérêts se trouvent arrêtés dans leur cours normal ; chacun d'eux est sommé de se contenter de ses gains. De cette façon, l'opposition que produirait la poursuite exclusive de l'un quelconque d'entre eux est évitée. L'intérêt esthétique, par le fait que l'objet est regardé comme à la fois vrai et bon, possède une signification que l'imagination « semblante » est chargée d'interpréter.

6. 2° Dans son interprétation de l'objet, l'imagination considère ce qu'il est et ce qu'il représente, non ce qu'en ferait un des deux idéals, le théorique ou le pratique, pris isolément. Chacun d'eux, précisément parce qu'il est un idéal, est exclusif ; chacun exige, pour pouvoir s'accomplir entièrement, la négation ou au moins la subordination de l'autre. La vérité absolue est neutre, désintéressée, disent les intellectualistes ; la valeur absolue est personnelle, immédiate, disent les volontaristes et les mystiques. Or les assertions de ces penseurs à la poursuite de leurs idéals respectifs sont, l'une comme l'autre, contredites par les comptes rendus de l'expérience. Un objet vrai est en même temps un objet doué d'une valeur, et la jouissance que procure une chose n'empêche pas qu'elle puisse être un fait du monde extérieur. C'est ici qu'intervient l'intérêt esthétique : il exige que les données soient revisées afin que leur pleine signification et leur plein idéal intrinsèque puissent être découverts. Le vrai et le bien ne sont pas simplement réalisés d'une manière alternative ou l'un après l'autre ; ils sont réalisés ensemble, comme facteurs de l'idéal plus vaste de la perfection.

Dans la liberté qui lui est procurée par l'imagination « semblante », l'intérêt relatif à la complétude et à la perfection intrinsèques peut se satisfaire. Il ne rencontre aucun obstacle de la part de l'extérieur, puisque les exigences des faits et de la vérité sont respectées. De même nulle atteinte n'est portée au bien, à l'utile, au pratique. Les intérêts du moi s'unissent et se renouvellent dans la construction imaginative ; la théorie et la pratique cessent d'être séparées ; il devient possible d'interpréter l'objet à la lumière d'une consommation synthétique. Cet idéal prend la place des autres, non pas en raison d'une tendance due au caprice ou simplement au sentiment, mais en vertu de l'interprétation légitime de tous les caractères, tant récognitifs qu'appréciatifs, présentés par l'objet. Il s'impose dès lors aux données objectives, auxquelles il donne leur traduction la plus pleine. Elles ne sont plus mutilées dans l'intérêt d'un dessein éloigné. L'art est synthétique en ce sens qu'il débarrasse les autres intérêts de leurs prétentions étroites et exclusives, et les amène à s'unir dans une tâche commune. Leur résultat devient le sien. Seul l'intérêt artistique ne défigure pas ses données.

On demandera sans doute de quel droit l'intérêt esthétique remplace ceux de la connaissance et de la pratique et réinterprète leurs résultats. Nous répondrons : du droit qu'a tout processus génétique de remplacer, d'envelopper ceux qui sont moins complets et moins complexes que lui. Dans tout développement, les choses se passent ainsi (1).

§ 3. — *L'objet esthétique est synthétique en ce sens qu'il est adualiste.*

7. L'intérêt d'appréciation esthétique exige, comme nous l'avons vu, un objet réunissant le vrai et le bien. C'est dire qu'il en exige un où se manifeste le contrôle externe, et qui, en même temps, permette la satisfaction résultant de la réalisation du principe interne, du moi. Le contrôle externe est présent dans la construction des contenus cognitifs externes et neutres ; la satisfaction dont il s'agit est présente quand le moi s'imprègne de celles des propriétés de l'objet qui le sa-

---

(1) C'est là une illustration du principe général sur lequel repose la théorie des « modes génétiques ». Voir *Development and Evolution*, de l'auteur, chap. XIX.

tisfont, parce que, en en jouissant, il y contribue en quelque
sens.

En poursuivant plus loin cette analyse, on se trouve donc
en face de la question suivante : l'objet esthétique satisfait-
il le besoin d'une union intrinsèque des principes subjectif
et objectif de contrôle, dont dépend le dualisme plus superficiel de la connaissance et de la pratique ? On pourrait concevoir un intérêt qui trouvât dans l'objet et la vérité et le
bien, érigeant ainsi un nouvel idéal synthétique, qu'il main-
tiendrait objectif et séparé du sujet pensant ou produisant.
C'est un peu dans ce sens que l'absolu d'Aristote est esthétique ; tout en s'offrant à la contemplation de Dieu, il reste
objectif. Dans la sphère de l'esthétique, cette distinction semble se refléter dans celle qui existe entre le producteur, l'artiste, qui considère à juste titre l'œuvre d'art comme
une incarnation de lui-même, et le spectateur, qui garde
dans une certaine mesure une attitude objective et critique
à l'égard de cette œuvre. Ici se pose la question de savoir si
le véritable intérêt esthétique est entièrement satisfait par
l'érection et la contemplation d'une construction purement
objective.

8. D'un grand nombre d'analyses récentes il se dégage
une réponse nettement négative à cette question. Des exposés
et des discussions détaillés ont mis en lumière le fait de la
« personnalisation » de l'objet par le mouvement de l'intérêt esthétique. Les faits de sympathie esthétique (1), d'*Ein-
fühlung*, d'empathie, aujourd'hui si bien établis, et dont la
théorie a donné lieu à des discussions si approfondies,
viennent compléter le tableau. Dans l'appréciation esthétique, le spectateur, en tant qu'il peut en représenter

---

(1) D'après la théorie de l'empathie, ou sympathie esthétique, on constate, dans chaque cas de jouissance esthétique, que
l'œuvre d'art est douée de vie, de mouvement, d'un esprit ; bien
plus, le spectateur identifie cette vie possédée par l'objet avec les
aspects généraux de sa propre vie. Pour les explications détaillées
et les citations des autorités, voir *Thought and Things*, t. III, « Interest and Art », chap. xi, § 3, et cf. chap. xv, § 6, dans le présent
ouvrage.

d'autres, considère l'objet comme possédant sa propre vie mentale et morale, non pas par procuration ou du fait d'une simple sympathie, mais de par les conditions mêmes de sa construction et en vertu de l'intérêt qui motive son appréhension. L'objet n'est pleinement esthétique qu'autant qu'il est pleinement le véhicule de la vie du sujet pensant qui le voit et qui sent sa portée.

Dans cette personnalisation esthétique il faut voir la protestation efficace de l'esprit contre tous les mouvements par lesquels les expériences se divisent en deux classes, dont l'une représente les esprits et l'autre les corps. Ce processus s'effectue à mainte reprise sous des formes vagues et inarticulées avant que l'esthétique proprement dit soit pleinement atteint. La personnification ou l' « animation » de la nature dans la culture primitive, la présence des facteurs de l'éjection et de l'introjection (1) dans la vie sociale et religieuse, les postulats de l'union mystique et de la communion directe dans l'idéalisme religieux, tout cela montre le désir de trouver quelque moyen de faire disparaître le schisme entre le sujet et l'objet, et d'affirmer l'unité de l'expérience dans un ensemble conscient de cette unité.

9. Dans l'esthétique, cette réaffirmation d'unité se trouve assurée. La reconstruction « semblante » est une personnification. Le contenu esthétique manifeste partout la présence du contrôle propre au moi. L'objet ne m'est pas présenté seulement pour que je l'observe ou le critique ; il m'offre en outre un reflet du monde intérieur ; je sens s'y établir mes propres facultés cognitives et actives. Ce n'est pas un monde étranger à ma propre vie ; car dans ce monde, présenté d'une façon « semblante » à mes regards, se trouve réalisé ce que j'ai de commun avec les autres moi.

---

(1) Tout en montrant, dans sa théorie de l' « introjection », la nécessité du développement du motif personnalisant, Avenarius tient que les résultats dualistes attribués à ce développement sont erronés et doivent être revisés à l'aide de l'analyse « immanentale ». Voir R. Avenarius, *Der menschliche Weltbegriff*, et l'exposé fait par l'auteur dans *Le développement mental chez l'enfant et dans la race*, p. 310-312.

De là ressort que la séparation des contrôles n'a jamais été que la séparation de fonctions particulières, d'ajustements instrumentaux, d'interprétations commodes. Tout n'est pas dit avant qu'il y ait une expérience entière, réintégrant dans sa propre vie et dans son propre mouvement les différents aspects du réel dévoilés par les vérités et les valeurs atteintes au moyen de médiations diverses.

§ 4. — *L'idéal esthétique est synthétique en ce sens qu'il est syntélique.*

10. En comprenant de cette manière le caractère synthétique de l'intérêt esthétique et de son objet, on voit en quel sens l'idéal esthétique est également un idéal de synthèse. Si l'intérêt esthétique est une union de motifs autrement divisés et en conflit les uns avec les autres, et si ces motifs se trouvent maintenant unis en un ensemble relativement complet dans la vie personnelle du sujet connaissant ou du producteur, l'idéal esthétique doit être un idéal convenable à un pareil intérêt, c'est-à-dire un objet parvenu à un état idéal d'achèvement et de perfection. Si l'intérêt esthétique est *sui generis*, s'il ne poursuit ni la vérité ni la pratique en elles-mêmes, mais leur union permanente et effective dans une signification plus large, alors son idéal comprendra les leurs, autant que ceux-ci pourront se joindre pour favoriser celui-là. Il ne pourra se mettre au point de vue ni de l'une ni de l'autre, ni poursuivre l'idéal d'aucune des deux ; ce serait abandonner le beau. L'appréciation esthétique trouve son idéal dans un tout qui est une unité parfaite et immédiate, et non un simple composé.

C'est pourquoi la jouissance esthétique et la poursuite de son idéal semblent parfois temporaires, intermittentes et capricieuses, même quand on admet leur haute qualité et leur caractère synthétique. Il peut se faire que les intérêts particuliers enveloppés dans l'intérêt esthétique restent si con-

traignants, si pressants et si attrayants que la synthèse
esthétique ne s'établisse pas pleinement. L'homme qui se
consacre aux affaires de la vie pratique s'occupe d'utilités ;
il cherche à combiner, à ajuster les choses ensemble ;
l'homme de science s'occupe d'hypothèses, de découvertes ;
il s'efforce de trouver les rapports des choses entre elles. Ces
intérêts pressants ne leur laissent pas le temps de poursuivre
la jouissance esthétique, qui demande du calme, de la
réflexion et un certain entraînement. Tout opposées sont les
préoccupations de l'artiste. Bien que moins commune, l'habitude d'esprit esthétique, que l'on trouve chez lui, est aussi
véritablement réelle que les habitudes d'esprit théorique et
pratique. Il viendra peut-être un temps et un stade de culture humaine où la réalisation des valeurs esthétiques sera,
tant pour l'individu que pour la société, le critérium ultime
et définitif sinon de la vérité et de l'utilité de tel ou tel produit objectif de la pensée, du moins de sa capacité à éclairer
l'humanité et du degré de jouissance qu'il peut lui procurer.
La prédominance des intérêts collectifs et mystiques a longtemps empêché le développement du logique et de l'utilitaire ;
ce n'est que d'une manière graduelle que l'homme a libéré
ses facultés et a créé un milieu et des intérêts scientifiques.
Ne se peut-il pas que l'esthétique attende à son tour une
évolution qui synthétise, dans le domaine des valeurs intrinsèques offertes par les beaux-arts, les intérêts humains,
aujourd'hui si disséminés ? (1).

C'est sans doute aussi à cause de leur caractère synthétique qu'il est si difficile d'atteindre et de conserver les états
d'esprit exigés par l'appréciation et la production esthétiques.
L'art passe la mesure de beaucoup de personnes ; à beaucoup
d'autres, il semble vague, sans importance, superficiel. Elles

---

(1) A mon sens, le progrès des idéals et des intérêts esthétiques
vers cette haute position dans la vie et dans la pensée est plus
marqué dans la culture française que partout ailleurs. Cf. l'article
« French and American Ideals », dans la *Sociological Review*, avril
1913, p. 106 et suiv. Cet article a paru aussi en français dans « La
France et les Etats-Unis », publication du Comité France-Amé-
rique, 1914.

ne comprennent pas son langage. Du reste, si l'art est inaccessible à tant de personnes, il en est de même de tous les processus synthétiques de l'esprit qui présentent une grande complexité, tels que ceux qui demandent une activité intellectuelle s'exerçant sur des sujets ardus, un effort pratique prolongé, une attention soutenue. Toutefois l'esthétique, ou du moins l'appréciation esthétique, n'exige pas des processus mentaux aussi complexes ; son contenu lui étant donné, en un sens, sa composition se trouve effectuée d'avance. La possibilité pour la valeur esthétique de produire de l'effet sur l'observateur dépend soit de l'aptitude de ce dernier à comprendre le sujet et ce qu'il est de nature à suggérer, soit de la qualité et de la pureté relative de l'art qui se manifeste dans la manière dont le sujet est traité. Il faut condamner absolument ces distractions d'ordre pratique ou intellectuel que fournit l'art sollicité par des personnes peu cultivées ou d'habitudes mentales vulgaires, ou bien par d'autres qui, en vertu de conceptions erronées, s'efforcent d'en faire le serviteur de l'instruction ou de l'édification.

Mais l'idéal esthétique demeure en dépit des difficultés qu'il y a à le réaliser dans toute sa portée. Cet idéal, c'est la complétude des facteurs de toute sorte et leur union dans un tout que la vie intérieure puisse absorber et faire sien. A travers toutes les variations et tous les changements que l'objet peut subir, l'observateur sent qu'il reste à l'unisson avec lui. L'œuvre d'art est objective pour sa pensée privée, mais l'idéal de cette œuvre est l'incarnation de la vie humaine, avec laquelle sa propre vie s'identifie (1).

11. Cela se reflète dans certains caractères qui marquent l'esthétique comme tel lorsqu'il se manifeste dans les fonctions imaginatives et « semblantes », et le différencient du jeu, qui lui ressemble tant par ailleurs.

On a vu dans un autre ouvrage sous quels rapports l'art diffère du jeu (2). Dans l'art, les motifs de la vie sérieuse ne sont pas, comme dans le jeu, reconstitués par fragments, et

(1) Voir plus loin, chap. xv, sect. 28 et suiv.
(2) Voir *Thought and Things*, t. III, « Interest and Art », chap. x, § 4.

capricieusement, en manière de récréation ou d'amusement,
mais systématiquement et fidèlement, dans un système où les
jugements de valeur, d'appréciation, d'idéalité, sont recons-
truits d'une façon « semblante ». L'art est ainsi sérieux par
lui-même. Ce n'est pas une simple imitation de l'actuel ; ce
n'en est pas non plus une caricature. C'est une réinterpréta-
tion de l'actuel sous la forme plus systématique, plus parfaite et plus satisfaisante rendue possible par l'abolition des
contrôles particuliers et la disparition de leurs oppositions.
La réalité de l'externe ne s'évanouit pas, puisque la reconstruction qui s'opère conserve les gains du jugement et du
discernement, tant théoriques que pratiques. La réalité du
monde interne ne s'évanouit pas non plus, et ne se trouve pas
affaiblie, puisque l'œuvre d'art est chargée de son esprit et
de sa vie mêmes. Mais cette union des réalités essentielles
s'accompagne de leur union dans la réalité plus large dont
elles sont des facteurs, c'est-à-dire dans la réalité artistique.
L'idéal de l'une et de l'autre disparaît quand leurs significations se trouvent enveloppées dans la fin plus large que représentent l'unité et la complétude. L'idéal de l'art est donc
« syntétique ».

12. De là ressort nettement la raison d'une autre différence
entre la simple fantaisie qui préside au jeu et l'imagination
qui se montre dans les beaux-arts — de la différence marquée
par l'idéalité de ceux-ci et le manque d'idéalité de celui-là.
Les beaux-arts idéalisent toujours. Ils interprètent le donné
dans les termes de son esprit, et le portent à sa complétude.
Par là le caractère de l'imagination se révèle sous son aspect
investigateur et interprétateur. Non seulement l'intérêt esthé-
thique a un idéal, mais encore son idéal est celui que l'imagination est capable de tirer du contenu effectif. Non seulement l'objet esthétique possède la qualité d'être complet ou
parfait, autant que le permettent les matériaux dont il est
formé, mais encore il suggère l'idéal où toutes les perfections
sont réunies et auquel toutes les vertus sont inhérentes. La
complétude de la forme spatiale, celle de la coloration har-
monieuse, du mouvement rythmique, de l'arrangement dramatique, de la relation vraie, de la qualité morale, celle même
des proportions et des relations esthétiques, se fondent dans

cet idéal des idéals, l'œuvre d'art parfaite (1). Le caractère de
beauté réalisé de quelque manière spéciale dans chaque
chose belle s'idéalise ; la complétude devient la complétude
idéale. Nous sommes donc en présence d'un mode d'expérience où l'union de l'actuel et de l'idéal est atteinte. L'actualité se réalise dans l'objet achevé, qui est une synthèse du vrai avec le bien, et du moi avec les choses objectives. En lui, toutes les significations de l'actualité se fondent
en une seule. Mais l'idéalité se réalise à son tour ; la complétude de la qualité esthétique essentielle de l'œuvre d'art donnée est comme un spécimen et un modèle de la sienne. Cette
sorte finale de synthèse, la synthèse de l'actuel avec l'idéal,
est exposée d'une manière plus détaillée dans la suite de cet
ouvrage.

§ 5. — *La réalité esthétique est exclusive et privative.*

13. L'exactitude de la détermination qui précède de la nature de la réalité esthétique est pleinement confirmée du côté
de la négation. L'intérêt esthétique est du type exclusif ; il
est « privatif », en ce sens général qu'il ne voit que son
propre objet, celui qu'il a choisi et qui lui est approprié (1).
A cet égard, la négation par privation contraste d'une façon
très marquée avec la négation logique, d'une part, et avec
l'exclusion par rejet, d'autre part. C'est un mode d'acceptation si sélectif que le monde entier des choses possibles devient inexistant pour les buts que vise l'intérêt privatif.
Il suit de là que, du point de vue de l'idéal, la production esthétique implique non seulement la négation de
tous les autres idéals comme tels, mais aussi le refus de les

(1) C'est ainsi que le monde de la contemplation tout entier
apparaîtrait à une expérience infinie. Voir plus loin, chap. XVI,
§ 1.

(2) Voir *Thought and Things*, t. III, « Interest and Art », chap. X,
§ 5, et cf. plus haut, chap. VIII, § 4 et 5.

reconnaître comme des constructions rivales ou même comme des constructions possibles. Le tout imaginatif achevé où l'intérêt esthétique serait satisfait est à la fois pleinement compréhensif et radicalement intolérant. Cela résulte du caractère inclusif du contenu artistique lui-même. Le système tout entier des vérités, avec la sorte de réalité qu'il contient, et le système tout entier des valeurs réelles s'incorporent tous deux dans leur intégrité aux éléments de la reconstitution esthétique. Il ne manque que la référence et le contrôle en vertu desquels, quand on les considère isolément, ils sont partiels et exclusifs l'un de l'autre. La réalité qui s'attache à la réalisation artistique devient, une fois atteinte, la seule qualité pour laquelle un contenu quelconque puisse être accepté. Il n'est pas jusqu'aux négations logiques et aux oppositions et conflits de la pratique qui ne rentrent dans le tout du réel positivement esthétique. Dans l'art, les notes discordantes des processus inférieurs et particuliers se mêlent dans une harmonie plus large.

14. Mais si cette abolition peut être réelle en ce qui concerne les modes de négation qui s'attachent à des processus particuliers tels que ceux de la connaissance et de la pratique, il reste à savoir quel est le côté de la négation esthétique qui décide que telle chose est posivement inesthétique, esthétiquement mauvaise, laide. Nous voyons comment le motif de la négation logique, qui établit une opposition entre deux contenus également positifs, peut ajouter aux éléments de la reconstitution esthétique d'un système plus vaste ; la négation devient relative à d'autres aspects du même système, qui sont tous embrassés par l'intérêt esthétique. Nous voyons aussi comment le pratiquement mauvais, ce qui est rejeté par l'individu, la société ou la morale en vertu d'une réaction de répulsion ou d'évitement, peut également devenir partie intégrante d'une large synthèse esthétique. L'art peut peindre l'erreur et le mal. Mais que dire de ce mode de l'impropre que l'art lui-même déclare mauvais par rapport à lui, c'est-à-dire du laid, du hideux ?

15. Nous avons montré dans un ouvrage précédent (1) que,

____

(1) Voir *Thought and Things*, t. III. « Interest and Art », chap. x,

lorsqu'il détermine le laid, l'esthétiquement mauvais, l'intérêt esthétique rencontre des aspects de la réalité — des incohérences, des erreurs, de mauvaises valeurs de diverses sortes — qui, établis par d'autres modes de processus, limitent ses opérations ou refusent de s'y laisser comprendre. Le laid consiste dans les éléments, tant objectifs que subjectifs, de l'existence qui ne se prêtent pas à l'idéalisation ou qui ne peuvent pas être interprétés comme faisant partie de l'expérience personnelle, interprétation impliquée par l'expérience esthétique. C'est dire que le beau s'établit au milieu d'une multitude de choses considérées comme des valeurs et des faits actuels, et qu'il prend en considération ce qu'il trouve.

Mais pour l'esthétique lui-même, ce résultat n'est pas définitif. Il rentre dans la signification de l'idéal esthétique de nier, par son « intention » de privation, tout idéal autre que lui-même. C'est un idéal d'acceptation, ne reconnaissant rien qui soit à éviter. C'est pourquoi, si on le prend dans sa complétude, l'esthétique ne reconnaît même pas le laid, sauf sous la forme où il existe dans le monde des faits, où toutes les actualités ont une certaine existence incomplète et non esthétique.

On trouve quelque chose du même genre, bien que découlant d'un autre motif, dans la sphère morale (1). L'exclusion morale dans le monde des faits peut établir l'existence du moralement mauvais ; mais l'idéal du bien ne comporte pas dans sa postulation la reconnaissance de l'idéalement mauvais, qui n'y est impliqué que sous la forme de l'idéal de ce qui est rendu inexistant par l'affirmation du bien. De même, dans la sphère religieuse, l'idéal exclut l'existence du diable, considéré comme un dieu mauvais, malfaisant, bien qu'on admette, dans la sphère des faits, celle de personnages mauvais de rang inférieur (2).

La différence entre le moralement et le religieusement mauvais, d'une part, et le laid, d'autre part, consiste en ceci :

6. Les points traités succinctement dans cette section et dans la suivante (16) seront développés dans le chap. xv, § 5.

(1) *Thought and Things*, t. III, chap. ix, § 4.

(2) Voir ci-dessus, chap. vii, § 6.

sauf dans le domaine des faits, l'idéal esthétique ignore le laid, ce qui tient à ce qu'il transporte à sa manière le beau dans un nouveau domaine de la réalité, du point de vue duquel le laid, l'esthétiquement mauvais, n'existe pas. Cette actualisation du positif, non accompagnée de celle du négatif, les postulats moral et religieux ne parviennent pas à l'accomplir. C'est une prérogative qui n'appartient qu'à l'art.

De par sa nature, qui veut qu'il idéalise et réalise son idéal de cette manière, l'art ne reconnaît l'esthétiquement mauvais que pour le nier. Il reconnaît son existence comme fait résultant nécessairement de l'inclusion des motifs subordonnés de la vérité et de la pratique, mais il nie son droit d'entrer dans le domaine qu'il établit, dans le domaine artistique.

16. On demandera peut-être si cette reconnaissance du laid comme fait ne vicie pas la prétention de l'idéal de s'établir comme signification exclusive et définitive de la réalité. Cette importante question des prétentions rivales des intérêts idéalisant et actualisant, en face de laquelle nous nous trouvons de nouveau, sera développée plus loin (1). Ici nous nous contenterons de noter que l'intérêt esthétique lui-même n'établit pas le laid. Le laid s'établit par la gêne imposée à cet intérêt ou par son échec. Il n'en est pas moins vrai, comme nous nous proposons de le montrer ici, que l'aspect négatif de l'idéal esthétique confirme la prétention de la signification de l'art à être compréhensive et définitive. L'univers, considéré comme une œuvre d'art, est un tout complet, non seulement parce qu'il comprend tous les aspects de l'existence qui apparaissent dans le domaine des faits, de l'actualité, mais encore parce que, en vertu de sa nature positive, il refuse de leur reconnaître tout titre à la réalité, *sauf celui qu'il leur confère lui-même.*

Ici se place une remarque offrant un certain intérêt : au cas d'une action très marquée de ce motif de privation, en vertu duquel la chose qu'on a choisie pour la contempler est la seule que l'on voie et dont on jouisse, il peut se faire que l'on tombe dans certains états mystiques d'absorption et de « trance ». Ces états d'esprit ont souvent une teinte esthé-

<hr>

(1) Chap. xiv, § 5.

Baldwin 16

tique en raison de leur caractère de tranquillité et d'isolement, et parce qu'ils se suffisent à eux-mêmes. Mais ce sont
des états artificiels, greffés sur celui que comporte la véritable contemplation esthétique. Dans celui-ci, l'attention est
fixée sur le contenu objectif « semblant », qui l'informe, mais
ne l'engourdit pas. Le moi se modèle sur ce contenu intelligible et réalise sa signification complète d'une manière rationnelle et avec une entière présence d'esprit.

§ 6. — *La réalité esthétique est une synthèse de l'universel et du singulier.*

17. Le contraste marqué qui existe entre la logique théorique et la logique affective — entre l'intell t et le sentiment, dans leurs traductions respectives de la réalité — apparaît dans la sphère de ce qu'on a appelé « communauté »,
par opposition à « qualité privée ». La connaissance est toujours propriété commune ; ses comptes rendus s'adressent à
l'intelligence en général ; ses objets ont toujours la propriété
de se répéter dans les faits objectifs, ou dans une expérience
convertible et reproductible, à laquelle les notions de généralité et d'universalité s'attachent, de différentes matières, au
cours du développement de la pensée. Il en résulte que l'expérience qui n'implique aucune référence à un point commun
de confirmation objective et stable demeure en dehors de la
portée de la connaissance. Le strictement privé comme tel,
l'état singulier, ou fugitif, ou dénué de relations, la modification mentale purement affective et non reliée à une chose
existante ou à un fait, constituent, s'ils existent, le reste
inexprimé, la réalité inconnue ; ils ne laissent pas de trève
au rationalisme et au logicisme, et affirment, au nom de l'appréhension et de la foi immédiates et mystiques, que « la
réalité est plus riche que la pensée ».

On peut dire, en résumé, que le propre de la connaissance
est de révéler l'universel et le général, le « commun » ; elle

ne rapporté le singulier et le privé que par les moyens indirects que lui permettent ses processus caractéristiques, par la description, l'analogie, l'inférence. Mais sa présupposition, son point de départ, est la généralité.

18. L'étude correspondante de la logique du sentiment (1) a révélé une série de fonctions où opère également une certaine logique : une logique affective. Mais la difficulté devant laquelle se trouve une pareille logique est le manque de généralité et d'universalité ; c'est une difficulté opposée à celle que rencontre la connaissance. Le point de départ de la logique affective est le résidu que laissent les fonctions cognitives, résidu constitué par le privé, le singulier, l'immédiat. Ces différents aspects du réel se réunissent dans le contrôle interne, dans la vie personnelle du moi individuel. Le développement de l'intérêt, du vouloir, du sentiment, aboutit à l'appréhension d'une série de valeurs personnelles et immédiates qui, bien que transférées aux choses, sont établies par des processus d'un caractère principalement affectif et actif.

Cette fissure règne à travers toutes les choses de la connaissance et de la pensée ; nous connaissons la chose, mais nous sentons ou apprécions sa valeur. Il est de l'essence de ma connaissance d'une chose que l'idée que je me fais de son caractère, le jugement que je porte sur elle, l'intuition que j'en ai, soient valables pour autrui en vertu des principes mêmes de la logique de la connaissance ; mais il est également de l'essence de mon goût, c'est-à-dire du sentiment que j'ai de la valeur de la chose, valeur qui est très réelle pour moi, qu'il ne me permette de prévoir que de certaines manières très indirectes et dans une mesure très restreinte le caractère de votre goût et de votre appréciation.

En d'autres termes, le sentiment présuppose la singularité et la qualité privée ; il n'atteint la « communauté », la généralité, l'universalité que d'une manière indirecte, au moyen de l'éjection et de l'abstraction émotionnelle (2). C'est seulement là où le sentiment introduit ses généralisations,

(1) *Thought and Things*, t. III, « Interest and Art », chap. VI-VIII.
(2) *Ibid.*, t. III, chap. VII.

ses constantes émotionnelles, dans la vie intérieure d'autrui, que se réalise quelque chose d'analogue à la validité générale de la connaissance. Et là même il est exposé à recevoir les chocs les plus rudes en raison de son désaccord avec le sentiment d'autrui.

19. Or, tant que la conscience s'accommode d'une vie double, d'une sorte de double personnalité, elle est tantôt une machine logique produisant des généralités, tantôt une sensitive qui se replie au contact direct du réel. Mais, bien entendu, notre vie n'est pas double ; le moi est un, et les deux réalités ainsi construites l'une en face de l'autre n'en constituent au fond qu'une seule. Posons ici la question de savoir s'il existe un moyen par quoi les choses connues peuvent être directement senties et par quoi les choses senties peuvent aussi et en même temps être connues. Y a-t-il quelque mode d'appréhension où l'exclusivité de la connaissance et celle du sentiment disparaissent devant l'inclusivité d'une nouvelle synthèse plus compréhensive ?

20. Nous avons de nombreuses raisons pour croire que c'est précisément le rôle de la fonction esthétique d'effectuer une pareille synthèse.

Les motifs de cette synthèse se révèlent pleinement dans le domaine de l'expérience elle-même (1). Tous les caractères de

(1) Nous les avons trouvés objectivement et génétiquement présents dans les deux grandes branches de l'art primitif, qui, en se développant, ont donné respectivement les arts de la décoration, d'une part, et les arts représentatifs, c'est-à-dire les arts graphiques et plastiques, d'autre part. Dans ceux-ci, tout ce que l'on connaît comme commun, général, universel, — tous les objets de connaissance possibles, en un mot — est représenté sous une forme « semblante » et idéalisée. Dans ceux-là, dont le mobile primordial est l'étalage de soi-même, l'impulsion du moi se traduit par l'intérêt et l'effort personnels, ainsi que par la poursuite de la valeur individuelle. Dans les arts représentatifs, l'impulsion cognitive travaille activement à l'accomplissement intégral de sa fin ; dans les arts décoratifs, les impulsions affectives et celles qui portent le moi à se manifester agissent de même à l'égard de la leur. Et dans toute œuvre d'art ces deux genres de facteurs se trouvent unis dans un seul produit dont ils font partie intégrante, et qui est

l'art sont réunis dans ce résultat complet. Le tout objectif relationnel qui est nécessaire à l'œuvre d'art — la chose, la situation, l'événement représentés — rétablit, dans sa pleine et entière signification, la communauté et l'universalité de la vérité, sous toutes ses formes diverses. Rien n'échappe au filet de l'art : depuis la couleur et le son, choses relativement simples, depuis les diverses relations sensibles jusqu'aux concepts abstraits des mathématiques et aux suggestions affectives mal définies de la morale et de la religion, tout est recueilli par lui. Toutes ces choses si diverses sont fondues dans le creuset, puis revêtent les formes de la beauté, sans rien perdre de leur vérité.

Mais comme elles ont subi des transformations artistiques, elles sont « semblantes » et idéales, et non pas seulement actuelles ; aussi sont-elles sujettes à être accaparées par l'autre grand motif de l'appréhension du réel — l'appréciation — qui rend singulier le contenu tout entier, lui confère de la valeur, fait de lui quelque chose d'immédiat, et sous l'action duquel il cesse d'être un moyen pour devenir une fin. Le moi entre dans la maison, la débarrasse des formes vides et des généralités qui l'encombrent, et la remplit de personnalités vivantes et réelles. Le réel perd sa neutralité à l'égard de la valeur, tout en gardant sa forme relationnelle ; il perd, en conséquence de l'unité de la vie mentale, la qualité d'être tantôt particulier et tantôt général ; il perd son mode d'existence isolé et invariable en devenant la propriété d'un esprit qui habite la maison. Ce n'est pas là une simple figure. Notre analyse a dégagé le motif et la signification de ce processus. On pourrait se servir, pour traiter la question, des termes rigoureusement techniques dans lesquels elle a souvent été exposée.

21. Ce processus constitue bien un nouveau mode du psychique, une immédiateté synthétique. Cela ressort du fait que son universalité et sa singularité ne sont pas, à proprement parler, les mêmes que celles des fonctions de la con—

absolument unique au point de vue de la portée qu'il a pour tout observateur, tout en étant universel à titre de véhicule de l'expression humaine. Voir *Thought and Things*, t. III, chap. XIII.

naissance et du sentiment. Quand je déclare que l'œuvre d'art que j'ai devant les yeux est belle, c'est en vertu d'un véritable jugement ayant la valeur synnomique d'une affirmation de relation. Mais, dans ce jugement, je vise quelque chose qui n'est pas seulement vrai en ce qui concerne la construction relationnelle dont dépend ma conviction du caractère positif de l'œuvre d'art — caractère dont tous les hommes peuvent témoigner ; je vise quelque chose qui est également vrai en ce sens que cela est synnomique de l'appréciation d'autrui en même temps que la mienne. Dans ce seul acte de jugement appréciatif, je vise la double constatation que vous prisez l'œuvre d'art et que vous reconnaissez ses caractères objectifs. Je me convaincs, d'une part, qu'elle remplit les conditions objectives voulues pour être belle — conditions à la satisfaction desquelles j'attribue, plus ou moins consciemment, son caractère esthétique, et qu'il appartient à l'expérimentation esthétique de découvrir — d'autre part, que vous parviendrez ou devriez parvenir au même jugement d'appréciation que moi. Bref, ce jugement a l'universalité de la construction cognitive qui apparaît dans la logique de la connaissance, et aussi l'universalité de l'inclination ou de l'attitude affective dont se revêt l'universel de la logique du sentiment. C'est pourquoi, sans empiéter sur le rôle qui revient au cognitif dans l'établissement de l'universalité de l'objet, ce jugement considère l'objet tout entier et lui donne la portée d'une valeur générale et syntétique. Il décide que cet objet doit être jugé vrai par tous et regardé par tous comme ayant de la valeur. La logique théorique et la logique affective se rencontrent donc en lui et y confondent leurs courants.

22. Il en va de même de la singularité de l'œuvre d'art ; elle est des deux espèces. Malgré sa généralité, la construction est singulière en ce sens que, constituant un produit de l'inspiration et du travail de l'artiste, elle est unique ; elle possède la singularité de tout objet isolé et n'ayant pas son pareil au monde. Mais l'aspect de la valeur en vertu duquel nous considérons un objet comme singulier n'entre pas dans la constitution de cette sorte de singularité. Je suppose que mon ami Brown soit le seul Brown que je connaisse ; cela

ne fera pas qu'il soit mon ami ; il y a une cause plus intime au plaisir que je sens à l'appeler « Brown ».

L'art comporte cette dernière sorte de singularité, celle de la logique affective, qui s'ajoute à l'autre, celle de la logique cognitive. Bien qu'elle soit une chose objective unique, l'œuvre d'art a pour moi une immédiateté directe. Elle est à la fois « une » pour tous les hommes, et « une » pour moi seul. En vous vantant ses perfections, je ne veux pas seulement vous signaler ses caractères objectifs, ses caractères représentatifs, que l'un et l'autre nous pouvons évidemment percevoir ; je veux aussi vous inviter à apprécier sa valeur intime, et je m'attends à ce que vous ressentiez comme moi l'émotion, le tressaillement de joie qu'elle a le pouvoir de provoquer chez un observateur individuel. J'espère que, de même que je connais, comme vous, une sorte de singularité, de même, vous sentirez, comme moi, l'autre sorte. La logique cognitive et la logique affective se rencontrent donc encore ici. Toutes deux manifestent leurs singularités, comme aussi leurs universalités, sans rien y changer, à cause du caractère « semblant » et imaginatif de la construction objective d'où le dualisme du contrôle externe et du contrôle interne a été entièrement éliminé (1).

(1) On demandera peut-être si cela ne constitue pas, à l'intérieur de l'esthétique lui-même, un nouveau dualisme, un dualisme entre la « communauté », qui est générale, et la singularité, qui est privée. Il n'y a pas là de dualisme, attendu qu'il n'y a pas de réelle opposition. Cela montre simplement que, si la contemplation esthétique révèle effectivement la réalité, ce doit être une réalité où l'aspect de la vérité commune ou générale, qui s'offre aux regards de tous, soit comprise dans l'immédiateté plus large d'une expérience plus compréhensive — conclusion qui s'impose absolument à nous plus loin (chap. xiv, § 1).

Peut-être demandera-t-on encore si la généralisation due à la récurrence, par exemple à la contemplation répétée de la même œuvre d'art, ne détruit pas la singularité de l'expérience. Nous répondrons que, tout en faisant de l'expérience un « général » affectif ou « actif » du passé, pour ainsi dire, la récurrence n'épuise pas la nouveauté et la singularité essentielle de chaque cas nouveau qui vient illustrer ce général. (Voir *Thought and Things*, t. III, « Interest and Art », chap. vii, § 2 et suiv.).

Cela revient à dire que, pour l'interprétation complète de l'objet, ni l'une ni l'autre des deux logiques particulières n'est adéquate. Donnerons-nous à la connaissance seule la tâche épistémologique, quand nous savons qu'agir ainsi serait supprimer toutes les sources d'évaluation et détruire complètement les fonctions créatrices et révélatrices de l'art? D'autre part, pouvons-nous refuser d'attribuer ici un rôle à la connaissance, quand la charpente même de toute évaluation et de toute production artistique est due au travail des processus cognitifs et relationnels? Manifestement la seule ressource qu'on ait, ressource d'ailleurs adéquate, consiste à s'adresser au mode d'appréhension où ces deux grands motifs, la pensée et l'appréciation, s'unissent dans un tout complet et qui se soutient par lui-même.

23. Etant donné cette présomption en faveur de la conscience esthétique, présomption fondée sur des considérations détaillées et convaincantes, il est, semble-t-il, de notre devoir d'examiner finalement la question de savoir quelle signification prend la réalité quand on l'interprète du point de vue des beaux-arts. L'interprétation logique ou théorique aboutit, comme nous l'avons vu, à la conception d'après laquelle la réalité est un système d'actualités invariables et neutres, dont la nature est déterminée par la science positive et par des démonstrations logiques. La réalité de la science positive est de la sorte que présupposent les processus cognitifs. C'est la réalité donnée par la logique de la connaissance. D'autre part, l'interprétation pratique ou idéale fait de la réalité un système de valeurs, postulées par la conscience évaluante et idéalisante, et atteintes au moyen de la poursuite de fins. C'est la réalité à laquelle parvient la logique du sentiment et de la pratique. La question se pose maintenant de savoir quelle est la nature de la réalité atteinte par la logique de la réalisation esthétique, par la logique des beaux-arts.

CHAPITRE XIV

L'INTERPRÉTATION ESTHÉTIQUE

1. On voit apparaître toutes les conditions nécessaires à la production d'une synthèse en considérant les insuffisances des théories historiques. Ces conditions semblent être remplies par l'immédiateté esthétique, telle que nous l'avons caractérisée. Cette immédiateté constitue une synthèse relative à l'intérêt, à l'objet et à l'idéal, c'est-à-dire à tous les aspects sous lesquels peut être envisagée la réalité telle qu'elle est appréhendée par l'esprit. Il nous reste à exposer l'interprétation que l'on peut fonder sur ce type d'expérience. Ici encore, grâce aux recherches antérieures auxquelles nous renvoyons, nous pouvons beaucoup abréger notre exposé.

§ 1. — *La réalisation esthétique comme réconciliation de la présupposition et du postulat.*

L'interprétation à laquelle on est conduit quand on a recours à l'expérience esthétique est fondée sur la réalisation directe; c'est donc une théorie d' « immédiateté » et non une théorie du type « médiat ». Cela résulte du fait que, dans cette expérience, la référence au réel n'est pas dirigée vers quelque chose d'autre, mais est intrinsèque, trouve sa satisfaction dans l'objet lui-même. L'objet esthétique est indépendant, isolé et privatif de tout autre objet. Il semble donc qu'il doive être possible de discerner le type d'immédiateté que comporte l'expérience esthétique.

2. Cette immédiateté n'appartient évidemment pas au type « primitif », attendu que ses facteurs sont extrêmement complexes et synthétiques. Dans l'art, même sous ses formes les plus anciennes, on trouve ces deux grands facteurs : l'imitation et l'étalage de soi-même. De plus l'activité de l'imagination s'y exerce sur des matériaux de toute espèce qui représentent des processus plus simples et plus élémentaires. Par conséquent l'interprétation de la réalité n'y peut pas être simplement mystique ou émotionnelle, du type qui résulte de l'acceptation d'une réalité telle que celle avec laquelle notre expérience sensitive nous met en contact direct. Les théories de la réalité fondées sur cette dernière sorte d'immédiateté — théories qui invoquent « l'expérience pure », « le contact avec les choses », « l'immersion dans le courant de la vie », l'appréhension directe, anoétique ou alogique des choses — ne sont pas confirmées par le mouvement synthétique de la conscience esthétique.

Restent deux types d'immédiateté : l'un figure dans les théories reposant sur la transcendance ou l'accomplissement, dont la plupart sont des théorie d'intuition ; l'autre, dans les théories fondées sur la réconciliation, qui sont pour la majeure partie des théories invoquant la personnalité.

Nous avons vu que les théories d'intuition, quoiqu'elles revêtent bien des formes, s'accordent à reconnaître sinon peut-être que l'intuition est le produit génétique de la connaissance empirique, du moins qu'elle en est la forme. Le transcendant, l'*a priori* lui-même doit, à leurs yeux, s'incarner dans la connaissance, à laquelle il confère l'universalité et la nécessité. On peut donc dire que, pour ces théories, l'immédiateté des idéals de la connaissance est donnée par l'intuition théorique, et celle des idéals de la pratique, par l'intuition pratique. Mais il y a une difficulté : chacune de ces théories envisage si exclusivement un idéal déterminé qu'elle est incapable d'en envisager d'autres. Les idéals de la vérité et de la valeur ne cessent pas, une fois accomplis, d'être différents et incommensurables. La vérité, telle qu'elle est donnée dans la raison pure, est un système d'implications et de présuppositions rationnelles ; la valeur, telle qu'elle est donnée dans la raison pratique, est une satisfaction et un postulat. La présupposition et le postulat restent finalement irréconciliés.

3. L'interprétation fondée sur l'immédiateté esthétique ne rencontre pas de pareille difficulté ; car, si l'idéal esthétique est un idéal d'accomplissement et de transcendance, ce n'est pas pour cela qu'il est immédiat. Son immédiateté n'est pas due à l'épuisement ni à l'abréviation d'un processus génétique. L'intuition théorique, comme nous l'avons vu, se produit quand, dans un processus de médiation, le terme final, le contrôle réel, disparait, et que les idées présentes dans le contexte médiateur des termes connexes sont regardées comme des réalités absolues et indépendantes. L'hypothèse, au lieu de rester un instrument servant à parvenir expérimentalement à la découverte, un procédé commode de recherche méthodique, devient l'axiome absolu ou la vérité intuitive. Dans le cas des normes ou des intuitions pratiques, c'est le processus inverse qui se manifeste. Les idées instrumentales ou médiatrices, les moyens d'arriver à des fins ultérieures, disparaissent, et la fin se présente sous les espèces d'un bien absolu, obtenu sans médiation, et postulé par la vie active. Dans l'un et l'autre cas, l'intuition comporte un processus abrégé et l'assomption de quelque chose d'absolu et de définitif.

Il n'en est pas ainsi dans l'esthétique. Là l'idéal est immédiat, non comme représentant un produit final et le résultat de la prévalence soit des moyens, soit des fins, mais comme étant immédiat de sa nature propre, à quelque stade qu'il soit et quel que soit son contenu. Il est immédiat dans la « semblance » de l'imagination de l'enfant et de l'admiration du sauvage, comme il l'est dans les intuitions raffinées de l'artiste et dans la contemplation où s'abime l'homme que passionne l'esthétique. Son immédiateté n'est donc pas celle d'une fonction soit complétée soit mutilée, mais celle d'une fonction synthétique et réconciliatoire ; elle résulte de l'union essentielle de la vérité avec la valeur.

4. En recourant aux principes de l'interprétation géné-

tique, on peut mettre ce qui précède sous une forme générale. La réalité de l'intuition esthétique n'est pas le produit d'un mode particulier, soit théorique, soit pratique, du réel ; c'est un état de réalisation essentielle et synthétique. C'est une union de la présupposition et du postulat, non seulement sous leurs formes intuitives finales, mais dans chacune des oppositions qu'ils présentent dans la vie de la pensée et de la pratique. Le réel de l'esthétique idéal est intrinsèque à son propre processus, et ce processus a sa logique génétique, de même que la connaissance et la pratique ont les leurs. L'imagination « semblante », qui unit à chaque stade du développement mental les intérêts de la connaissance et de l'action, progresse jusqu'à aboutir à l'objet qui lui est approprié, c'est-à-dire à quelque chose qui n'est pas simplement présupposé comme fondement de la connaissance, ou simplement postulé comme motif de foi, mais qui est réalisé comme principe intrinsèque. Cet objet est à la fois vrai et bon, mais ce n'est ni parce qu'il est vrai ni parce qu'il est bon qu'il est réel ; il est réel parce qu'il est beau, et qu'en vertu de ce caractère il est à la fois vrai et bon. La présupposition et le postulat sont remplacés par l'acceptation fondée sur la contemplation.

§ 2. — *La réalisation esthétique comme réconciliation de l'actualité et de l'idéalité.*

5. Un autre type d'interprétation, dont nous avons déjà parlé, type qui repose sur l'immédiateté et qui prétend surmonter les difficultés des théories « médiates », appuie sur la nature synthétique de la personnalité. Il revêt, comme nous l'avons vu, bien des formes, mais ce qu'il a d'essentiel, c'est qu'il prétend qu'au cours de l'organisation du moi, considéré comme un tout, les différents modes particuliers d'appréhension de la réalité se réconcilient et se complètent.

Ce point de vue a beaucoup d'avantages, mais aussi certains défauts capitaux. Si c'est du moi actuel, du moi « objet » que l'on veut parler, la définition du moi ne sert qu'à rendre plus radicale l'opposition qui existe entre lui et les autres objets, y compris les autres moi. Car l'actualisation est un processus commun à tous les objets, aux moi aussi bien qu'aux choses ; les choses sont aussi actuelles que le moi. D'autre part, si c'est du moi sujet, du « je » qu'il est question, on peut objecter qu'il n'est pas possible de donner un contenu à ce moi ; car le moi sujet n'est que la présupposition logique de l'expérience du moi actuel ; c'est exclusivement dans cette expérience qu'il prend sa forme personnelle concrète. Lui donner toute autre réalité, c'est aboutir à quelque forme de transcendance ou de mysticisme.

Si nous avons recours au super-personnel, tel qu'il est postulé dans la réalité religieuse, nous retrouvons le conflit entre l'actuel et l'idéal (1). Si Dieu est une personne concrète, il est actuel mais non idéal ; s'il est un idéal, il n'est pas une personne actuelle — c'est le dilemme religieux. Quelle que soit celle des deux choses que l'on considère comme réelle, l'autre est simplement postulée. Le super-personnel devient ou bien simplement personnel ou bien tout à fait impersonnel ; il devient un membre de la société humaine ou un « Dieu inconnu ».

6. Dans l'acte de la réalisation, tel qu'il est présenté dans la théorie qui repose sur l'immédiateté esthétique, le personnel n'est pas en opposition avec l'impersonnel, le moi avec l' « autre ». Les causes mêmes de l'opposition, c'est-à-dire les motifs théoriques et pratiques opposés qui la produisent, se trouvent éliminées. De par la manière même dont elles s'opère, la reconstitution « semblante » du contenu de la connaissance est chargée de l'impulsion d'une vie mentale en cours de développement, de l'impulsion d'un moi, *du moi*. L'esprit parvient à une unité nouvelle, où ses divergences génétiques se trouvent abolies.

Le résultat, en ce qui touche les deux derniers points, n'est pas atteint à la limite seulement, à l'idéal, comme une fin simplement désirée ; c'est un fait d'expérience récurrent et toujours présent. Chaque fois qu'on admire un bel objet ou

(1) Voir ci-dessus, chap. VII, § 3.

que l'on contemple une œuvre d'art, on sent l'union des
motifs de vie que les intérêts respectifs de la connaissance et
de l'action avaient séparés. De la sorte, l'idéal, l'intuition,
est l'idéal d'une vie personnelle ; il est en même temps un
contenu objectif ; il n'est pas un simple postulat ni une
simple analogie. Il est présent dans chaque terme de toute la
série des expériences. Son expression finale comprendrait
toutes les créations des beaux-arts.

7. Dans l'esthétique, les racines de l'opposition entre
l'actuel et l'idéal se trouvent arrachées, attendu qu'il ne
reste rien dans l'idéal une fois que l'actuel esthétique est
réalisé ; l'actuel est alors complet, tant sous le rapport de
son caractère objectif que sous celui de sa valeur subjective.
Il n'est pas jusqu'au négatif, à l'inesthétique, au laid, qui ne
disparaisse, comme nous l'avons vu, dès que s'établit le
positivement esthétique, le beau. S'il ne reste rien à réaliser,
il n'y a plus de raison pour idéaliser ; ou — en présentant les
choses de la manière inverse — quand l'idéal se réalise,
l'actuel devient idéal.

§ 3. — *La réalisation esthétique comme réconciliation de la liberté et de la nécessité.*

8. Le problème des exigences respectives de l'actualité et
de l'idéalité en implique un autre, qui concerne les domaines
de la nécessité et de la liberté. Considéré au point de vue
génétique, c'est un problème relatif au dualisme des contrôles, dualisme qui règne dans toute la vie mentale, puisque
la nécessité qui s'attache à l'objectif et à l'actuel s'oppose à
la liberté qui s'attache à la vie intérieure, pratique et morale.
Comme toute la science positive, tant physique que mentale,
résume notre connaissance de l'actuel, elle se réduit à la
reconnaissance de lois auxquelles s'attache une certaine
nécessité. D'autre part, le moi affirme la liberté de son choix,
sa responsabilité morale et le caprice de son action en pour-

suivant telle fin désirable plutôt que telle autre, et en la poursuivant comme il l'entend. Bref, les processus par l'intermédiaire desquels l'actuel s'établit introduisent l'empire de la loi et de la nécessité, imposé du dehors par la nature du contrôle invoqué, et la réponse de la conscience immédiate, dans tout le domaine des valeurs et des idéals, est une contre-affirmation de spontanéité, de liberté et d'absence de toute loi, exception faite pour celle qui incarne une nécessité intrinsèque à l'idéal lui-même (1).

9. Dans la plupart des tentatives historiques pour résoudre ce problème, on a eu recours à une argumentation logique aboutissant à en supprimer purement et simplement un des termes essentiels. Les assomptions ontologiques du rationalisme et celles du volontarisme abolissent, en suivant des voies différentes, la nécessité qui s'attache au contrôle extérieur. De la sorte, le monde de la science et des lois est subordonné à celui de la pensée et de la volonté, l'objectif dérive de la nécessité morale. La nature, d'après Hegel, est un esprit objectif ; d'après Schopenhauer, c'est une volonté inconsciente.

D'autre part, pour les positivistes et les naturalistes matérialistes, la liberté est une illusion, l'esprit est épiphénoménal, seule la nécessité externe est réelle.

Les études les plus approfondies qui poursuivent la solution de ce problème distinguent le phénoménal et le réel, divers degrés du réel, le relatif et l'absolu, l'instrumental et le final. La nature est l'instrument, l'outil de l'esprit, le marchepied de la liberté. La liberté passe par la discipline de la loi et du hasard.

10. On ne peut ni éviter ni pallier l'opposition entre la nature et la liberté tant qu'on reste à un point de vue d'où cette opposition apparaît nécessairement. Les motifs qui travaillent à produire l'idée d'un monde extérieur, de la « nature », se manifestent dans certains processus de généralisa-

---

(1) Sur la genèse et la nature de ces deux sortes de nécessité, connues respectivement sous les noms de contrainte et d'obligation, voir *Thought and Things*, t. II, « Experimental Logic », chap. VIII.

tion et d'abstraction, où ils opèrent sur des contenus qui ont été isolés au sein de la vie mentale ; et le concept de nécessité externe est ainsi tiré des classes isolées de données abstraites. Mais pendant même qu'il définit l'externe, le moi se définit lui-même au moyen d'autres données, où le choix, l'intérêt et le désir s'incarnent en s'opposant à l' « autre », à l'externe. Ce domaine, c'est-à-dire le domaine de l'intérêt, est le royaume de la liberté. Tant qu'existent deux actualités, qui, en raison des motifs présents dans le développement mental, sont inévitablement opposées, aucune d'elles ne peut supprimer ni ignorer l'autre (1). La référence transsubjective demeure jusque dans le mode logique, où la réflexion a à sa disposition les armes de la pensée discursive, et où l'opposition entre le subjectif et l'objectif est transportée dans le royaume de l'expérience interne elle-même. Cette référence implique le domaine de la nécessité externe, la « nature », opiniâtre et rebelle.

11. Mais le processus conscient lui-même nous montre, dans la suite de son développement, comment « le tour se joue ». La matière susceptible d'organisation, c'est-à-dire le contenu du système objectif de choses, n'a pas forcément l'attribut de nécessité externe ; elle peut s'organiser, en l'absence de cette nécessité, dans le domaine de la vie interne. La nécessité qu'un tout soit composé de parties, que les choses dépendent de causes, qu'une raison engendre des conséquences, que les fins s'obtiennent par des moyens — c'est-à-dire tout le système cohérent de données appelé nature — peut rester intacte sans cette espèce d'arc-boutant dont la présence oblige à la regarder comme séparée de l'esprit, comme étrangère à l'expérience. Si le monde n'est pas dû, dans tout son être, à une représentation, son être peu au moins comprendre la propriété d'être représenté. Cette sorte de reconstruction une fois accomplie dans la conscience « semblante » et imaginative, le système tout entier de l'objectif peut être saisi, possédé et exploité par l'esprit de liberté.

(1) Cf. *Thought and Things*, t. III, « Interest and Art », appendice B, sect. 5 et suiv.

C'est ce qui se passe dans l'expérience esthétique. La vie intérieure saisit le système objectif en bloc. Elle introduit sa volonté, son sentiment, sa liberté dans l'objet, dont elle fait le véhicule de son expression et le code de ses valeurs ; elle trouve en lui non l'ennemi, l'opposition, l'obstacle qu'il semblait être auparavant, mais un instrument approprié à la réalisation de ses propres idéals. Par lui, le désir s'informe, la volonté se règle, l'impulsion s'organise. Le monde n'est plus lointain, mais immédiat ; il est chargé des valeurs créées ou posées par le sentiment et par la pensée. Les processus de la vie oublient leurs querelles et leurs divorces et avarcent à la poursuite du vrai, en jouissant du bon, tous deux présents dans la synthèse du beau — tout cela parce que la nécessité de l'un des domaines et la liberté de l'autre deviennent des éléments de la réalisation d'une expérience complète. Le moi plus large de la contemplation trouve les deux attributs, unis et achevés, dans un seul et même objet.

Tandis que la nécessité perd ainsi sa répugnance pour la liberté, et forme, en s'associant à elle, comme le milieu nécessaire à la production d'impulsions informées et restreintes de la volonté, de son côté la liberté de la volonté perd son caractère de caprice et d'irresponsabilité. La liberté qui préside aux jeux et la licence de la fantaisie débridée ne constituent pas la vraie liberté, et ne sont pas déterminées ni autorisées par l'intérêt esthétique. La vraie liberté est celle du développement du moi, développement auquel le contenu organisé par la connaissance sert d'instrument essentiel et fournit un intérêt dominant.

La liberté en vient ainsi à signifier le développement du moi dans et par le plein exercice de toutes ses facultés, la connaissance étant le facteur informateur et directeur, comme la volonté est le facteur dynamique et moteur. L'intégrité organique de la vie d'expérience se rétablit dans chaque pulsation de la réalisation esthétique. Cette réalisation met fin, du côté de la nature, aux désharmonies et aux difficultés du déterminisme, et, du côté de l'esprit, aux caprices et aux bizarreries de l'impulsion. Les deux contrôles, celui que nécessite l'organisation normale des contenus, et celui qui restreint et dirige l'activité, se montrent unis dans l'intérêt compréhensif de l'art.

12. Ce résultat confirme dans une certaine mesure, semble-t-il, une idée importante mise en avant par Kant et que nous avons rapportée plus haut (1), à savoir que l'on trouve dans l'esthétique une indication de l'unité des domaines de la nature et de la liberté, mais il ne confirme pas cette idée pour la raison qui la justifie aux yeux de Kant. Il ne la confirme pas pour cette raison formelle que le jugement de goût affirme *a priori* l'harmonie des idées théoriques de la raison avec les postulats pratiques de la morale ; car l'immédiateté esthétique, tout en étant une immédiateté d'achèvement en ce sens qu'elle réalise ses propres idéals, n'est pas une immédiateté d'absoluité formelle. Elle réalise sa signification propre dans la chose concrète la plus humble, la moins prétentieuse, si cette chose est belle ou de bon goût. Bien entendu, on peut dire que l'universel de forme se trouve dans l'expérience, qu'il y est à titre de principe constitutif implicite ; mais ce en face de quoi nous sommes en réalité, c'est un objet exprimant une connaissance plus ou moins incertaine et partielle, et suggérant certaines valeurs de la nature des utilités ou des associations agréables ; cet objet se trouve saisi par le moi qui le contemple, et devient partie intégrante de sa vie interne. Dans cette reconstitution, la connaissance en question perd ses attaches aux lieux, au temps, les relations qui la lient à l'extérieur, et aussi son caractère de véhicule de la réalisation des utilités et des valeurs suggérées ; à tout cela se substitue le moi, un moi qui absorbe le contenu de la connaissance et qui y trouve un canal naturel et adéquat par où exprimer sa liberté.

L'idée de Kant que l'on éprouve dans l'esthétique l'ajustement facile de l'universel formel au particulier concret n'est pas non plus tout à fait pertinente, car il ne s'agit pas ici d'une réconciliation de cette espèce, mais de la suppression d'un dualisme entre un singulier et un général, tous deux également concrets et empiriques (2). Pour Kant, l'antithèse

----

(1) Chap. xi, § 4, sect. 17 et suiv.
(2) Voir plus haut, chap. xiii, § 6.

entre l'universel formel et le particulier concret est une autre
forme de l'antithèse entre la liberté et la nature ; car pour
lui l'universel comme forme représente le domaine de l'esprit. Mais une pareille antithèse est trop formelle. La réconciliation esthétique peut être considérée comme formelle en
ce sens que son idéal de la forme achevée comprend à la fois
celui de la vérité formelle et celui de la bonté formelle ; mais,
dans n'importe quel cas donné, cette réconciliation est essentiellement une synthèse de choses concrètes : de son fait,
la nature et l'esprit, tels qu'ils sont dans la réalité, se
trouvent saisis et chargés de la vie immédiate du moi.

§ 4. — *La réalisation esthétique est une immédiateté tant de réconciliation que d'accomplissement.*

13. Dans ce que nous venons de dire, il est apparu que
l'immédiateté de la réalisation esthétique est une immédiateté qui se trouve en tout point du progrès d'un esprit capable
de construire des images. C'est une fonction constante de
l'imagination de reconstituer les matériaux de la connaissance et de la pratique sous des formes telles qu'ils puissent
être saisis par les processus d'absorption, de personnalisation,
et par là rendus esthétiques. C'est en ce sens que l'immédiateté esthétique est une immédiateté de synthèse et de réconciliation ; elle unit à chaque stade les objets particuliers de la
pensée et de la volonté en un tout objectif de contemplation.

Mais il est également vrai que, comme fonction *sui generis*, l'immédiateté esthétique se développe d'une manière
continue dans la direction d'un accomplissement idéal. La
progression du beau va du même pas que celle du vrai et que
celle du bien ; il y a une logique esthétique tout aussi bien
qu'une logique théorique et une logique pratique. On juge
l'œuvre d'art plus ou moins réussie, plus ou moins adéquate.
Comme toutes les autres constructions de l'esprit, on peut
la juger sur des modèles objectifs auxquels on la compare. Si

donc l'objet de l'immédiateté esthétique a toujours un caractère de complétude, cependant il s'agit ici d'une complétude que l'intérêt lui-même concourt à déterminer. L'idéalisation du contenu est un facteur essentiel dans la production esthétique ; mais le contenu considéré objectivement, reste tel quel.

Il s'ensuit que, si toute œuvre d'art se présente complète par elle-même et satisfait l'intérêt de la contemplation esthétique, l'intérêt esthétique lui-même ne peut pourtant pas rester fixé d'une manière permanente sur cette seule œuvre. Après avoir atteint la fin qu'elle représente, il cherche à atteindre d'autres fins de la même espèce. Les séries de produits esthétiques, dont chacune est complète à sa manière, admettent une complétude et une perfection de plus en plus grandes. Le dernier mot n'est jamais dit. Bien que satisfait d'une œuvre, cette œuvre à peine terminée, l'artiste en commence une autre, qui, il l'espère, la surpassera. De même le connaisseur, tout en trouvant l'idéal dans chaque œuvre d'art, le cherche cependant, avec une expérience toujours plus large et un goût toujours plus discipliné, dans des incarnations nouvelles et plus complètes.

14. Il y a donc ici une situation curieuse, une situation particulière à la logique de cette fonction. Il y a une sorte de généralisation de complétudes, de perfections. Une œuvre d'art est telle parce qu'on la voit comme quelque chose d'indépendant et d'autotélique, de parfait à sa manière ; mais les différentes œuvres d'art diffèrent entre elles sous le rapport de cette qualité même de perfection. L'idéal de la perfection est postulé, comme les autres idéals, à la fin de toute la série de ses propres cas, bien qu'il existe dans la « signification » de chacun des termes de la série.

On dira peut-être qu'il en est de même de l'éthique, que son idéal, celui de la vertu, se trouve partiellement réalisé dans chaque acte vertueux. Cette dernière remarque est exacte, mais un acte vertueux supposé unique ne présente pas la complétude et la perfection morales nécessaires pour pouvoir tenir lieu de tous les actes vertueux possibles. Dans l'esthétique, une œuvre d'art considérée isolément a ce caractère particulier que l'esprit y voit l'idéal comme s'il était déjà réalisé. La synthèse accomplie est adéquate aux motifs qui opèrent alors. Il s'effectue une réconciliation d'intérêts divergents. Dans l'éthique, il en est autrement : un acte vertueux unique ne fait qu'éveiller le désir, le besoin moral d'en accomplir un autre et de développer en soi la volonté de faire le bien. L'idéal moral plane au-dessus des aspirations de l'agent, mais se dérobe constamment à son étreinte. Dans l'esthétique, au contraire, l'agent étreint l'idéal chaque fois qu'il entrevoit la beauté. La chose belle affirme sa perfection complète et sans rivale, et, en raison de son isolement et de son mode privatif de négation, nie la réalité de tout ce qui n'est pas elle.

15. Dans la contemplation esthétique, l'immédiateté est donc une immédiateté d'accomplissement ou de transcendance ; elle est en même temps, en vertu des motifs impliqués dans cette contemplation, une immédiateté de réconciliation. L'inclination qui nous porte vers une vie pleine et complète y est satisfaite en ce que les facteurs particuliers de cette vie s'y trouvent réconciliés et unis. Quand notre vie poursuit ses intérêts spéciaux de connaissance et de volonté, nous sommes le plus loin possible des résultats immédiats de la contemplation. La pensée et l'action sont des instruments de découverte et d'ajustement ; mais chaque fois que nous éprouvons le besoin de la réconciliation dont ces intérêts particuliers sont susceptibles, l'idéal se rétablit ; il se rétablit ainsi maintes et maintes fois au cours de l'acte de la contemplation. S'il est naturel que, dans cette étude, nous nous demandions où finit ce processus de perfections réaffirmées, l'esprit lui-même ne peut pas se poser cette question, car ce serait reconnaître que la perfection n'est pas atteinte dans telle ou telle œuvre d'art prise isolément. .

§ 5. — *L'intuition esthétique est une union du théorique et du pratique — et quelque chose de plus.*

16. Les règles ou normes de la conscience esthétique intuitive se révèlent dans l'idéal qui se réalise et se renouvelle à sa

manière, comme nous venons de le voir, dans la progression esthétique. Ce ne sont pas de simples règles logiques, puisque l'intérêt esthétique n'est pas théorique ; elles ne sont pas non plus identiques aux normes catégoriques de la pratique, puisque l'esthétique n'a pas pour fin une bonne conduite. Mais il s'opère nécessairement une synthèse de ces deux sortes de normes, puisque l'intérêt esthétique ne trouve son contenu que dans des matériaux d'abord mis en œuvre sous leur action.

Mais ici les critériums de l'art montrent leur peu de solidité et se dérobent absolument à nos prises. La difficulté est la même que dans le domaine moral, où la règle du bien, qui aboutit à une seule expérience de bonne volonté, est malaisée à formuler parce qu'elle revêt des modes par où on risque de tomber dans le formalisme et dans la casuistique. Toutefois, en vertu des conditions mêmes de la logique de la pratique, d'où il découle, l'impératif moral exige que le consentement universel, la conformité synnomique, s'attache à ses décisions.

Le consentement universel est encore plus nécessaire dans l'esthétique, attendu que le facteur de la médiation cognitive, de la vérité et de la relation objective y joue un rôle beaucoup plus important. Les règles de la représentation vraie ne se trouvent pas abrogées dans l'art, non plus que celles du bien pratique. Il est tout à fait légitime de critiquer la vérité de l'œuvre d'art et d'en scruter la moralité ; et l'artiste assiste avec complaisance à cette critique et à cet examen (1). Mais pour qu'une œuvre d'art soit universellement reconnue comme belle, il ne suffit pas qu'elle satisfasse à ces règles. Il faut encore qu'elle possède quelque qualité qui lui soit propre. Quelle est donc cette qualité ?

17. Elle ne peut être, si notre analyse est exacte, que celle par laquelle une œuvre d'art est quelque chose de plus qu'un objet d'intérêt théorique et pratique, c'est-à-dire qu'elle ne peut consister que dans l'incarnation d'une vie personnelle se manifestant et se réalisant. Une œuvre d'art donne à tout

----

(1) Au sujet des attributs objectifs et des canons de l'art, voir *Thought and Things*, t. III, « Interest and Art », chap. xii.

homme, ou du moins à tout homme sensible, l'impression du chez soi. Devant elle, il ne poursuit pas un intérêt intellectuel, qui le porterait à chercher quelque chose de vrai, ni un intérêt pratique, qui le porterait à chercher quelque chose de bien, mais un intérêt qui le pousse à chercher quelque chose qui absorbe et complète son moi, et cet intérêt, il en trouve la satisfaction. Après avoir exploré maint domaine, où il s'est souvent égaré, et s'être débattu dans les marécages qui s'étendent devant les palais du devoir, il s'abandonne au charme du chez soi, où tout lui est familier, où tout est sain, et surtout où tout est à lui.

§ 6. — *La raison esthétique et la beauté absolue.*

18. En conséquence de ce qui précède, la théorie de la « raison esthétique » vient se joindre, dans notre doctrine, à celles de la « raison théorique » et de la « raison pratique ». Dans la théorie de la raison théorique, nous retrouvons les principes qui, suivant Kant, constituent la charpente même de toute connaissance. Mais ces principes se manifestent, comme nous l'avons vu, quand le contenu médiateur des idées, dans le processus ordinaire de la connaissance, revêt les attributs de généralité et de nécessité et prend un caractère d'absoluité. Les propriétés de validité commune et d'interdépendance rationnelle acquises par la connaissance au cours de l'expérience expérimentale et sociale se reflètent dans le jugement individuel. Ici, elles se présentent comme attributs de la raison universelle.

Pareillement, les normes de la conformité sociale, établies au cours de la vie de l'humanité, se reflètent dans la conscience individuelle. A la limite de la médiation de la fin par les moyens, ceux-ci s'évanouissent, et la fin apparaît comme bien absolu ; elle impose dès lors son idéal, l'impératif catégorique de la raison pratique. Cet impératif est une règle synnomique de conduite, un absolu de valeur.

19. Il se passe quelque chose d'analogue dans le progrès de la vie de sentiment. Les médiations de la pensée et de l'action s'y montrent dans toute leur force, comme partout ailleurs ; mais elles ne se bornent pas à se développer indépendamment dans la direction de leurs idéals respectifs ; elles s'unissent en outre pour se développer en commun dans l'immédiateté de l'esthétique. Le progrès qu'elles font vers l'idéal auquel elles tendent une fois unies ne consiste plus à rendre absolu un des termes d'un processus de médiation, car cet idéal, produit de la fusion des deux premiers en un seul, est immédiatement réalisable. Ni les moyens ni les fins ne disparaissent : les uns et les autres contribuent d'une façon convenable à l'interprétation du réel. Le contenu de la raison esthétique — si l'on entend par ce terme le produit de la vie affective incarné dans l'intuition esthétique (1) — n'est donc pas quelque chose qui procède du monde et de la société et se reflète dans le jugement et la conscience de l'individu, mais quelque chose qui vient de l'immédiateté de l'appréciation de l'individu et se reflète dans le monde objectif et dans le monde social. Tout en gardant les jugements synnomiques de vérité et les valeurs synnomiques de devoir, ce contenu introduit son résultat synthétique, c'est-à-dire l'idée de beauté, dans le monde des choses et des hommes (2).

Dans cette vision propre à la raison esthétique, toute réalité organisée — le vrai, le bien, l'humain, le divin — prend la forme d'un beau tout. L'absolu esthétique naît des absolus de la théorie et de la pratique. La beauté n'est pas

(1) La raison, comprise dans le sens d'une immédiateté psychique, est toujours, en réalité, un état de sentiment. Elle est de la nature d'un abstrait émotionnel ou affectif, forme sous laquelle certains processus théoriques ou actifs se présentent, ainsi que nous l'avons exposé dans le t. III de *Thought and Things*, chap. vii.

(2) C'est dans ce sens que la beauté peut être définie « le sentiment objectivé » (voir Gaultier, *Le sens de l'art*), c'est-à-dire le sentiment informé et moralement distingué qui résulte de l'union, à n'importe quel stade de culture, du vrai et du bien, et qui est attribué à la chose belle.

une qualité, un attribut objectif, mais un attribut éjectif, ainsi que le sont nécessairement toutes les interprétations affectives de l'objectif. Mais elle n'est pas néanmoins la simple postulation d'un idéal. Car ce qui est déjà postulé dans le bien et déjà confirmé dans le vrai est maintenant la possession implicite de l'esprit. Le moi s'affirme dans toute l'expérience, et le tout se confirme dans le moi. La raison esthétique est donc la raison complète, le seul absolu dans le sens où ce terme a une signification cohérente et soutenable — sens que nous expliquerons plus complètement dans le prochain chapitre.

QUATRIÈME PARTIE

—

CONCLUSIONS

CHAPITRE XV

LE PANCALISME, THÉORIE DE LA RÉALITÉ

§ 1. — *Ce que la réalité signifie nécessairement.*

1. Il est évidemment impossible de détacher de n'importe quel objet réel donné le coefficient particulier, soit de l'externe soit de l'interne, qui est dû au système de processus où le contenu a été construit. Il y a lieu de distinguer partout entre ce qui se présente sous quelque forme à l'esprit et la référence à une sphère, ou à un monde, ou à une classe où cela est contrôlé, fixé et confirmé — bref à la sphère où cela possède quelque sorte d'existence, où cela n'est pas seulement présent comme image ou état mental. Toute l'histoire de l'expérience consciente montre le développement des oppositions, des contrastes, des réconciliations des deux grandes sortes de contrôle ou d'existence, de l'existence intérieure et de l'extérieure, de l'existence mentale et de l'externe. La signification de la réalité est essentiellement une signification qui s'attache à une idée, à une présentation, à un contenu mental de quelque sorte, lequel indique la place qu'elle occupe dans l'une ou l'autre de ces sphères d'existence ou d'être.

Dire d'une chose qu'elle est réelle équivaut donc exactement à dire qu'elle a l'existence interne ou l'existence externe, ou bien, si l'on veut plus de précision, l'existence de quelque combinaison ou modification de ces deux sortes d'existence ; ce n'est pas signaler quelque nouveau contenu, quelque nouvelle idée ou quelque nouvel attribut ayant une existence distincte (1). La réalité n'est pas une chose ni un contenu ; c'est un mode d'existence dans un contrôle particulier ; elle a autant de nuances de signification qu'il y a d'espèces d'existence et de sphères de contrôle.

2. Lors donc que nous interprétons les divers modes de signification de la réalité, il ne s'agit pas pour nous d'isoler une réalité qui serait plus réelle, plus solide, plus valable que les autres, car toutes se manifestent dans les processus normaux de l'expérience. Il s'agit de rechercher la significa-tion de la réalité qui unit les divers modes normaux de con-trôle dans la synthèse la plus pleine et la plus compréhen-sive. Nous n'avons pas à tenter d'éliminer par nos explica-tions aucune des sortes de réalité, mais à déterminer la raison d'être et la place de chacune dans l'appréhension du réel considéré dans son ensemble. Si la conscience ne remplit pas une pareille fonction synthétique, si elle ne possède aucun moyen de reconstituer ses « réels » dans une signification compréhensive, tant pis pour elle, mais non pour nos recherches, car notre devoir consistera simplement à dire qu'il en est ainsi. Une conclusion négative sur ce point et un résultat pluraliste seront aussi légitimes qu'une conclusion positive et un résultat moniste (2).

3. Nous arrivons à une interprétation d'après laquelle, grâce à sa large connotation, grâce au fait qu'elle détermine la sphère de l'art et révèle la qualité de beauté, l'expérience esthétique présente une pareille reconstitution des divers réels dans une synthèse de réalisation. A cette interprétation nous avons donné le nom de « pancalisme ». C'est une pro-position toute simple, fondée sur des raisons que nous avons exposées dans les deux chapitres qui précèdent immédiate-ment celui-ci. Ce que nous considérons à juste titre comme étant le réel est ce qui satisfait la pleine et libre conscience esthétique et artistique. *Nous réalisons le réel en accomplis-sant le beau et en jouissant.*

(1) *Thought and Things*, t. III, chap. IV, § 2.

(2) Voir plus loin, chap. XVI, § 3, des considérations sur l'alter-native pluraliste.

4. Mais nous sommes évidemment amenés à nous poser la question suivante : si tous les autres modes de réalité, de contrôle ou d'existence atteints au cours du développement de la conscience doivent être regardés comme relatifs les uns aux autres et au mouvement de l'expérience pris dans son ensemble, pourquoi le mode de réalisation esthétique n'est-il pas soumis à la même limitation ? De quel droit prétendrait-il à plus d'autorité qu'eux — que la perception, par exemple, ou que la pensée, ou que l'idéalisation dans la sphère de la pratique ? Si le terme « relativité » doit être employé à propos de tous les dualismes, de toutes les oppositions, de tous les contrastes auxquels sont soumis les divers modes d'atteindre la réalité, il y a lieu de nous demander si la réalité atteinte par la contemplation esthétique n'est pas, elle aussi, relative. Si elle ne l'est pas, nous devrons rechercher à quoi cela tient. C'est une manière modeste d'aborder ce qui constitue la question finale de la philosophie spéculative, comme de la logique génétique telle que nous l'exposons, celle de l' « absolu ». Dans quel sens pouvons-nous appeler absolue la réalité atteinte dans l'expérience esthétique ?

La recherche de l'absolu dans l'histoire de la pensée humaine est en fin de compte, autant qu'elle a été conduite d'une manière conséquente, un effort pour déterminer une forme de réalité dont l'être, dont l'existence ne dépend en aucune façon d'un principe, n'implique aucun rapport qui lui soient étrangers. L'absolu n'est pas nécessairement dépourvu lui-même de structure interne, de mouvement, de caractère positif ; mais il est ce qui est ce qu'il est et reste ce qu'il est sans dépendre de rien d'autre et sans que rien d'autre intervienne. Il est sans relations externes, mais non sans relations internes ; il a une organisation interne, mais pas d'organisation externe. En tout cas, pour éviter des résultats accessoires d'où nous ne tirerions aucun profit (1), prenons le mot

---

(1) Ce n'est pas inconsidérément que nous acceptons cette définition. Si l'on s'arrête à l'une quelconque des cinq ou six manières plus spéciales dont l'absolu a été caractérisé, si on le considère comme étant l'inconnaissable, ou l'indéfinissable, ou

absolu en ce sens. Et maintenant demandons-nous jusqu'à quel point le mode de réalité esthétique est absolu, jusqu'à quel point il diffère en cela des autres modes de réalité.

§ 2. — *Des différentes sortes de relativité.*

5. On distingue trois sens différents où les objets de l'appréhension peuvent être relatifs. Il y a d'abord la relativité des sortes de réalité qui se manifestent ensemble dans la conscience en raison de processus opposés ou différenciés de quelque manière : telle est, par exemple, la relativité que présentent entre eux l'esprit et le corps à un stade donné quelconque du développement psychique. L'esprit n'est ce qu'il est que dans une expérience où le corps est également ce qu'il est au moment et au lieu de cette expérience, et réciproquement. C'est là la relativité de ce que nous avons appelé par métaphore la « coupe transversale » de la conscience, considérant le contenu de celle-ci, à un stade donné de son développement, comme un tout, comme la seule organisation propre à ce stade. Une coupe transversale de la conscience, au stade perceptuel, montre une certaine signification du corps et une certaine signification de l'esprit ; ces deux significations existent ensemble dans l'organisation du contenu en un tout. Il s'agit ici de la relativité des « parties d'un tout organisé ».

6. En second lieu, il y a la relativité qui s'attache à un

le non causé, ou le complètement rationnel, on s'aperçoit dans chaque cas que l'on s'est placé à un point de vue particulier, soit logique, soit moral, soit perceptuel, qui rend l'absolu relatif du point de vue de l'ensemble de l'expérience. Par exemple, la volonté ne peut être regardée comme absolue qu'à condition de comprendre la pensée, et *vice versa*, alors que dans l'expérience concrète elles sont strictement corrélatives l'une de l'autre. Portée à l'absolu, point où elle absorbe et efface la volonté, la pensée n'est plus la pensée, et, en effaçant la pensée dans les mêmes conditions, la volonté cesse d'être la volonté.

contenu objectif regardé comme étant lui-même en cours de
développement, ou comme s'étant trouvé à un stade antérieur et passant à un stade postérieur. La progression du
moi, celle de l'objet extérieur, celle du facteur logique présentent chacune une série de stades qui résultent normalement du développement de l'objet considéré comme restant
le même. Ce que je suis aujourd'hui dans mes réflexions sur
moi-même est relatif à ce que j'étais hier et à ce que je serai
demain ; il en est de même de mes réflexions sur vous, qui
êtes un autre être personnel. Chacune de ces interprétations
d'un moi n'est pas seulement relative à l'interprétation de
l'autre moi parvenu au même stade que lui ; elle est également relative à l'interprétation du même moi parvenu à
quelque autre stade. C'est ce que nous avons appelé la « coupe
longitudinale » de la conscience, par opposition à sa coupe
transversale ; ici l'observateur est censé regarder le mouvement d'un esprit rétrospectivement et « prospectivement »,
ou, suivant notre métaphore, « longitudinalement ». Il s'agit
ici d'une relativité « génétique » ; ainsi définie, la relativité
est une affaire de développement.

7. Troisièmement, il y a une sorte de relativité plus subtile
résultant du fait même de l'affirmation. Nous en avons déjà
parlé dans nos discussions sur les divers modes de négation (1). L'acte de l'acceptation est corrélatif à celui du rejet,
et semble permettre, sinon exiger, qu'une forme d'existence
s'attache à ce qui est rejeté. De même, l'affirmation logique
paraît conduire, dans certains cas, à la reconnaissance d'une
sphère de l'erroné, reconnaissance qui se manifeste par l'acte
de la négation ; dans cette sphère se trouve tout ce qui est
apparenté négativement à ce qui est affirmé. Nous réservant
de préciser plus loin cette relativité, nous nous contenterons
provisoirement de dire que c'est une relativité entre une
interprétation positive et une interprétation négative, ou pour
la caractériser plus brièvement, une « relativité d'acceptation ».

8. Il y a une quatrième forme de relativité, qui a été jus-

(1) *La pensée et les choses*, t. I, chap. IX ; *Thought and Things*,
t. II, chap. VIII ; et plus haut, chap. XII, § 5.

qu'ici une pierre d'achoppement pour la philosophie ; elle s'attache à l'objet considéré comme étant relatif à l'esprit, comme étant littéralement un « objet » d'appréhension ou d'expérience, en même temps qu'une chose. Pour que la réalité comme telle soit connue, ne faut-il pas qu'elle soit relative au moi qui la connaît ? Ce point occupe une place centrale dans nos recherches, car c'est avant tout comme objet ou comme pensée que la réalité est étudiée dans la logique génétique. Le titre « La pensée et les choses », que nous avons donné à notre étude principale sur la logique génétique, fait pressentir cette relativité finale, que l'on peut appeler la relativité « épistémologique » proprement dite.

Étant donné cette énumération des divers sens où les objets conscients en général sont relatifs, cherchons à voir jusqu'à quel point un objet esthétique échappe à l'une ou à l'autre de ces relativités, ou bien à toutes, et a par suite le droit d'être appelé absolu.

§ 3. — *Le contenu esthétique est un tout non relatif.*

9. Pour ce qui est du premier des sens où le terme descriptif de « relatif » peut être appliqué à un objet ou à un contenu mental, du sens qui vise le contraste, l'opposition ou toute autre relation existant entre les parties ou les facteurs d'un tout organisé, la situation est claire. Dans la mesure même où il est vrai que l'expérience esthétique comporte la synthèse de facteurs opposés, la relativité qui s'attache à ces facteurs disparaît à l'instant où se constitue le tout où ils s'unissent. La relativité du moi au non moi, celle des facteurs actuels aux facteurs idéals de l'interprétation, celle du singulier à l'universel, toutes réelles qu'elles sont quand il s'agit de ces facteurs opposés comme tels, ne s'attachent pas à l'ensemble de l'expérience où ils s'unissent dans une construction ou une interprétation esthétique qui les comprend tous.

10. Mais il reste encore à résoudre la question de savoir si

l'objet esthétique est complètement isolé et se suffit entièrement à lui-même. Est-il sans relations avec d'autres contenus et indépendant d'eux ?

Pour pouvoir répondre à cette question, il faut que nous nous placions au point de vue de la signification interne de l'expérience, à celui de la demande intrinsèque de l'intérêt impliqué. Bien entendu, il est possible d'indiquer les conditions où l'objet esthétique prend forme, les antécédents psychiques, les principes moteurs qui conditionnent son apparition. Mais ce n'est pas interpréter l'expérience elle-même, sa tendance propre vers une réalité déterminée. Lorsque nous scrutons ce point, lorsque nous cherchons à connaître le mode de réalité de l'objet esthétique, de l'œuvre d'art elle-même, nous constatons que cette œuvre est littéralement un tout, une construction détachée et isolée. Tant qu'elle est présente, les motifs particuliers d'ordre pratique, ceux qui donnent carrière à l'imagination, etc., sont en suspens ; ils attendent, pour reprendre leur activité, la rupture du lien qui unit tous leurs résultats dans le large tout artistique. De fait, certains psychologues ont fait remarquer que, dans nombre de cas, notamment lorsque l'intérêt est fixé sur la représentation d'un drame, l'esprit oscille entre le système ordinaire, le système prosaïque d'actualités et la situation dramatique qui est figurée sur la scène. Attiré tour à tour par la sphère de l'actuel, du prosaïque, et par celle du « semblant », de l'idéal, l'esprit trouve à la seconde une valeur d'autant plus grande que de temps à autre il se porte tout entier sur la première. Et une fois la représentation terminée, une fois que l'esprit a cessé d'être concentré sur la situation dépeinte, il éprouve une réaction, qui a parfois la soudaineté d'un choc, et il revient brusquement aux intérêts particuliers, aux préoccupations de la vie de tous les jours. Aux yeux de l'observateur qui voit du dehors les relations de dépendance, celles qui lient la cause à l'effet, etc., ce phénomène dénote une relativité entre les deux sphères ; mais, du point de vue de l'esthétique lui-même, du point de vue de la synthèse artistique accomplie, il consiste simplement dans le fait que l'esprit revient de temps en temps de la complétudo idéale d'un tout esthétique pleinement organisé à la sphère de la relativité, de l'opposition, de l'incomplétude.

Ce qui montre que cette interprétation est exacte, c'est qu'on ne peut ni opposer ni comparer entre elles, de quelque façon que ce soit, deux œuvres d'art ou deux situations esthétiques. Si elle est vraiment artistique, chacune produit l'effet qui lui est propre ; on l'apprécie pour elle-même, sans tenir compte de l'autre. Il peut se faire que chacune prenne à son tour possession de la conscience et donne lieu à des jugements différents, mais il est impossible de les estimer simultanément, comme deux unités artistiques différentes mais apparentées (1). La méconnaissance de ce principe a conduit aux combinaisons de motifs disparates qui se remarquent dans divers styles complexes, comme le rococo, le plateresque, et dans certains ornements gothiques, où, au lieu d'unité esthétique, il y a des parties reliées les unes aux autres, où, en un mot, la valeur de l'ensemble se trouve sacrifiée.

11. Ainsi l'objet esthétique n'a pas cette sorte de relativité, c'est-à-dire la relativité qui peut exister entre différents ordres d'idées. Il n'admet · pas d' « autre » ; l'intérêt qu'il éveille absorbe l'esprit tout entier, et, dans sa sphère objective, il se suffit à lui-même. A cet égard, l'objet esthétique

---

(1) Je peux dire de deux paysages, par exemple, que l'un me plaît plus que l'autre, ou est davantage « à mon goût ». Mais dire cela, c'est soit évaluer mon propre jugement, soit juger le contenu des deux paysages. Ce n'est pas dire que les deux effets artistiques agissent l'un sur l'autre, se limitent réciproquement ou soutiennent entre eux quelque autre rapport. En passant de l'un à l'autre, je sens le besoin d'un rajustement, d'une reconcentration qui élimine absolument de mon esprit le premier tout entier. Deux objets artistiques ne peuvent pas devenir simplement des parties apparentées d'un tout plus large sans perdre leur caractère d'œuvres d'art indépendantes. Quand nous déclarons un portrait « meilleur » qu'un autre, nous prononçons sur le degré de ressemblance atteint dans l'un et dans l'autre, c'est-à-dire sur le plus ou moins de soin ou de succès avec lequel le modèle a été reproduit. Or le portrait inférieur à l'autre pour la ressemblance peut lui être supérieur comme œuvre d'art, ces deux jugements étant inesthétiques en eux-mêmes.

est absolu, si c'est là une des conditions de l'absoluité. Il
entend former un tout autonome et sans relation avec quoi
que ce soit.

§ 4. — *L'esthétique comme mode est non relatif.*

12. Si ce qui précède est exact quand il s'agit de la coupe
transversale de la conscience, il est de fait néanmoins que,
en ce qui touche les choses vraies et les choses bonnes, la
conscience passe par divers stades de développement ; et
cela n'est pas seulement vrai au point de vue de l'observateur qui la regarde du dehors, c'est aussi une condition de
l'identité de l'état de conscience esthétique avec lui-même.
L'intérêt se déplace, se modifie, s'élève ou s'abaisse, croît ou
décroît. Il y a là un processus fonctionnel dont les résultats
changent constamment, en un mot un mouvement progressif,
un développement du mode d'appréhension esthétique.

Mais, dira-t-on peut-être, chaque stade, chaque point de
ce progrès est relatif aux stades, aux points qui le précèdent
et à ceux qui le suivent ; est-ce qu'il n'en est pas également
ainsi de la signification interne elle-même ? Du point de vue
longitudinal, il semble y avoir une relativité de genèse, de
développement. Est-ce que l'expérience esthétique échappe
réellement à cette relativité ?

13. Réservant provisoirement le point de vue de l'observateur qui regarde la conscience du dehors — nous l'examinerons plus loin, en discutant la relativité du sujet à l'objet
— nous répondrons que, pour l'esprit lui-même, pour l'esprit même de l'observateur, la signification esthétique objective ne présente pas de développement progressif. Chaque
œuvre d'art véritable est une unité qu'aucun rapport de continuité ne lie à une autre œuvre d'art ; elle n'a « ni avant ni
après » dans le mouvement de la conscience. Ce n'est pas à
dire, bien entendu, que le contenu objectif — la situation ou l'événement représenté — ne varie pas ; il varie indéfiniment, au contraire. Mais à travers toutes les variations du contenu choisi pour satisfaire à l'intérêt esthétique,

la fin, « l'intention » propre de cet intérêt reste le même (1). Quand je dis « cela est beau », ou « cela est sublime », ou « cela est de bon goût », la fin que j'exprime la satisfaction d'avoir atteinte est toujours la même. Cette fin, qui est à la base de l'intérêt esthétique, consiste dans la contemplation de quelque chose d'intrinsèque, de quelque chose qui ait une pleine réalité ; les divers intérêts particuliers de la connaissance et de la pratique contribuent, chacun à sa manière, à parfaire une pareille réalité. Comme « signification » esthétique, le « contenu » de ma contemplation a toujours la même valeur, quoique, comme chose ou comme bien, il varie indéfiniment.

Cela est impliqué dans tout ce que nous avons dit pour établir le caractère intrinsèque du mode d'intérêt esthétique (2). La fin de ce mode d'intérêt n'est pas lointaine ; elle consiste à trouver, à réaliser, à saisir pleinement toute la signification de l'objet qui est présent à cet intérêt. L'intérêt de la connaissance est d'étendre son objet, d'agrandir le domaine de la vérité ; sous l'impulsion qui l'y porte, il fait des bonds de côté et d'autre, cherchant des faits, des renseignements, et proposant des hypothèses. De même, l'intérêt pratique poursuit des utilités, des valeurs morales, des ajustements pratiques au delà des situations qui lui sont offertes ; ces situations, il s'en sert comme de moyens. A la différence de ces deux intérêts, l'intérêt esthétique n'est pas continuellement en quête du changeant et du progressif. Bien au contraire, il est, dans chaque cas, pleinement satisfait de ce qu'il possède. Il meurt quand son objet disparaît. Il renaît sous l'action d'une nouvelle œuvre d'art. Dans chaque cas, il est une « signification » qui se suffit à elle-même, et cette signification ne diffère pas d'un cas à l'autre : elle consiste dans l' « intention » qui doit s'ajouter aux diverses constructions objectives pour qu'elles

____

(1) L'intérêt comme fonction varie quant à la fraîcheur, à la facilité, etc., et son pouvoir varie avec l'éducation et l'habitude, avec le tempérament, avec le savoir, mais la fin qu'il poursuit n'en demeure pas moins constante.

(2) Cf. *Thought and Things*, t. III, chap. x.

ne soient pas seulement vraies ou bonnes, ou vraies et bonnes, mais qu'en outre elles soient belles.

Cette entière convenance, cette absence de relativité, cette complétude inhérente et cette indépendance à l'égard « de l'avant et de l'après » sont postulées dans le cas de la connaissance et dans celui de la pratique, mais seulement comme idéal, seulement à leur apogée, qui se trouve dans l'état d'intuition. Dans l'intuition, ainsi que nous l'avons vu, certains termes du processus de la médiation — la fin dans l'un des cas, les moyens dans l'autre — sont considérés comme absolus, précisément dans ce sens. Ils sont inconditionnels, indépendants, non hypothétiques ; la preuve de leur exactitude se trouve en eux-mêmes ; on les accepte immédiatement et inconditionnellement. Dans le cas de l'esthétique, cela est vrai non seulement à la limite, une fois atteinte la consommation idéale, mais partout et toujours. Là, l'intuition est constante, l'idéal est toujours accompli. Du fait que sa signification ne comporte pas de progression génétique, pas d' « avant et après », l'esthétique a tout autant le droit d'être appelé absolu que les principes rationnels et les impératifs pratiques des théories d'après lesquelles l'absoluité consiste en cette absence de progression.

Mais il ne faut pas oublier, afin de ne pas se faire d'illusion, que c'est là la signification de l'esthétique pour la conscience elle-même, celle qu'il a quand on le considère du point de vue du psychique. Nous envisagerons plus loin la relativité génétique, telle qu'elle apparaît à l'observateur qui remarque les changements progressifs subis tant par le sens esthétique que par l'idéal esthétique au fur et à mesure des progrès de la connaissance et de l'organisation sociale.

§ 5. — *L'esthétique est une acceptation non relative.*

14. En énumérant les diverses sortes de relativité qui peuvent s'attacher aux constructions objectives de la conscience, nous avons indiqué, en troisième lieu, celle qui

résulte du fait que l'acceptation, sous quelque forme qu'elle se produise, implique un rejet correspondant, et l'affirmation, une négation correspondante. Les écrits où la négation est étudiée dans le détail font connaître les diverses formes sous lesquelles apparaît cette relativité. Étant donné les buts que nous poursuivons, il suffira d'indiquer ici certains types généraux auxquels ces formes se ramènent.

Nous mettrons en tête le rejet de la vie active, avec l'acceptation qui lui correspond, c'est-à-dire, d'une part, l'exclusion de ce qui est importun, non désiré, de ce qui déplaît, et, d'autre part, le bon accueil que l'on fait à ce qui remplit les conditions contraires. Comment le rejet et l'acceptation se manifestent-ils dans le domaine esthétique ? L'intérêt qui décide de la beauté ou du caractère esthétique d'un objet comporte-t-il de ces exclusions et de ces inclusions positives ?

Nous avons constaté, en étudiant la négation esthétique(1), que quelque chose de ce genre apparaît dans la détermination du laid. Le laid n'est pas simplement ce que l'intérêt esthétique néglige ou ne choisit pas pour le contempler ; il est ce que cet intérêt évite comme le contrariant et l'empêchant de se satisfaire. Par conséquent, si, comme nous l'avons vu plus haut, l'état esthétique lui-même n'implique pas la revendication d'une sphère d'existence négative, opposée, il semble néanmoins, d'après la direction suivie par la détermination du laid, qui a rapport à l'intérêt esthétique, que cette détermination comporte la reconnaissance de l'objet regardé comme ayant un caractère de laideur. Dès lors, le positivement esthétique, le beau, n'est-il pas, en un sens, relatif au négativement esthétique, au laid ? L'intérêt esthétique ne reconnaît-il pas le second aussi bien que le premier ?

15. Après de mûres réflexions, nous sommes arrivé à la conclusion que l'on doit répondre négativement à cette question. Le laid n'est pas établi par l'intérêt esthétique ni construit sous une forme qui lui soit due ; tout au contraire, il

____

(1) *Thought and Things*, t. III, chap. x, § 5. Voir également plus haut, chap. XIII, § 5.

est établi par opposition à lui et comme obstacle à sa satisfaction. Nous avons trouvé deux facteurs dans le coefficient
du laid. Le laid est ce qui résiste aux deux motifs ou à l'un
des deux motifs de l'intérêt esthétique qui opèrent dans
l'imagination « semblante », à savoir l'idéalisation et la
personnification. Il conviendrait donc de désigner le laid
par l'expression : le *positivement antiesthétique* ; on le
mettrait ainsi en contraste avec ce qui est simplement non
esthétique ou indifférent.

Si cela est exact, il s'ensuit que l'existence, la réalité qui
s'attache au laid a toujours la forme d'un fait, d'une vérité
ou d'une valeur apparaissant au cours de l'accomplissement
de quelque autre fonction, et *déjà déterminé par elle*. Par
exemple, les éléments d'un tas d'ordures, qui choquent la
vue et l'odorat, et qui empêchent que l'on voie dans l'ensemble du tas un objet esthétique, sont appréhendés au
moyen de processus perceptifs et affectifs. Ils sont déterminés avant que prenne naissance l'intérêt qui pourrait trouver
l'objet beau. Pour la contemplation esthétique, le genre de
réalité qui s'attache au tas d'ordures est une réalité ayant
une forme d'existence incomplète. Du point de vue de l'intérêt esthétique et de ses aspects négatif et privatif, l'objet n'a
pas d'existence du tout comme ensemble esthétique, bien
qu'il puisse se faire que, pendant le temps où l'intérêt esthétique est en suspens, il ait, comme tous les autres objets, de
pleines valeurs d'existence fondées sur des faits.

16. Il est intéressant de comparer ce cas avec les cas analogues du logiquement faux et du moralement mauvais. Le
logiquement faux est ce qui est nié par le jugement ; il représente l'échec d'une tentative d'affirmation. (1) Quant au
moralement mauvais, c'est ce qui manque à accomplir ou
ce qui choque l'idéal posé par la volonté morale.

Dans le cas du logiquement faux, une proposition qui ne
recueille pas de suffrages manque par là même à atteindre à
la réalité dans la sphère logique, c'est-à-dire à être admise
dans le système des vérités. Elle est donc irréelle sous le

____

(1) Cf. *Thought and Things*, [t. II, chap. VIII, § 4 et suiv., et
chap. XIII, § 3.

rapport logique. Mais cela n'empêche pas ses éléments — perceptuels, conceptuels, affectifs ou autres — de subsister et par conséquent d'être réels dans les sphères où ils sont déterminés séparément. « Les bœufs sont des bipèdes » n'est pas une proposition vraie ; il n'y a pas en réalité de bœufs à deux pattes ; mais néanmoins il existe des bœufs aussi bien que des bipèdes dans les domaines, envisagés séparément, où leurs classes se sont formées. On doit conclure de là que, dans le cas présent comme dans celui de l'esthétique, le domaine où se produit la négation n'admet pas, en raison de son mode de réalité, certains objets qui sont réels au regard de modes de fonction plus simples et génétiquement antérieurs. Cela signifie que, pour qu'un objet soit réel dans les modes complexes du vrai et du beau, il faut qu'il possède quelque qualité de plus que celles qui lui assurent la réalité dans les modes plus simples qui précèdent ceux-ci.

17. De même, le moralement mauvais constitue, dans certains cas, quelque chose qui ne satisfait pas à l'idéal moral ou qui est incompatible avec lui ; tels les actes et les inclinations qui ne peuvent pas être admis et établis dans la sphère de la réalité morale, ceux auxquels il est impossible de reconnaître des attributs moraux (1). Et pourtant on ne peut pas dire que ces mauvaises actions et inclinations soient comprises dans la sphère morale. Elles témoignent simplement que certaines choses qui sont réelles dans d'autres sphères ne peuvent pas contribuer à la constitution du bien. Elles sont réelles du point de vue des faits physiques, psychiques et sociaux ; elles limitent le progrès de l'idéal moral ; mais le sens moral, qui refuse de les accepter ou les condamne, n'en tient pas compte dans l'organisation de la réalité positive que postule l'idéal moral. Bref, la réalité morale consiste en une organisation positive de volontés et de valeurs. Commé nous l'avons vu, elle procède d'un mode

---

(1) Telles sont les mauvaises actions dues à l'ignorance, à une impulsion, à un manque de réflexion ; elles se distinguent évidemment de celles qui sont commises de propos délibéré. Ces dernières sont des manifestations d'une volonté perverse ; elles constituent la véritable sphère du mal moral.

spécifique d'intérêt et de pratique. Ce qui n'est pas accueilli dans cette organisation reste dans la sphère où sa réalité est établie d'une autre manière; il est réel dans le mode qui lui est propre. Il peut se faire que, d'une part, nous condamnions un acte ou une attitude de la volonté comme incompatible avec notre idéal moral, et que, d'autre part, en admettant sa réalité, nous nous placions au point de vue non de la morale mais des faits, non de la réalité morale, mais de la simple existence (1). En pareil cas, le moralement mauvais est analogue à l'esthétiquement laid. Chacun des deux témoigne que certains matériaux qui lui sont offerts ne conviennent pas au mode de construction qui lui est particulier, mais ni l'un ni l'autre n'affirme la réalité négative de ces matériaux dans son propre système d'organisation.

18. Mais il apparaît maintenant entre le logique et le moral, d'une part, et l'esthétique, d'autre part, une différence essentielle qui singularise ce dernier et le débarrasse de son dernier vestige de relativité à cet égard. Contrairement à la négation logique et au rejet moral, l'assertion esthétique, une fois établie, isole complètement son contenu des alliances, tant positives que négatives, où il se trouvait engagé. L'assertion esthétique positive rend son contenu privatif, et non pas simplement exclusif. Elle efface tout, sauf ce qu'elle embrasse.

C'est ce que ne peuvent faire ni le logique, ni le moral ; ils en sont empêchés par des raisons inhérentes à leur nature. Le logique refuse d'attribuer un prédicat tiré d'une sphère ou d'une classe donnée à un sujet appartenant à une autre sphère ou à une autre classe, tout en considérant les deux sphères ou les deux classes comme légitimes dans tout le monde logique du discours. Les bœufs et les bipèdes sont réels, les uns comme les autres, à l'intérieur du système que

<hr>

(1) Cependant il y a, bien entendu, des actions immorales comme telles, ainsi que des personnes immorales. Les personnes dont on peut dire qu'elles manifestent une volonté perverse sont celles qui violent sciemment leur propre sentiment du bien. A la différence des cas précités, ceux-ci rentrent directement dans la sphère morale.

l'intérêt logique cherche à étendre. On peut dire quelquefois que ces classes logiques sont sans rapport, ou en opposition logique, l'une avec l'autre, jamais qu'en affirmant quelque chose de l'une on prive l'autre de tout droit d'exister. En définissant les bœufs des quadrupèdes, on ne supprime pas les bipèdes. Il en est de même du moral. Affirmer qu'une action est bonne, c'est affirmer que l'action contraire est relativement mauvaise, ou au moins relativement peu convenable, mais cela n'implique jamais que cette dernière soit effacée du domaine de valeurs où les attributs moraux trouvent leur application.

19. En d'autres termes, la négation logique et le rejet moral positif sont des cas d'exclusion — l'un cognitif, l'autre affectif, — qui dérivent de l'établissement de classes rivales ou incompatibles, tandis que la détermination esthétique, même quand il s'agit du laid, n'implique pas d'exclusion. Au contraire, dans quelque mesure qu'elle se produise, elle établit une seule et unique classe, et l'établissement même de cette classe effectue une synthèse qui abolit toutes les autres classes en tant que telles. Comme nous l'avons exposé dans le détail (1), seule l'affirmation esthétique est uniquement et entièrement privative.

Si cela est exact, nous pouvons conclure en toute assurance que la sorte de relativité qui s'attache à l'affirmation accompagnée de la négation, et à l'acceptation accompagnée du rejet, ne s'attache pas à l'appréciation esthétique. Voilà donc encore un sens où l'esthétique est absolu.

§ 6. — *L'esthétique est non relatif en ce qui touche la relation entre le sujet connaissant et la chose connue.*

20. La dernière forme de relativité que nous avons signalée plus haut comme s'attachant aux constructions renfermant l'idée de réalité est celle qui découle de la relation entre

(1) Voir *Thought and Things*, t. III, « Interest and Art », chap. x.

la chose connue et la personne ou le processus qui la connaît.
Toute connaissance comporte une relation entre le sujet connaissant et la chose connue, car le sujet connaissant est présent dans tous les cas où une sorte quelconque d'objet est
appréhendée. Il semble donc que cette relativité se trouve
derrière toutes les autres.

Quoiqu'il en soit bien ainsi et que cette vérité soit devenue
l'assomption de la pensée spéculative moderne, l'idéal de la
connaissance — idéal qui s'impose avec une clarté et une force
de plus en plus grandes à mesure que la science progresse —
implique un système objectif de vérités et de faits qui sont ce
qu'ils sont indépendamment de la connaissance. Quand ils se
placent au point de vue ontologique, les métaphysiciens et
les hommes de science « positifs » s'accordent à dire : la réalité existe par elle-même ; elle est ce qu'elle est de son chef,
de par la nature qui lui est inhérente ; elle n'est pas ce qui est
connu ; elle n'est pas quelque chose qui doive à la connaissance quoi que ce soit de son existence ni de son
être.

21. Cette référence à quelque chose qui lui est étranger est
la grande antinomie de la connaissance ; prise au pied de la
lettre, elle priverait les processus de la connaissance de toute
participation à la réalité de leurs propres objets. Tout en
posant les choses comme elle lui apparaissent, comme il les
connaît, le sujet connaissant déclare qu'elles existent tout à
fait indépendamment de sa connaissance.

Nous avons adopté plus haut (1) le point de vue du sujet
connaissant, par opposition avec celui du métaphysicien,
c'est-à-dire le point de vue psychique par opposition avec
l'ontologique. Nous devons maintenant nous demander ce
que le point de vue psychique implique exactement dans l'interprétation de la réalité objective.

22. Ce que nous venons d'appeler l'antinomie de la connaissance — considérée dans sa référence objective — prend
deux formes différentes. Tout d'abord apparaît l' « intention »
de l'objet d'être indépendant du processus individuel où il
est formé, construit. L'individu connaissant constate que la

____

(1) Voir plus haut, chap. XII, § 2.

signification de la chose veut que cette chose soit étrangère à sa perception, à sa connaissance ; cette chose a pour lui un contrôle qui, dans sa signification, est indépendant de lui et lui est étranger. Nous pouvons appeler cela, en tant que cela implique la négation de toute relation entre la chose comme telle et un seul individu connaissant, la « référence extrapsychique ». Ainsi comprise, cette référence s'étend à la perception ou à l'appréhension d'autres personnes par l'individu ; ces personnes sont également extérieures, étrangères à l'individu qui les appréhende.

23. L'autre cas est celui où l'implication d'extranéité, d'indépendance, s'étend à tous les sujets connaissants ou percevants, de sorte que la chose ou l'objet se trouve complètement isolé de tout processus conscient. La référence extrapsychique est regardée comme s'appliquant à tout le monde ; elle est synnomique. Il existe une chose ou une vérité ontologique, physique, spirituelle ou de tout autre genre, qui est isolée et des processus de l'appréhension individuelle et de ceux de l'appréhension commune. Cette référence s'applique aussi à la relation des esprits entre eux. On dit des objets qui sont ainsi indépendants de tout processus psychique qu'ils ont la « référence transsubjective » (1).

L'implication par laquelle la connaissance découvre des choses indépendantes d'elle renferme donc deux éléments distincts : l' « extrapsychique » et le « transsubjectif ».

Maintenant se pose une question d'interprétation, celle de savoir lequel des termes de l'antinomie établie par la connaissance — ces termes sont la relativité de l'objet à l'individu connaissant et l'indépendance de l'objet à son égard — doit être accepté comme caractérisant, en dernière analyse, la réalité. Le réel, sous sa forme ultime, doit-il être considéré comme un élément de l'expérience personnelle, ou doit-il être regardé comme existant par lui-même, indépendamment de l'expérience ? Ainsi posée, la question ne vise directement que la validité de la référence extrapsychique, mais on admet ordinairement que la validité de cette référence en-

____

(1) Cet emploi des termes « extrapsychique » et « transsubjectif » a été proposé dans *La pensée et les choses*, t. I, chap. I, sect. 10.

traîne celle de la référence transsubjective : si l'objet, dit-on, est réellement indépendant d'un observateur donné quelconque, il est nécessairement indépendant de tous les observateurs.

24. Nous avons déjà vu pourquoi la connaissance ne peut pas résoudre cette antinomie, qu'elle-même établit. En premier lieu, toute tentative qu'elle fait pour interpréter l'objet comme indépendant d'elle donne un résultat où elle tient encore une place plus ou moins grande, auquel, en fait, elle a apporté quelque chose d'elle-même. Et à chacun de ses stades la question se pose de savoir comment elle pourra parvenir à se séparer effectivement de ses propres produits. Mais mettons-nous à un point de vue plus positif : il y a une autre raison pour laquelle les objets de la connaissance demeurent nécessairement relatifs à l'expérience. En devenant réfléchis, interprétatifs de leur propre contenu, les processus de la connaissance le réédifient sous forme d'idées, de systèmes de données, de vérités, le mettant ainsi dans le domaine des processus subjectifs. La référence extrapsychique devient alors un processus de médiation consciente. Quelque résultat que puissent atteindre les processus de la connaissance sous le rapport de l'interprétation, toutes les oppositions et tous les dualismes par lesquels ils reconnaissent l'extranéité et l'indépendance de leur objet s'établissent sous la présupposition des processus subjectifs du jugement et de la réflexion. Cette « présupposition secondaire » du psychique, comme nous avons appelé ailleurs la présupposition en question (1), reste une pierre d'achoppement pour toute théorie ontologique de la réalité. Sous cette forme, la relativité du sujet à l'objet demeure jusqu'à la fin pour toute appréhension du type cognitif.

En ce qui touche la référence transsubjective, l'antinomie est d'autant plus embarrassante que la valeur synnomique du jugement et de la réflexion accentue la stabilité et l'isolement de l'objet extérieur. Cette valeur se manifeste très nettement dans certaines phases des processus conscients. Il peut se faire qu'une personne corrige son illusion en faisant appel à

(1) *Thought and Things*, t. II, chap. xv, § 4.

la perception d'autres personnes ; et même que, si elle a une hallucination, elle s'en rende compte en face des résultats synnomiques de la réflexion. De la sorte, l'une des deux références extériorisantes, la référence extrapsychique, peut se trouver en antagonisme avec l'autre ou être neutralisée par elle. Et l'inverse est également vrai. Un jugement invoquant la croyance universelle peut être réfuté par l'expérience personnelle d'un seul sujet. Ainsi l'origine et le caractère subjectifs de ces deux références à l'extérieur se montrent de bien des manières dans l'expérience elle-même.

25. Dans le cas des réalités de valeur, la même antinomie se manifeste, mais d'une manière plus marquée du côté de la relativité, en raison de l'extrême ambiguïté des valeurs objectives et de l'hésitation de la conscience d'évaluation à leur attribuer une signification extrapsychique. Dans bien des cas, il est vrai, la valeur attribuée à l'objet lui est inhérente, ou est au moins indépendante du choix et de la préférence de l'individu (la valeur économique du diamant, par exemple, est indépendante de l'appréciation d'un individu donné quelconque), mais même en pareil cas la valeur semble garder sa dépendance superindividuelle, sa dépendance sociale à l'égard des processus de l'appréciation et du choix psychiques. La référence transsubjective ne joue pas. Et dans des cas moins objectifs, tels que ceux des valeurs de la contemplation immédiate, de la jouissance directe et de la satisfaction idéale, le choix subjectif et individuel joue un rôle si important qu'il n'y a pas moyen de convertir la signification en une forme objective.

Nous sommes donc en droit de dire que, si la réalité de valeur a le sens extrapsychique dans certains cas, elle ne l'a pas en général, et qu'une « signification » de valeur n'a probablement dans aucun cas la référence transsubjective qui rendrait la réalité de valeur indépendante de l'expérience tant individuelle que sociale des objets auxquels la valeur est attribuée. En effet, la présupposition de la réalité indépendante et objective des choses et des valeurs exige qu'elles ne contiennent plus d'éléments de détermination sélective. Elles sont dépouillées de leur valeur, qui garde sa référence à l'expérience.

26. Notre conclusion est donc que les réalités des deux genres restent relatives aux processus conscients, tant cognitifs qu'actifs, en dépit de la référence ou de l'implication d'après laquelle elles ont une existence étrangère et indépendante. Elles présupposent des processus conscients, et, du fait du commerce intersubjectif auquel elles donnent lieu, elles sont en relation avec l'expérience sociale non moins qu'avec l'expérience individuelle.

27. La question se pose aussitôt de savoir si ces conditions de relativité existent dans la conscience esthétique quand des objets de l'une ou de l'autre sorte, c'est-à-dire des choses ou des valeurs, deviennent matière de production ou d'appréciation artistiques.

Un examen rapide des caractères de la conscience esthétique nous aidera à répondre à cette question. Il est tout à fait impossible de soutenir que la distinction générale entre les personnes et les choses, entre les processus mentaux et les existences objectives, se trouve abolie dans le contenu esthétique. Les situations que l'art représente sont souvent de nature à accentuer cette distinction : quel relief ne prend-elle pas dans les tragédies causées par le sort, la nécessité, la loi, dans les victoires et les insuccès de l'amour, dans les manifestations de la pitié, de la colère ! Dans l'art, les mobiles individuels s'opposent souvent d'une façon plus marquée qu'ailleurs à ce qui est général, nécessaire, mécanique ou mort. Le contenu y est refondu, comme nous l'avons vu, sous la forme de « semblance » imaginative, mais cette refonte ne comporte rien qui puisse détruire la distinction, faite par les processus conscients, entre le moi privé et son objet. Si nous tenons, comme nous le devons, semble-t-il, que les résultats de la connaissance et ceux de la pratique se retrouvent intégralement dans la signification esthétique entière, nous ne pouvons pas considérer comme annulée ni comme très affaiblie, dans cette signification, la distinction que nous faisons généralement entre eux. Nous pouvons donc dire que l'esthétique n'abroge pas la référence extra-psychique de la connaissance. En face du contenu esthétique, l'individu ne perd pas le sentiment de sa personnalité. Il est manifeste que jamais, lorsqu'on admire une œuvre d'art, on ne se confond réellement avec elle ; et l'on ne confond pas davantage les éléments de personnalité qui y sont représentés avec ceux que représente une autre œuvre d'art.

La vie mentale qui est communiquée à l'objet — on sait le rôle important qu'elle joue dans de récentes analyses du beau (1) — n'est donc pas la vie mentale individuelle comme telle, c'est-à-dire qu'elle ne consiste pas en des éléments restant individuels et non généralisés. Ce qui lui est communiqué de la vie mentale de l'individu qui le contemple, c'est, comme nous l'avons montré dans une analyse précédente, celles de ses inclinations et de ses habitudes qui se prêtent à la généralisation et à l'éjection, et qui, par suite, sont de nature à représenter, en même temps que son esprit, celui d'autres personnes encore, ou même l'expérience en général.

28. Mais s'il en est ainsi, dira-t-on, est-ce que le mode de conscience esthétique ne comporte pas, comme les autres, une antinomie entre la dépendance et l'indépendance de l'objet à l'égard du sujet connaissant ? Si l'esthétique reconnait et affirme la référence extrapsychique dans le même sens (ou à peu près) que les autres fonctions d'appréhension, tout en faisant participer l'objet tout entier à la vie personnelle du sujet, les implications de l'art ne présentent-elles pas de ce fait une contradiction ?

Cette objection semble fondée en tant qu'il s'agit de la référence extrapsychique proprement dite, c'est-à-dire de celle qui implique l'indépendance de l'objet à l'égard de l'expérience de l'individu. Mais l'antinomie se trouve résolue quand on considère la référence transsubjective, c'est-à-dire celle qui veut séparer l'objet de toute expérience comme telle. On voit ici combien il importe de distinguer — ce dont on ne s'est guère préoccupé jusqu'à présent — entre ces deux sortes de référence objective.

Nous avons constaté que, comme le théorique et le pratique sous leurs formes réfléchies, l'esthétique a un sens synnomique. On considère une œuvre d'art comme ayant la même signification et la même valeur pour toutes les personnes compétentes. Or, lorsqu'un individu introduit une

(1) Voir plus haut, chap. XIII, § 3.

vie mentale dans un objet d'art, il ne s'agit pas uniquement de lui-même, de son goût et de son jugement à lui, mais aussi de la communauté, de tous les autres hommes, de la conscience esthétique en général. Sans doute, cette œuvre exprime son goût, mais elle a une signification plus large. Il sent qu'il est l'organe du goût universel, qui se manifeste en lui. La vie mentale que cette communion avec l'ensemble des hommes lui fait introduire dans l'objet devient une vie mentale représentative. Ce n'est pas le jugement d'un seul mais celui de tous qui affirme la valeur de cet objet.

Si donc la conscience esthétique regarde l'objet comme séparé de l'expérience individuelle, elle ne le regarde pas comme séparé de toute expérience ; en d'autres termes, si la référence extrapsychique existe pour elle, il n'en est pas de même de la *référence transsubjective*. Cette dernière est abrogée par le mouvement de personnification, par l'empathie. Le processus mental dont la signification est communiquée à l'objet est un processus typique, bien qu'il se constitue dans l'esprit de l'individu qui s'identifie progressivement avec cet objet. Le pouvoir synnomique du vrai et la valeur « synnomique du bien se conservent dans la reconstruction semblante » elle-même, et donnent à sa vie mentale, à son « moi », la signification correspondante d'une fonction consciente synnomique. L'objet d'art ne tolère pas de motifs ni de buts strictement privés ; il est isolé du moi individuel, tout en incarnant ce qui est commun et essentiel à la vie de tous.

29. L'exactitude de cette thèse devient manifeste quand on considère où va notre sympathie en matière d'art. Elle va aux personnages vivants plutôt qu'aux choses mortes, aux personnes plutôt qu'aux animaux (1), et quand divers motifs se la disputent, elle va au plus élevé, à celui qui tend à l'idéal le plus haut. C'est le moi général et universellement

____

(1) On se rappelle l'histoire de l'enfant qui, devant un tableau représentant une arène de Rome où des lions dévorent des chrétiens, s'écrie : « Oh, maman, il y a un pauvre lion qui n'a pas de chrétien ! » L'incongruité qui rend cette remarque amusante est la sympathie mal placée de l'enfant.

humain, le moi idéal, que vise le processus de la personnalisation ; le moi individuel s'identifie avec lui et pense que
les autres individus font de même.

30. Nous arrivons donc à cette importante conclusion que
l'expérience esthétique, *prise en bloc*, échappe à la relativité
du sujet connaissant à l'objet connu. Elle abroge la référence
transsubjective, qui ferait du réel quelque chose de tout à
fait séparé de l'expérience, car elle regarde l'objet esthétique
comme incarnant un mouvement de détermination psychique.
Elle donne à l'œuvre d'art la mission de représenter le mouvement de l'esprit sous sa forme universelle et synnomique.
Mais, d'autre part, elle réaffirme la relativité des processus
individuels qui rétablissent dans le tout esthétique les situations concrètes enveloppant le sujet connaissant et l'objet
connu. Le sujet connaissant connaît l'objet connu, et le
connaît comme quelque chose qui est séparé de sa connaissance. Cette antinomie se réaffirme dans la conscience esthétique *dans l'organisation du contenu, mais le contenu
entier, comprenant cette antinomie, n'y est pas assujetti lui-
même.*

Une œuvre d'art n'est donc relative à aucun autre mode
de réalité. L'expérience esthétique ne connaît pas d'autre
objet que celui qui lui est propre, pas de réalité non expérien-
cielle ou non esthétique. La relation du sujet à l'objet fait
partie de son contenu, mais elle n'est pas assujettie elle-
même à une distinction entre le sujet et l'objet. Voilà encore
un sens où son objet est absolu. L'objet esthétique est une
réalité qui n'en souffre pas d'autre en dehors d'elle, tout en
renfermant l'organisation complexe qu'implique l'expérience
du moi et du monde.

§ 7. — *Le sujet connaissant et son expérience : le pancalisme.*

31. Ces explications montrent en quel sens la réalité
donnée dans la contemplation esthétique peut être appelée
absolue. Si l'absolu est le non relatif, la réalité esthétique est

absolue dans tous les sens que nous avons énumérés. Avant
d'exposer, dans le dernier chapitre, certains corollaires philosophiques, il nous faut encore conclure au sujet du point
de vue d'où la réalité est appréhendée le plus adéquatement ;
nous donnerons ainsi notre solution du problème de la morphologie génétique.

Il est manifeste qu'en fusionnant et en transcendant les
divers modes d'existence, de subsistance, de présupposition,
de postulation, etc., représentés dans les différentes relativités dont nous avons fait un examen approfondi — celles de
l'intérieur à l'extérieur, de l'antérieur au postérieur, de
l'actuel à l'idéal, du vrai au faux, de l'affirmation à la négation, du bon au mauvais — en transcendant, disons-nous,
tous ces contrastes, la conscience esthétique nie qu'aucun
d'eux soit le point de vue exclusif et définitif en ce qui concerne l'interprétation du réel. Si le système des vérités
logiques, par exemple, étant relatif au système des valeurs
téléologiques, devant lequel échouent ses moyens de traduction, ne constitue qu'un reflet particulier et incomplet de la
réalité, aucun caractère logique, tel que « l'identité dans la
différence », la cohérence, l'organisation dans un tout
d'implication, ne peut être accepté comme seul critérium du
réel. Les caractères logiques sont sans doute des critériums
du mode de réalité atteint par les processus cognitifs et
logiques comme tels, mais quand le point de vue de l'appréhension ou de la pensée logique cède la place à celui auquel on
parvient dans la synthèse plus large de l'esthétique, il devient
évident que de pareils critériums sont insuffisants pour faire
connaître la nature de l'ensemble de la réalité.

32. Il en est de même du mode de réalité représenté dans
la « signification » qui, incarnant la volonté, l'intention,
l'idéalité, comporte un but, signification morale et téléologique. Ses résultats et ses idéals sont relatifs, car ils con-
trastent avec ceux de la pensée et sont assujettis comme elle
à la synthèse plus large que donne l'esthétique. Par conséquent, la volonté et sa conservation — « son identité et sa
continuité » (1) — sont, à ce qu'il semble, des expressions

____

(1) Cf. Urban, *Valuation*, etc., p. 401 et 402.

inadéquates du réel. La réalité interprétée téléologiquement est, dans sa nature même, relative à la réalité interprétée théoriquement ou logiquement. Introduire dans le mouvement de la réalité comme telle un principe d'un caractère exclusivement téléologique, c'est abandonner le point de vue de la réalisation synthétique pour celui de la postulation ontologique de valeurs.

33. Il en est de même de chacun des points de vue particuliers d'où l'on peut interpréter la réalité : tous sont relatifs, sauf celui où la relativité et l'incomplétude disparaissent dans une immédiateté et une complétude supérieures. Ce point de vue est, comme nous l'avons vu, celui de l'expérience esthétique. C'est celui du sujet connaissant lorsqu'il atteint une validité « absolue », c'est-à-dire lorsqu'il représente le mode d'appréhension exempt des complications dues à des motifs rivaux et dualistes. L'expérience atteint alors son niveau le plus élevé : elle reflète, dans une incarnation complète et absolue, ce qui n'a été discerné que partiellement par chacun des individus connaissants, voulants et sentants qui, au cours de son histoire, se sont laissé guider par elle.

Ainsi compris, le point de vue du sujet connaissant n'est pas subjectif, car il n'est plus individuel ni en opposition avec le point de vue objectif. Il n'est pas privé, car en l'exprimant on exprime une expérience synnomique, universelle. Il n'est ni réaliste ni idéaliste, dans le sens traditionnel de ces termes, car, si la réalité qu'il permet d'atteindre se trouve dans l'expérience, elle n'est pas en opposition néanmoins avec quoi que ce soit qui se trouverait en dehors de l'expérience : l'expérience embrasse toute la réalité. C'est un point de vue *sui generis* ; pour le définir complètement, il faudrait recommencer la description de l'expérience esthétique et en exposer à nouveau les implications. Nous résumons tout cela quand nous parlons de l'expérience artistique ou de la jouissance procurée par la beauté ; mais lequel d'entre nous pourrait dire exactement ce qui est réalisé dans la jouissance que donne une œuvre d'art, ou pourquoi il en jouit ?

34. Nous avons donc esquissé une théorie selon laquelle

la contemplation esthétique est l'organe de l'appréhension du réel sous sa forme complète, synthétique, et, en certains sens nettement définis, absolue. A cette théorie nous avons donné, avant même de l'avoir édifiée, le nom de « pancalisme » (1). On pourrait, sans aucun doute, parvenir par d'autres moyens à un résultat permettant d'utiliser de quelque manière semblable la catégorie esthétique, et le nom de pancalisme conviendrait également aux théories que l'on construirait ainsi. Aussi bien, nous avons appelé « pancalistiques », dans notre exposé historique, certaines doctrines qui tendent par d'autres voies au but que nous nous étions fixé.

Il nous reste à proposer certains corollaires philosophiques; c'est ce que nous ferons dans le dernier chapitre. Ces corollaires sont des implications du pancalisme, des conclusions qu'autorisent les résultats de la logique génétique, mais qui pourtant ne se rattachent pas à elle par des liens aussi étroits que celles qui ont été présentées plus haut.

(1) *Thought and Things*, t. III, Préface, et chap. **xv**, § 7. Voir aussi la préface du présent ouvrage.

CHAPITRE XVI

COROLLAIRES

§ 1. — *Nature de la réalité.*

1. Après avoir exposé la théorie du pancalisme, qui est l'interprétation du réel à laquelle nous avons été conduit en étudiant les faits dans le détail, nous allons indiquer brièvement certaines implications, certains corollaires d'une portée philosophique plus générale (1). Le lecteur a sur les lèvres cette question : quelle est alors la nature de la réalité?

Les conclusions auxquelles nous sommes parvenu nous permettent de supposer que la réalité est constituée par tout le contenu de la conscience en tant qu'il est organisé ou susceptible de s'organiser sous une forme esthétique ou artistique. Dès lors la conscience individuelle est l'organe de l'appréhension de la réalité. La réalité entière serait l'expérience entière d'une conscience capable de la saisir et de la contempler sous la forme d'un ensemble esthétique.

La réalité est une expérience organisée, et cette expérience a la forme d'un moi.

Si l'on cherche à ajouter quelque chose à cette détermination descriptive de la réalité, on arrive aussitôt à l'un ou l'autre de ces points de vue particuliers d'où l'on n'a plus la

(1, Le lecteur peut se reporter à *Thought and Things*, t. III, chap. xv (particulièrement aux § 7 et 8), où certaines de ces implications sont déjà indiquées.

vision de l'ensemble, et l'on n'atteint que l'appréhension de quelque mode spécial d'existence ou de réalité, du mode de l'actuel, de l'idéal, du bien, du vrai, ou de quelque autre.

2. Quant à ces modes spéciaux de réalité, on ne doit pas les considérer comme non valables ou comme irréels, car chacun contribue à sa manière à la constitution du contenu essentiel de l'organisation esthétique. L'esthétique révèle quelque chose de nouveau, quelque chose de particulier; mais il accepte et rétablit, à sa manière, les réalités et même les contrastes des modes particuliers. Le vrai reste le vrai, le bien reste le bien. Les réels de l'idéalité et de l'actualité demeurent; ils apportent à l'ensemble la force impérative du bien et l'« intention » synnomique du vrai. Tous contribuent à le constituer. Chacun est donc un aspect valable de la réalité, bien qu'au point de vue génétique il n'en soit qu'un aspect modal et incomplet. Le progrès de la réalité est un progrès réel : il se produit constamment de nouveaux modes et de nouveaux aspects, dont chacun a sa synthèse esthétique caractéristique, et le tout s'étend et s'enrichit sans cesse à mesure que les sciences, les systèmes d'utilité pratique — d'utilité économique, politique, morale — et les arts fondés sur des conventions ou visant la commodité élaborent leurs contenus spéciaux. La science, théorie et instrument de la vérité, garde toute sa validité; la morale et les disciplines normatives restent entièrement libres d'accomplir leurs tâches; l'esthétique lui-même a ses problèmes scientifiques et ses problèmes normatifs, que l'on n'arrive à résoudre qu'au prix de patientes recherches et de pénétrantes analyses. Toutes ces choses contribuent au progrès général de l'humanité, et toutes concourent à enrichir l'appréhension esthétique du réel. Le mouvement de la tradition se poursuit, le trésor intellectuel et moral s'accroît, et, à chaque stade de son développement, il est l'objet d'une synthèse artistique qui fait de lui, dans la pleine acception du mot, l'incarnation de la réalité.

3. Si nous nous plaçons au point de vue de l'ensemble, à l'un quelconque de ses stades, la réalité devient absolue aux sens indiqués plus haut. Elle n'est relative à aucun autre tout, et elle synthétise toutes les relativités de ses propres

parties. L'organisation du contenu y persiste, les vérités, les biens, les valeurs de toute sorte survivant dans l'ensemble artistique du beau. Mais cela ne veut pas dire que la réalité n'exigera pas ultérieurement une description nouvelle, qu'elle ne se développera plus, car le tout progresse continuellement, à mesure que ses divers facteurs progressent eux-mêmes. C'est le propre de l'idéal esthétique que chaque énonciation de ses résultats le représente comme pleinement atteint ; mais dire que la réalité elle-même est achevée en raison de cette « intention » de plénitude, c'est nier la persistance de l'efficacité des motifs mêmes sur lesquels est fondée cette intention — des motifs de réconciliation des impulsions et des intérêts actifs et théoriques.

4. Mais il reste à répondre à cette question : existe-t-il une conscience de l'ensemble, appréhendé comme une expérience esthétique élargie ? La réponse que nous y ferons sera nette, car par le terme « ensemble » il faut entendre ce qui synthétise les diverses significations de l'existence. Assurément la conscience de l'ensemble existe autant qu'il existe lui-même, et dans le même sens du mot. Les choses, ainsi que les valeurs, existent en vertu des processus de la connaissance et de l'évaluation, qui, en s'associant, constituent, par un seul acte de synthèse, l'expérience du beau. La signification de l'existence, comme toutes les autres significations que renferme l'expérience, éprouve des modifications caractéristiques. Le jugement d'existence n'est pas l'instrument de la réalisation esthétique ; cette réalisation est une connaissance immédiate du contenu et du moi incarné dans le contenu. *Un ensemble esthétique de la réalité ne saurait se constituer que dans une expérience consciente.*

Ainsi que nous l'avons vu, nous n'avons pas le droit d'accepter la conception ontologique de l'existence, de la réalité, conception d'après laquelle elle est quelque chose d'entièrement séparé de l'expérience. Par existence nous entendons ce qui est atteint comme produit de la connaissance, ou comme idéal de la bonté, ou comme présomption, assomption ou jugement confirmé — toutes choses qui demandent un maniement conscient des données de l'expérience. Qu'est-ce que le monde physique sinon ce que, en nous appuyant sur l'ensemble de nos connaissances physiques, nous estimons qu'il signifie, ce que notre expérience physique, si nous prenons cette expression dans son acception la plus large, nous conduit à présupposer et à accepter à son sujet ? Il en est de même dans les autres domaines de l'existence. Si cela est exact, nous pouvons dire que l'expérience qui régit les facteurs particuliers de l'existence se constitue, en les unifiant et en les organisant, en un tout qui fait du monde une œuvre d'art.

Sur ce point, le postulat de l'intellectualisme et celui du volontarisme sont exacts, si on les regarde comme des assomptions méthodologiques. Mais aucun des deux ne peut écarter l'autre. Chacun se justifie convenablement sur le terrain de processus empiriques d'un certain type. Mais afin de justifier son exclusivité, son refus de reconnaître la validité d'autres types de théorie, chacun abandonne l'expérience pour recourir à un absolu de pensée ou de volonté qui est métempirique. C'est couper la branche même de l'arbre de l'expérience sur laquelle il repose.

5. La discussion philosophique de ces thèses nous ferait sortir du cadre de cet ouvrage ; nous les exposons sous forme de corollaires du point de vue que nos recherches ont justifié. Aller plus loin serait trop nous étendre sur un point qui ne rentre pas dans le sujet propre de ce livre. Mais il est légitime de le traiter brièvement, en vue de la solution du problème de la logique réelle que l'on désigne par le nom de problème de la morphologie du réel. De notre conclusion principale on peut inférer des réponses à maint autre problème de philosophie, des réponses qui sont justifiées dans la même mesure que la conclusion principale (1).

____

(1) Il y a lieu de souligner l'interprétation que donne du mouvement de l'expérience considéré dans son ensemble la théorie des « modes génétiques »(Voir *Development and Evolution*, chap. xix). Voir aussi la discussion des théories mécaniques et téléologiques rivales dans l'Appendice B au t. III de *Thought and Things*.

§ 2. — *La seule alternative est un pluralisme.*

6. Il convient de nous demander maintenant quelle conclusion nous devrons tirer de nos recherches dans le cas où l'existence de la synthèse en question ne se trouverait pas définitivement établie. Que devient, dans cette hypothèse, l'alternative philosophique ?

Il n'y a évidemment alors qu'une seule alternative : on se trouve conduit à un pluralisme radical d'un type réaliste et alogique. On ne peut même pas s'arrêter à l'idée d'un spiritualisme ou d'un personnalisme pluraliste, car une synthèse fondée sur la personnalité exige la reconnaissance non seulement d'autres personnes que l'individu envisagé, mais encore de choses. La personnalité a à la fois la référence extra-psychique et la référence transsubjective. Il n'y a dans l'expérience aucun mode de processus, sauf le mode esthétique, où ces deux références ne soient réunies, c'est-à-dire où ce qui est regardé comme étranger à l'expérience individuelle ne soit aussi regardé comme étranger à l'expérience collective ou synnomique. La seule sorte de pluralité de personnalités qui ne comporte pas une multitude de choses extérieures à toute expérience est celle qui peut se constituer dans un tout esthétique.

7. Mais on dira peut-être : pourquoi ne pas admettre tout simplement un pluralisme de réalités — physiques, mentales, morales, artistiques, etc., — qui ne seraient liées entre elles par aucune détermination commune ? Pour les raisons suivantes.

1° Parce qu'admettre un pareil pluralisme serait retirer à l'expérience ses résultats objectifs, tout en ignorant l'expérience même où ces résultats se produisent et ont une signification commune. Ces divers principes de la réalité sont appréhendés au cours du développement d'une vie mentale organisée, systématique ; les considérer comme étant séparés les uns des autres et sans relations entre eux et avec cette vie mentale serait ne pas même vouloir reconnaître qu'ils sont unis entre eux par la sorte de parenté qu'établit leur présence commune dans l'expérience. Un pluralisme originel ou absolu contredirait même la présupposition de la connaissance, dont dépend directement le caractère concret de chacune de ces réalités.

8. 2° Si nous admettons un pluralisme radical, si nous prenons les réalités telles que nous les trouvons, c'est-à-dire différentes les unes des autres, disparates, incohérentes, l'impartialité veut que nous les prenions toutes, que nous ne refusions de reconnaître aucun des modes du réel atteints dans les attitudes normales d'acceptation. Or, parmi ces réalités se trouvera nécessairement celle du beau, de l'art. Mais nous ne pouvons admettre cette dernière réalité, telle que l'analyse la montre, sans renoncer en même temps à considérer les autres comme indépendantes. Si le monde est artistique, s'il est beau, *il ne peut pas être incohérent, inorganisé, radicalement pluraliste.*

Par conséquent, aucune théorie pluraliste ne saurait mériter un examen si elle ne repose pas sur un pluralisme relatif d'un genre permettant au moins de faire rentrer la diversité de ce qu'on appelle les réalités dans quelque unité plus large, telle que l'unité de l'expérience ou l'unité d'une loi. En nous accordant cela, on fera un premier pas vers la conclusion que *l'unité voulue est celle de l'art.*

§ 3. — *Le pancalisme est un affectivisme constructif.*

9. Il nous reste enfin à caractériser notre résultat du point de vue historique. Nous avons vu que, depuis l'introduction du point de vue subjectif dans la philosophie moderne, les interprétations de la réalité ont toujours oscillé entre divers rationalismes et divers volontarismes, sans parler de tendances d'un caractère « positif », en raison desquelles on se limite à la méthode scientifique et on nie la possibilité d'une philosophie de la réalité. La pensée spéculative proprement

dite s'est partagée entre différents systèmes de rationalisme
et de volontarisme.

Un troisième point de vue, qui fait appel au sentiment, a
continué à s'affirmer d'une façon plus ou moins intermittente,
acquérant de plus en plus de précision. Il serait fort nécessaire aujourd'hui qu'il fût formulé clairement. Nous avons
esquissé plus haut son développement historique sous la
rubrique : affectivisme (1).

La théorie qui résulte des considérations que nous avons
développées dans cet ouvrage peut être regardée comme un
affectivisme, attendu qu'elle nie que la raison ou la volonté
soit capable de servir d'organe exclusif de la réalité, et
affirme l'existence d'une synthèse immédiate de fonctions
dans la contemplation esthétique, état que l'on peut représenter comme un état de sentiment. Voyons donc quels
rapports il y a entre cette théorie et les affectivismes antérieurs, plus ou moins constructifs, dont nous nous sommes
déjà occupés.

10. En premier lieu, considérée comme une théorie qui
repose sur l'immédiateté, elle satisfait et utilise le besoin de
réalisation affective directe qui se manifeste dans l'ancien
mysticisme émotionnel et religieux. L'expérience esthétique
est, aux yeux des non initiés, une sorte d'extase ou de
« trance » ; beaucoup l'ont comparée à l'état hypnotique. Du
fait que les mobiles de l'action urgente et de la curiosité intense sont en suspens, l'âme tend au même calme et au
même désintéressement qu'entraîne pour elle la simple con_
templation mystique.

Ce côté de l'expérience permet aussi de contribuer à l'édification de la théorie affective par des précisions du genre de
celles que lui a fournies, dans l'antiquité, le mysticisme réfléchi. Suivant Plotin, la présence divine ne se manifeste
pas au moyen d'opérations causales ni logiques, mais appa -
raît simplement comme une série d'actualités, d'événements,
de données immédiatements présents à la contemplation.
Or il en est de même de l'état de « présence artistique »

____

(1) Chap. xi.

immédiate, que précèdent des états de médiation rationnelle
et pratique.

C'est en vertu du même mouvement, parvenu plus loin,
mais satisfaisant au même besoin, que les théories d'intuition
et de foi s'introduisirent dans la philosophie moderne.
Elles reposent sur une immédiateté considérée comme renfermant quelque chose d'achevé et de transcendant, quelque
chose qui est donné à la conscience sans processus discursifs,
et qui révèle la nature dernière du réel. Ces théories adoptent
l'appréhension directe de la doctrine mystique et l'attribuent
à la raison pure, à l'intuition et à la foi. Selon notre théorie,
ce besoin d'appréhension directe trouve sa satisfaction dans
la contemplation esthétique.

11. En outre, on trouve chez Aristote et Schelling —
et chez d'autres auteurs, comme Kant et Ravaisson, qui
s'expriment plus ou moins explicitement à ce sujet — des
points de vue d'après lesquels l'esthétique, ou au moins un
type de sentiment, est l'organe d'une synthèse. La reconnaissance de cette synthèse est un commencement de justification pour les sortes mystiques de contemplation dont
nous avons fait mention. Dans beaucoup de cas, ces auteurs
attribuent les états d'esprit mystiques et affectifs à l'action
d'intérêts dont le caractère est sinon explicitement esthétique, du moins esthétique dans le fond (1). Bien des penseurs ont recouru à l'esthétique comme à leur dernière
ressource quand des spéculations qu'ils avaient fondées sur
les motifs de processus mentaux particuliers étaient arrivées
à une impasse ou avaient donné tout ce qui était en elles.

Mais, de même que la contemplation mystique et les divers postulats de l'intuition et de la foi, qui procèdent d'elle,
ne renfermaient pas les éléments informateurs et synthétiques
nécessaires à la construction d'une théorie, de même les pan-
calismes de la pensée réfléchie ne sont pas allés loin, à cause
de leur caractère purement spéculatif et réfléchi. La déter-

---

(1) Ce point a été mis en lumière dans l'étude de W.-D. Furry
intitulée *The Æsthetic Consciousness*, etc. (Baltimore, 1908), étude
à laquelle nous avons déjà fait allusion. Voir la préface du présent ouvrage.

mination du facteur nécessaire pour faire jouer au senti‐
ment un rôle comme instrument de l'épistémologie a fait
défaut. Le sentiment a été laissé au niveau de l'impulsion
ou de la passion, ou transporté dans la forme vide de la
raison transcendante.

Ce qui a manqué, c'est la théorie de l'imagination consi‐
dérée comme une fonction participant de la nature de la
connaissance et capable d'informer l'intérêt affectif, tout en
ayant la liberté de se l'incorporer (1). Et ce n'est pas seule‐
ment le sentiment, mais encore la volonté qu'il faut faire
figurer dans la synthèse que constitue l'intuition. L'imagi‐
nation doit être représentée comme étant aussi l'instrument
des idéals de la volonté. Cette idée commence à poindre
dans la doctrine de l'imagination d'Aristote et des mystiques
italiens, reparaît dans les théories artistiques que nous a
laissées la Renaissance, et trouve un appui dans certaines
doctrines de Kant.

12. On jugera peut-être que notre étude détaillée de la
nature de l'imagination schématique, dans son rôle d'inven‐
trice d'hypothèses et de choses « semblantes » (2), contribue
à ce développement constructif de l'affectivisme. L'imagina‐
tion est l'instrument des activités mentales investigatrices,
idéalisantes, évaluantes, inventrices d'hypothèses. Elle opère
tout autant dans la sphère des contenus et des intérêts affec‐
tifs que dans celle des contenus et des intérêts cognitifs,
dans les domaines de la connaissance, de la volonté et du
sentiment que dans celui de l'artistique comme tel. Mais les
analyses les plus récentes de l'esthétique montrent que son
élaboration constitue le rôle synthétique et parfait de l'ima‐
gination. Ce n'est pas d'une manière spéciale et dans une
mesure relativement peu importante, comme on le suppose
ordinairement, qu'elle coopère à la réalisation du beau.
Dans l'art, les choses cognitives et les choses volitionnelles,
sous l'action de l'imagination, qui s'empare d'elles, fu‐
sionnent dans l'immédiateté des valeurs de sentiment, et les

(1) Comme nous l'avons dit plus haut, outre « la libération de
la pensée », il y a « la libération de la domination de la pensée ».
(2) *La pensée et les choses ; Thought and Things*, t. II.

deux grands courants de l'affectivisme, le courant mystique et le rationnel, s'unissent et se confondent. Quoi qu'on
puisse penser du résultat de la tentative que nous avons faite
pour le démontrer, et quelque peu fondé que nous soyons
peut-être, si l'on ne considère que les sens habituels du terme
« esthétique », à qualifier d'esthétique une synthèse effectuée
par la contemplation, nous sommes persuadé que nous avons
ici les matériaux nécessaires à une réconciliation des prétentions opposées du rationalisme et du volontarisme, et à une
interprétation constructive des besoins essentiels des modes
d'appréhension mystique et intuitif (1).

Pris dans ce sens, le pancalisme est un affectivisme constructif. Il montre la manière dont le sentiment peut être informé, de telle sorte qu'il ne reste pas aveugle, mais voie
toutes les choses *sub specie pulchritudinis*. Cette locution
latine, dout la portée est facile à comprendre après nos explications détaillées, précise le sens de la devise que nous
avons placée en tête de *La pensée et les choses*, à savoir τὸ
χαλὸν πᾶν.

(1) Le professeur Urban termine de la manière suivante son
excellent traité sur *L'évaluation*, que nous avons déjà cité : « Les
implications de l'évaluation... conduisent à des revendications de
priorité. Mais comme il y a toujours, en outre, l'implication d'une
vérité intérieure, comme la vie et l'expérience se montrent..., de
plus en plus susceptibles d'être exprimées sous la forme d'un système de vérités, l'hypothèse de l'intelligibilité finale de toutes les
valeurs demeure toujours. Une forme d'expérience encore plus
élevée, où les deux sortes de prétention soient également satis-
faites, une forme de contemplation transcendant et la volonté et
la pensée devra toujours être le but... de toute métaphysique. Un
pareil état... serait véritablement la vision béatifique ».

APPENDICE A (1)

Afin de rappeler au lecteur la place occupée par la morphologie génétique dans l'ensemble des sujets qu'embrasse la logique génétique, nous reproduisons ici, en le modifiant un peu, le tableau qui figure dans *La pensée et les choses*, au § 6 du chap. I. Nous faisons remarquer que tous les sujets qui y sont indiqués ont été traités dans la série de volumes qui se termine à celui-ci.

Logique génétique :

A. *Logique fonctionnelle* (traitée dans *La pensée et les choses*, tome I de *Thought and Things*, qui a pour sous-titre : *La Logique fonctionnelle*).

B. *Logique expérimentale* (traitée dans le tome II de *Thought and Things*, qui a pour sous-titre : *La logique expérimentale*).

C. *Logique réelle* : I. Epistémologie génétique (traitée dans le tome III du même ouvrage, qui a pour sous-titre : *L'intérêt et l'art.*) — II. Morphologie génétique (traitée dans le présent volume).

(1) Cf. plus haut, chap. I, § 4. Le lecteur trouvera dans l'original, avant cet appendice, une liste de termes anglais avec leurs définitions (*Glossary of terms*) qui sont employés depuis peu par différents auteurs s'occupant des problèmes de la Logique génétique.

La modification en question consiste en ce que nous avons donné à la logique expérimentale une place indépendante au lieu d'en faire une subdivision de la logique fonctionnelle.

APPENDICE B

Comme nous l'avons dit plus haut, le Professeur Ormond assigne à l'expérience esthétique un rôle épistémologique (A. T. Ormond, *The Foundations of Knowledge*, p. 227 et suiv.) (1). D'après lui, la catégorie de l'unité a son origine dans l'intuition esthétique, d'où la conclusion que le jugement comme tel, étant une fonction unifiante, est toujours esthétique. Une valeur esthétique s'attache à tous les produits du jugement, dans la science et dans la morale non moins que dans l'art. De la sorte, l'esthétique devient une affaire de sentiment en général, ce qui répond à une unité objective. Le jugement est une fonction de sentiment à peu près dans le même sens que l'*Urtheilskraft* de Kant.

Tout en reconnaissant le grand intérêt que présente l'idée émise par le Professeur Ormond au sujet de la catégorie de l'unité, nous ferons observer que la thèse suivant laquelle le jugement est toujours esthétique néglige, à ce qu'il nous semble, deux distinctions importantes.

En premier lieu, dire que l'unité comme telle est esthétique, même dans les jugements de fait et d'utilité, c'est nier la distinction entre de pareils jugements et les jugements de beauté, d'où la nécessité de chercher le critérium de la beauté dans quelque autre caractère du contenu objectif. On peut déclarer que toute unité est agréable sans aller jusqu'à dire qu'elle est belle dans toutes les circonstances. Elle n'est belle qu'à condition d'incarner un idéal comportant un contenu bien détaché et une large synthèse. Pour être belle, la propriété d'unité doit devenir elle-même partie intégrante du

(1) Voir aussi, dans la préface, le passage tiré du livre du Professeur Ormond.

contenu ; elle doit être regardée objectivement. Autrement il peut se faire qu'elle continue à être simplement un caractère de l'objet qui, soit qu'il plaise, soit qu'il déplaise, n'est pas jugé beau. Un tas de fumier, pour reprendre un des exemples que nous avons donnés plus haut, peut avoir son unité objective et rester néanmoins déplaisant et hideux.

De là découle une seconde objection. Le jugement comme fonction n'unifie pas lui-même un contenu de l'expérience ; il reconnaît simplement une unité déjà suggérée ou proposée. Le jugement affirme ou nie la synthèse où l'unification est présentée sous la forme d'assomption, d'hypothèse, ou de schéma de l'imagination. C'est dans l'imagination que l'unité est engendrée, que l'idéal est posé. En acceptant ou rejetant cette unité, le jugement produit certaines dualités, la dualité entre l'objet et l'attribut, et entre l'objet jugé et le moi qui juge. Car le jugement établit toujours la relation de réflexion.

On peut donc dire que, si la catégorie de l'unité représente l'idéal esthétique, ce n'est pourtant que dans la « semblance » imaginative, dans le schéma, dans l'esquisse d'unité présentée au moi pour être contemplée par lui, que cet idéal est incarné. Toutefois l'unité du jugement peut se présenter ainsi. Dans la science et dans la morale, au contraire, si l'unité du contenu est conservée, l'acte de juger intervient pour troubler l'unité idéale du sentiment esthétique. L'unité du contenu objectif comme tel est simplement l'unité de l'individuation et de la reconnaissance cognitives, qui est estimée agréable ou désagréable par le sentiment en général, mais n'est pas toujours estimée idéale et belle par le sentiment esthétique. Pour la satisfaction du sentiment esthétique, le dualisme entre le moi et l'objet, dualisme établi par le jugement, doit être aboli, afin que le moi puisse absorber le contenu de celui-ci et y vivre.

APPENDICE C

§ 1

Les vues philosophiques de F. H. Bradley (1) se rapprochent beaucoup de celles que nous avons développées dans cet ouvrage, mais la méthode dont elles procèdent n'est pas la même, non plus que les conclusions auxquelles elles aboutissent (2). Il ne sera peut-être pas sans intérêt de le montrer en quelques phrases.

1. M. Bradley défend, si je le comprends bien, les thèses suivantes : 1°, la réalité absolue est présente à l'expérience, 2°, à une expérience d'immédiateté, 3°, immédiateté qui est celle du sentiment ou de la « sentience » ; 4°, la connaissance, étant fondée sur le jugement, traduit le réel sous des formes qui ne sont jamais exemptes de contradiction et de relativité, quoique 5°, l'idéal de la connaissance soit l'unité absolue du Tout. Par conséquent, 6°, la réalité absolue ne peut pas être identifiée avec la pensée, et la méthode qui préside à son développement et à ses changements ne peut pas être celle de la dialectique des processus de la pensée (contrairement aux vues de Hegel). Pareillement, 7°, le jugement ne comporte pas d'erreur absolue ni de fausseté absolue, pas plus qu'il ne comporte de vérité absolue, attendu que tout jugement « qualifie » la réalité de quelque façon particulière, et qu'une vérité et une réalité relatives adhèrent à tout processus empirique. Enfin, 8°, c'est dans une immédiateté supérieure, d'un

(1) F.-H. Bradley, *Appearance and Reality*, 2ᵉ édit., et *Essays on Truth and Reality* (1914).

(2) Bien entendu, il est impossible de rendre justice, dans un exposé aussi bref, aux idées très subtiles et très originales de M. Bradley ; on n'est même pas sûr de ne pas défigurer sa doctrine en l'abrégeant ainsi.

caractère hyperlogique, et ayant en un sens la qualification personnelle, que se trouve l'Absolu (1).

2. Sur tous ces points, nos résultats corroborent la doctrine de M. Bradley, quelques différences qu'il y ait évidemment entre les bases sur lesquelles reposent ses conclusions et celles sur lesquelles nous fondons les nôtres, et si différentes que soient également les interprétations de la réalité auxquelles nous aboutissons respectivement.

3. En parvenant à ses conclusions finales, M. Bradley se jette à corps perdu, à ce qu'il semble, dans l'ontologie (2), dont le motif et le résultat sont purement logiques et inexpérienciels. La réalité absolue est un tout, qui est présent dans l'immédiateté de la « sentience », mais qui n'est pas susceptible d'être défini ni conçu tel qu'il est effectivement, car les fonctions objectivantes qui aspirent à le rendre ne réussissent qu'à le masquer. Elles défigurent le tout en affirmant et qualifiant les parties.

Néanmoins l'expérience appartient à un « centre fini » — chacun en est un — devant lequel « vient tout l'univers ». Si donc l'expérience absolue est une expérience de sentiment, elle n'est pas simplement une expérience de sentiment non informé et brut. Ce n'est pas une « sentience » sans contenu

---

(1) Dans son récent ouvrage, *Essays on Truth and Reality*, M. Bradley donne (p. 417 et 418) un résumé dont je citerai les phrases suivantes : « Nous avons : 1°, Un tout immédiat senti, sans aucun moi ni objet. Ensuite, 2°, là où nous trouvons un objet en opposition avec le moi, cette opposition est encore un contenu compris dans un tout de sentiment. En outre, 3°, le moi, quoique n'étant pas encore un objet, est un contenu expérimenté, et il est un contenu limité et est senti comme tel. 4°, Sur la nature de ce contenu limité senti comme moi... il y en a une grande partie qui, de temps à autre, est venue devant nous sous forme objective, et, d'un autre côté, il y a des éléments de ce contenu qui restent toujours à l'arrière-plan. Et tout cela est vrai même pour le groupe central sur lequel il semble que repose notre personnalité ». En d'autres termes, le moi objectif (et la personnalité) est un contenu où « le centre fini à l'intérieur duquel et devant lequel vient l'univers entier » prend une forme partielle et spéciale.

(2) Cf. plus haut, chap. xii, sect. 10.

rationnel et pratique, mais une sorte de super-personnalité
— au moins par implication — qui a la valeur logique ou
métaphysique de tous les attributs possibles de la vérité et
de la valeur, tout en étant incapable de faire apparaître ces
attributs dans des jugements. Le tout est présent dans la
« sentience », « mais il a beau faire de son mieux, il ne peut
pas se manifester pleinement et convenablement sous la
forme d' « apparence (1) ».

4. Notre résultat diffère grandement de celui-ci, malgré de
nombreuses concordances entre les deux doctrines. Nous
avons pu utiliser certaines ressources dont M. Bradley n'a
pas fait usage, notamment la méthode génétique, les théories
de la « communauté » ou de l' « intention sociale » du jugement et du moi, et les développements de la logique pratique,
affective et esthétique. Au lieu donc de recourir au point
de vue d'un « centre fini » devant lequel la réalité absolue
« vient » dans l'immédiateté de la « sentience » — nous
passons à une « morphologie comparée » des modes de
fonction qui donnent des traductions particulières ou des
« apparences » du réel. Nous constatons que l'expérience
elle-même révèle son « excellente manière » d'appréhender
le « tout ». Pour nous, le tout se trouve réalisé d'une façon
concrète dans chaque œuvre d'art, tandis que pour M. Bradley
il y a un tout ontologique supposé ou postulé qui n'est
pas réalisé mais simplement « trouvé », pour ainsi dire, dans
l'expérience « sentiente » (2).

(1) J'ai cru devoir hasarder de faire ce résumé, quoique les
explications les plus récentes de M. Bradley au sujet du « centre
fini » soient extrêmement difficiles à suivre. Voir ses *Essays on
Truth and Reality*, chap. xiv.

(2) Voir plus haut, chap. x, sect. 8.

« A l'intérieur duquel (il s'agit du centre fini) et devant lequel
vient l'univers entier » (c'est moi qui mets ces mots en italique), suivant l'expression déjà citée de M. Bradley. Cette conception rappelle les monades de Leibnitz, dont chacune « représente » le monde
entier ; mais il est plus facile d'attribuer, comme le fait Leibnitz,
un contenu à un centre qui « représente » qu'à un centre qui sent
seulement, car le premier reconnaît nettement la validité de la
connaissance.

5. La différence entre le résultat de M. Bradley et le nôtre tient, en réalité, à la divergence radicale des deux méthodes, divergence que nous avons signalée dans notre discussion (1). Il est instructif de mettre ce point en lumière, car notre méthode interdit de recourir à un point de vue ontologique comme à un point de vue ayant une validité supérieure ou finale. Nous avons constaté (2) en passant que, dans le cas où la réconciliation synthétique de la pensée et de la pratique — de tous les modes de médiation — *dans et avec* une nouvelle immédiateté ne se trouverait pas dans l'expérience esthétique (comme nous le pensons) ou dans une autre expérience, notre conclusion devrait être réaliste et pluraliste et non rationaliste et moniste (comme celle de M. Bradley). Nous serions obligé de nous arrêter là où l'expérience de la réalité s'arrête elle-même ; nous devrions nous borner à reconnaître plusieurs modes d'existence, dont chacun révélerait le réel, mais partiellement et sous les limitations qui lui seraient propres. Il ne nous serait pas possible d'aller plus loin et de dire qu'il y a un tout implicite que les processus de l'expérience ne peuvent pas rendre explicite.

7. C'est également ici que se trouve la justification du monisme ; elle réside, en effet, dans le besoin d'unité de la contemplation esthétique. Les démonstrations que donnent du monisme les théories intellectualistes et volontaristes ne sont pas convaincantes ; chacune considère son propre postulat comme étant seul définitif. Ni la vérité ni la valeur ne se prêtent à une affirmation analogue à celle que renferme la phrase suivante, qui figure déjà plus haut: « Si le monde est artistique, il ne peut être incohérent, inorganisé, radicalement pluraliste ». (3) C'est cela, et cela seul, selon nous, qui constitue la raison pour laquelle le monisme s'impose, et qui nous assure de la réalité du « centre fini » et de l'importance de son rôle.

(1) Voir plus haut, chap. xii, sect. 2.
(2) Voir plus haut, chap. xvi, sect. 2.
(3) Chap. xvi, sect. 8.

§ 3 (1)

Au sujet de la manière de voir de M. Bergson dont il est fait mention dans la note de la page 184, on peut dire que si, dans la recherche de la réalité fondamentale, on était obligé de choisir entre le principe spirituel et le principe vital, c'est au premier de ces principes et non au second qu'on serait amené. C'est le principe spirituel qui se présenterait comme le véhicule du véritable mouvement d' « évolution-créatrice ». L'*élan* immanent — le mouvement essentiellement créateur qui existe dans le corps de la réalité elle-même, mouvement en faveur duquel j'ai argumenté il y a longtemps d'une manière détaillée (voir toute la théorie des « modes génétiques », exposée dans le chapitre XIX de *Development and Evolution*, 1902, chapitre cité par M. Bergson dans son *Evolution créatrice*, 1ʳᵉ édit.,) — cet *élan* est donné *immédiatement* dans les expériences d'ordre psychique ou subjectif, et seulement *inféré indirectement* dans celles d'ordre vital ou objectif. M. Bergson lui-même (dans *Les données immédiates de la conscience*) constate que les données immédiates sont, ainsi qu'il a été dit, le *temps* et le *libre arbitre*, qui, l'un comme l'autre, *ne sont donnés que dans le courant de l'expérience* comme telle.

Pourquoi alors, dans la recherche du principe fondamental, s'adresser au principe vital ? Pourquoi ne pas rester dans la sphère de l'expérience directe et intuitive elle-même, et ne pas reconnaître un *élan spirituel*, plutôt que de faire appel à un *élan vital* ? Cette manière de procéder semble s'imposer tout particulièrement à un auteur qui, comme M. Bergson, trouve dans l'intuition, lumière intérieure et subjective, le mode valable d'appréhension, et qui nie explicitement la validité des processus médiats et logiques dont dépend essentiellement notre connaissance des faits vitaux.

En se servant figurément du terme d' « instinct » pour

____

(1) Le paragraphe 2 de l'original n'est pas reproduit

caractériser sinon pour expliquer l'intuition — il l'appelle une « sorte d'instinct supérieur », — M. Bergson s'adresse de nouveau à la vie, ordre génétiquement inférieur et objectif, pour décrire le *modus operandi*, au lieu de se borner à faire appel aux données intimes qui se trouvent dans l'ordre supérieur d'expérience immédiate.

Par conséquent, en considérant la question du point de vue principal de M. Bergson, c'est-à-dire du point de vue d'un mouvement créateur, d'une évolution radicale dans la réalité — ce que l'auteur appelle un véritable « mouvement génétique » — il n'y a pas de bonne raison pour recourir, afin d'interpréter ce mouvement, à un principe réel de vie.

Mais si un principe spirituel, reconnu comme immanent à l'expérience elle-même, est préférable à un principe vital, on n'est cependant pas fondé à y recourir. Mieux vaut rester dans le domaine de l'expérience directe de l'immédiat et employer pour base d'interprétation celui des modes de cette expérience qui est le plus plein et le plus synthétique. Ce mode, c'est le mode de la contemplation, qui, aux yeux de l'auteur, a un caractère esthétique, et qui supprime complètement le dualisme du spirituel et du vital, de même que celui du mental et du physique, dont le premier n'est qu'une forme spéciale (cf. chap. XIII, § 3, plus haut).

INDEX ALPHABÉTIQUE

TABLE DES MATIÈRES

PREMIÈRE PARTIE

Introduction : l'interprétation génétique.

CHAPITRE I

LE PROBLÈME : LA MORPHOLOGIE GÉNÉTIQUE . . . 3

CHAPITRE II

L'INTERPRÉTATION INDIVIDUELLE 11

CHAPITRE VII

CHAPITRE VIII

CHAPITRE IX

CHAPITRE X

CHAPITRE XIV

QUATRIÈME PARTIE

Conclusions.

CHAPITRE XV

CHAPITRE XVI

Imprimerie Bussière. — Saint-Amand (Cher).